国际工程项目计划与控制

主　编　杨　琳　陈晓华　杨海红
副主编　吕泽翔　李萍莉　刘怀亮　尤绪华
主　审　何亚伯

華中科技大學出版社
http://www.hustp.com
中国·武汉

内容简介

本书从项目计划管理、国际工程项目进度计划与控制、国际工程项目采购计划与控制、国际工程项目成本计划与控制、国际工程项目质量计划与控制、国际工程项目人力资源管理、项目变更控制和国际工程项目资源计划与均衡等方面解构国际工程计划与控制的内涵与外延，剖析国际工程计划与控制的要点，深挖国际工程计划与控制的精髓。本书可以作为国际工程项目的合同管理人员、工程师、项目经理的参考书，也可以作为国际工程管理专业学生的教材及各级管理人员的参考书。

图书在版编目(CIP)数据

国际工程项目计划与控制/杨琳，陈晓华，杨海红主编. —武汉：华中科技大学出版社，2021.7
ISBN 978-7-5680-7182-6

Ⅰ.①国… Ⅱ.①杨… ②陈… ③杨… Ⅲ.①国际承包工程-工程项目管理 Ⅳ.①F746.18

中国版本图书馆CIP数据核字(2021)第128014号

国际工程项目计划与控制 杨 琳 陈晓华 杨海红 主编
Guoji Gongcheng Xiangmu Jihua yu Kongzhi

策划编辑：王一洁
责任编辑：周怡露
封面设计：原色设计
责任校对：刘 竣
责任监印：朱 玢
出版发行：华中科技大学出版社（中国·武汉） 电话：(027)81321913
武汉市东湖新技术开发区华工科技园 邮编：430223
录 排：华中科技大学出版社美编室
印 刷：武汉旭辉印务有限公司
开 本：889mm×1194mm 1/16
印 张：16.75
字 数：383千字
版 次：2021年7月第1版第1次印刷
定 价：88.00元

華中出版

本书若有印装质量问题，请向出版社营销中心调换
全国免费服务热线：400-6679-118 竭诚为您服务

前言

PREFACE

随着我国“一带一路”倡议进一步向纵深发展，越来越多的企业也在加快“走出去”的步伐。国际工程项目通常规模宏大，质量要求高，且普遍存在交叉施工的现象，在实施过程中反复修改图纸、征地延误等极易给施工进度造成巨大的压力。因此，国际工程项目计划对工程工期目标的实现具有举足轻重的作用。

国际工程项目进度计划是指在工作分解结构的基础上对国际工程项目、工作作出的一系列时间计划；在确保合同工期和主要里程碑时间的前提下，对设计、采办和施工的各项作业进行合理安排，以达到合理利用资源、降低支出费用和减少施工干扰的目的。国际工程项目涉及不同的国家、不同的民族、不同的政治和经济背景、不同参与单位的经济利益，因而计划中各方不容易相互理解，常常产生矛盾和纠纷。一旦产生争端，解决起来比较困难。国际工程项目需要严格的计划与控制管理，必须采用国际上已形成惯例的、行之有效的一套计划与控制管理方法。

制定国际工程项目计划的目的是控制国际工程项目时间。国际工程项目的主要特点之一，就是有严格的时间期限要求，由此决定了进度计划在国际工程项目管理中的重要性。国际工程项目计划的主要作用如下：通过国际项目计划确定完成项目目标所需的各项任务范围，落实责任体系，并制定各项任务的时间表，阐明每项任务必需的人力、物力、财力，确定预算，保证项目顺利实施；通过科学的组织和安排，可以保证有序施工；通过计划能合理、科学地协调各工种、各单位、各专业之间的关系，能充分利用时间和空间，进行各种技术的比较和优化，提高项目的整体效益。同时计划确定项目实施工作规范，批准后就成为项目实施工作大纲；确立项目组成员及工作的责任范围和地位以及相应的职权，以便按要求去指导和控制项目的工作，减少风险；促进项目组成员及项目委托人和管理部门之间的交流与沟通，提高顾客满意度，使项目各项工作协调一致，并在协调关系中了解哪些是关键因素；使项目组成员明确自己的奋斗目标，实现目标的方法、途径及期限，并确保以时间、成本及其他资源需求的最小化实现项目目标；分析、协商及记录项目范围变化的基础，也是约定时间、人员和经费的基础。这样就为项目的跟踪控制过程提供了一条基线，用以衡量进度、计算各种偏差及决定预防或整改措施，便于对变化进行管理。

本书从项目计划管理、国际工程项目进度计划与控制、国际工程项目采购计划与控制、国际工程项目成本计划与控制、国际工程项目质量计划与控制、国际工程项目人力资源管理、项目变更控制和国际工程项目资源计划与均衡等方面解构国际工程计划与控制的内涵与外延，剖析国际工程计划与控制的要点，深挖国际工程计划与控制的精髓。本书可以作为国际工程项目的合同管理人员、工程师、项目经理的参考书，也可以作为国际工程管理专业学生的教材及各级管理人员的参考书。

本书由杨琳、陈晓华、杨海红担任主编，吕泽翔、李萍莉、刘怀亮、尤绪华担任副主编，武汉大学何亚伯教授担任主审，得到了中国葛洲坝集团国际工程有限公司的支持和帮助，并且得到武汉大学工程管理系多位研究生的协助。本书编写过程中，参考了许多文献资料，其中主要资料已列入本书的参考文献，在此谨向专家们表示衷心的感谢。

由于作者水平有限，书中难免存在不足之处，敬请读者提出宝贵意见，以便不断改进与完善。

编　者

2021 年 1 月

于武汉大学珞珈山

目录

CONTENTS

1　项目计划管理

在项目管理与实践中，项目计划是最先发生的，并处于首要地位。项目计划是龙头，它引导项目各种管理职能的实现，是项目管理活动的首要环节，抓住这个重要环节，就可以控制全局。项目计划是项目得以实施和完成的基础及依据，项目计划质量的好坏是决定项目成败的关键性因素。

1.1　项目计划概述

1.1.1　项目计划及其作用

项目计划是项目组织根据项目目标的规定，对项目实施过程中进行的各项活动做出的周密安排。项目计划能系统地确定项目的任务，确定完成任务所需的资源，编制完成任务所需的预算等，安排任务进度，从而保证在合理的工期内，以尽可能低的成本和尽可能高的质量完成项目目标。

在项目管理与实践中，项目计划是项目管理一大职能，是项目实施的基础。它的作用主要如下。

(1)通过项目计划确定完成项目目标所需的各项任务范围，落实责任体系，并制定各项任务的时间表，阐明每项任务必需的人力、物力、财力，确定预算，保证项目顺利实施。

(2)计划是项目实施的依据和指南。通过科学的组织和安排，可以保证有秩序施工；合理、科学地协调各工种、各单位、各专业之间的关系，能充分利用时间和空间，进行各种技术的比较和优化，提高项目的整体效益。同时计划确定项目实施工作规范，批准后就成为项目实施工作大纲。

(3)可以确立项目组成员及其工作责任范围和地位以及相应的职权，以便按要求指导和控制项目，减少风险。

(4)可以促进项目组成员、项目委托人和管理部门之间的交流与沟通，提高顾客满意度，使项目各工作协调一致，并在协调关系中了解哪些是关键因素。

(5)使项目组成员明确自己的奋斗目标，实现目标的方法、途径及期限，并确保以时间、成本及其他资源需求的最小化实现项目目标。

(6)分析、协商及记录项目范围变化的基础,也是约定时间、人员和经费的基础。这样就为项目的跟踪控制过程提供了一条基线,可用于衡量进度、计算各种偏差及决定预防或整改措施,便于对变化进行管理。

1.1.2 项目计划的形式

项目计划处于项目批准之后和项目实施(施工)之前的一个阶段。而作为项目管理的职能工作,它贯穿于工程项目生命周期的全过程。在项目实施过程中,计划有许多版本,随着项目的进展不断细化、具体化,不断修改和调整,形成一个前后相继的体系。

项目计划按照计划制定的过程,可分为概念性计划、详细计划、滚动计划三种形式。

(1)概念性计划。

概念性计划通常称为自上而下的计划。概念性计划的任务是确定初步的工作分解结构(work breakdown stucture,WBS),并根据结构任务进行估计,从而汇总出最高层的项目计划。概念性计划的制定规定了项目的战略导向和战略重点。

(2)详细计划。

详细计划通常称为自下而上的计划。详细计划的任务是制定详细的工作分解结构,该结构需要确定实现项目目标必须做的每一项具体任务,然后自下而上再汇总。详细计划的制定则提供了项目的详细范围。

(3)滚动计划。

滚动计划意味着用滚动的方法在可预见的将来逐步制定详细计划。随着项目的推进,分阶段重估详细计划制定过程中的进度和预算,每次重新评估时,对最后限定日期和费用的预测会一次比一次更接近实际,最终就会有足够的信息,范围和目标也能很好地确定下来,就能给项目的剩余部分准备详细计划。

滚动计划的优点在于它可使项目组织始终以一个切合实际的计划作为指导,并使长期计划、中期计划和短期计划之间相互紧密衔接,及时调节由于项目环境的变化而引起的偏差。最重要的是,它可以提高计划的灵活性,提高项目组织的应变能力。这对项目实施环境复杂多变的国际工程项目来说尤为重要。

1.2 项目计划的编制

1.2.1 项目计划的内容

项目计划主要包括以下内容。

1.工作计划

工作计划也称实施计划,是为保证项目顺利开展,围绕项目目标的最终实现而制定的实施方案。工作计划主要说明采取什么方法组织实施项目，研究如何最佳地利用资源，用尽可能少的资源获取最佳效益。工作计划具体包括工作细则、工作检查及相应措施等。工作计划也需要考虑时间、物资、技术资源，这些需反映在项目计划中。

2.人员组织计划

人员组织计划主要表明工作分解结构中的各项工作任务应该由谁来承担以及各项工作之间的关系如何，其表达形式主要有框图式、规章制度式和混合式三种。

(1)框图式。

框图式是用框图及框图之间的关系线条来表示人员组织结构的。这种形式直观易懂，表达得比较清楚。但并非所有的职责及相互关系全都能用框图加线条表示清楚。因此，这种表示形式适用于做过许多类似项目且经验丰富的项目组成员，无须详细说明就清楚自己的职责范围和工作之间的关系。

(2)规章制度式。

规章制度式是针对用框图加线条不能完整地表达清楚所有职责及关系而产生的一种表达方式，即通过公布项目组成员的职务、职责范围及规章制度来说明各项工作间的关系。此种形式，仅用文字说明，不如框图式直观，但容易把项目组成员的职责及关系表达得清楚、完整，所以，它适用于过去很少做过的新项目。

(3)混合式。

混合式吸取了以上两种形式的优点，有的部分用框图形式表示，有的部分用文字说明。这样既解决了仅用说明不用框图不能表达清楚的问题，又解决了仅用文字说明不直观、规定条件过于琐碎的缺点。此种形式在实践中用得较多，特别适用于过去没有先例的大型特殊项目。

人员组织计划的编制通常是先自上向下地进行，然后再自下而上进行修改确定，这是项目经理与项目组成员共同商讨的结果。编制一个较好的计划应建立在对项目组成员的能力有深入了解的基础上。

3.设备采购供应计划

在项目管理过程中，多数项目都会涉及仪器设备的采购、订货等供应问题。有的非标准设备还包括试验和验收等环节，如果是进口设备，还存在选货、订货和运货等环节。设备采购问题会直接影响到项目的质量及成本。

在制定设备采购供应计划时必须掌握如下信息。

(1)所需设备的供应状况。

首先要清楚所需设备是由国内供应还是国外供应。如果是国外供应，还要确定合同中规定是口岸交货还是现场交货。再者，要确定是成批购置还是零购。因为成批购买价格要比零购价格低，但还要核算储存货物所需设施的开支是否合算。

(2)设备进货来源。

进货来源的不同影响设备的质量、价格、储存量、供应和运输等，因此要合理选择。

(3)得到设备需要的时间。

为了避免影响需要，对应保证设备供应，其中关系到是否要有一定的储备。如果是非标准设备，除需知道到场时间外，还要考虑设备到场后的验收、调试等时间。如果是国外供应，还需考虑海运或空运的时间以及从海关到达现场的时间。海运的时间较长，到岸时间也不一定准确，要留有余地，同时要注意不能忽略货物到岸再运到现场的时间。

(4)设备必需的设计、制造和验收等时间。

设备如果属于试制产品，要了解其设计时间、制造时间、检验时间、装运时间、到岸验关时间、运到现场时间及安装时间，以便使土建、设备安装、试生产等各阶段工作相互配合。

(5)由采购部门的负责人来制定此种计划。

项目经理要检查计划是否能保证项目管理总目标的实现，特别是工期目标能否实现。项目中常常会因设备等资源供应用期不准而拖延项目完成的工期。如果提前储备资源，则需一系列的仓储设施，这就会导致项目成本增加。

4.其他资源供应计划

大型项目不仅需要设备的及时供应，还要面对许多项目建设所需的材料、半成品、物件等资源的供应问题。因此，预先安排一个切实可行的物资、技术资源供应计划，对项目的工期和成本有直接影响。

5.变更控制计划

出于项目的一次性特点，在项目实施过程中，经常发生计划与实际不符的情况。这是由于开始时预测不够准确，在实施过程中控制不力，缺乏必要的信息造成的。有效处理项目变更可使项目按工作计划完成。变更控制计划主要是规定处理变更的步骤、程序，确定变更行动的准则。

6.进度报告计划

进度报告计划可以分为进度控制计划和状态报告计划。

(1)进度控制计划。

为了拟建项目的开工投产或交付使用，进度计划根据实际条件和合同要求，按照合理的顺序安排了实施日程。其实质是把各活动的时间估计值反映在逻辑关系图上，通过调整，整个项目能在工期和预算允许的范围内安排任务。

进度计划也是物资、技术资源供应计划编制的依据，如果进度计划不合理，将导致人力、物力使用的不均衡，影响经济效益。

项目实施前所编制的进度计划是完成各活动的工作量和时间的期望值。但项目实施工作只要开展，问题就逐渐暴露出来，实际进度与计划进度会有出入。因此，要定期检查实际进度与计划进度的差距，并预测有关活动的发展程度。为了完成所定工期、成本和质量目标，可能需要对原来的计划进行修改，对有关活动的进度进行调整。

在进度控制计划中，要确定应该监督哪些工作，何时监督，谁去监督，用什么样的方法收集和处理信息，怎样按时检查工作进展和采取何种调整措施，并在项目总计划中列明这些控制工作所需的时间和物资、技术资源等。

(2)状态报告计划。

在项目实施过程中项目经理需要随时了解项目的进展情况和存在的问题，以便预测今后的发展趋势，解决存在的问题。而且，项目委托人也要根据项目的进展情况及时做好准备。

状态报告计划应简明扼要、表达清楚。必须明确谁负责编写报告、向谁报告、报告的内容和报告所需的信息。

内部报告应与项目委托人的报告协调一致，避免互相矛盾，影响问题的解决。有关信息方面的报告也应发给多层次的有关使用单位和个人。这样相关单位和个人不必重新收集信息，处理相关数据和编写报告，造成工作重复。

7.财务计划

财务计划主要说明所需要的预算细则种类、成本核算项目、对比项目、收集和处理信息的技术方法、检查方法和补救措施等。

财务计划的主要内容之一是成本控制计划。投标计算是指项目组根据发包书中的图纸计算出项目的总价。合同计算是指投标单位中标后，同项目委托人进行合同谈判，把发包书中一些细节问题确定下来后，中标单位再一次进行的项目成本计算。

实施预算是指用一个项目所需的预算费用来估算实施成本。

期中成本分析用于大型项目，大型项目实施到一定阶段就需要计算本阶段的实际成本，并与合同进行比较，检查盈亏情况。

竣工决算是指整个项目实施后的实际成本计算。把每个分部(分项)的实际消耗同投标计算、合同计算、施工预算中的相应部分做比较，特别是与合同计算比较，就可分析出项目实施中的问题和盈亏情况。

由此可见，成本控制计划是指通过对比出现差异时，为完成所定的成本目标所进行的计划和预算修改。财务计划工作也需要时间和物资、技术资源，这些工作也要反映到项目总计划中。

8.文件控制计划

文件控制计划是由一些能保证项目顺利完成的文件管理方案构成的，需要阐明文件控制方式、细则，负责建立并维护好项目文件，以供项目组成员在项目实施期间使用。文件控制计划包括文件控制的人力组织结构和控制所需的人员及物资资源数量。

项目管理的文件包括全部原始的及修订过的项目计划、全部里程碑文件、有关标准结果、项目目标文件、用户文件、进度报告文件以及项目文书往来。项目一结束，文件须全部检查一遍，有选择地处理一些不再相关的文件，并保存老项目的工作分解结构图与网络图，收入文件库以供将来项目组参考。

1.2.2 项目计划的编制步骤

项目计划的编制由确定项目目标、建立工作分解结构、任务定义等步骤组成，具体流程如图 1.1 所示。

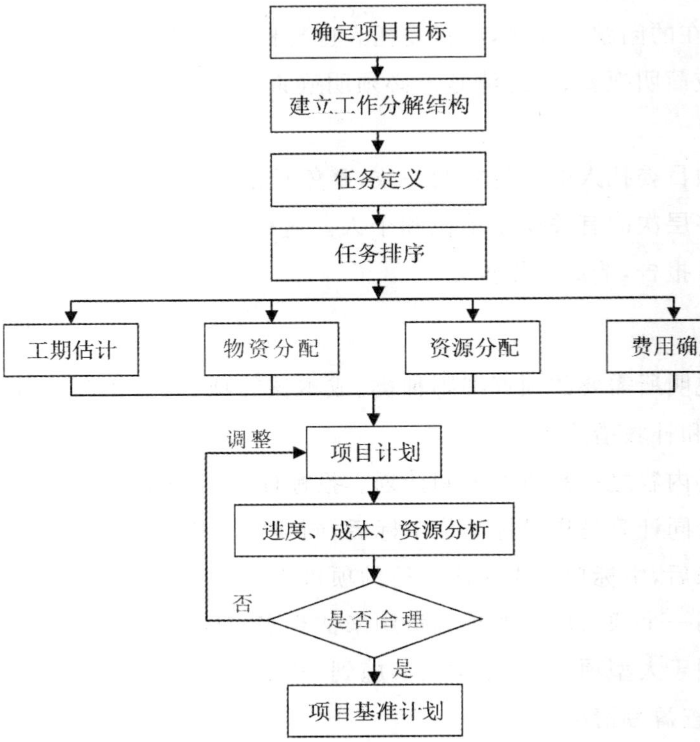

图 1.1 项目计划的编制

1.确定项目目标

项目目标即实施项目所要达到的期望结果，项目目标必须清晰确切。所有的计划都是从一份记载有项目目标的文档开始的，通常与项目相关的合同就是识别这些项目目标的文档。比如，从一份基建项目登记表中，我们就可以获取与项目目标相关的信息。

2.建立工作分解结构

项目目标虽然是清晰而明确的，但它只是为项目的计划指出了一个大的方向。在实践中项目目标不能直接用于每天的具体操作活动，因此就应该对合同中表述的目标重新表达、使之细化，这可以通过工作分解得到一个工作分解结构来完成。工作分解结构就是为实现项目最终目标所必须完成的一份工作清单。它是进度规划、预算、人员安排、资源分配的基础。一般情况下，工作分解结构是一个多层次的树状结构，树的最底层的节点称为工作包，每个工作包都要有一个具体负责的组织或个人。

3.任务定义

工作分解结构的建立使得抽象的项目目标得以初步细化和明确。但从实际操作角度看，工作分解结构中的每个工作包仍显得过于模糊和缺乏最终的操作性，因此必须对每个工作包进行进一步的分解和细化，这种分解和细化的结果就是任务。任务是指需要耗费一定时间、资金、资源、物资来完成的一项活动。这类活动一般所需工时较短，不能够或不需要进一步分解。

4.任务排序

在确定了达到项目目标应完成的任务后，紧接而来的一项工作是分析任务之间的关系以确定它们之间的先后次序和相互依赖性。这种分析的结果一般以网络图的形式表现出来。

5.时间估算，资源、物资分配和费用预算

每个任务都应该估计要花多长时间来完成。这个估计值就是任务的工期。准确的工期是日程的保证，所以通常最好由实际完成这项工作的人来提供估计值，如每项任务中将使用哪些资源和物资，并预计成本。资源是指人、设备等不可消耗物，而物资则是指项目中所使用的可消耗物。另外，通过对物资、资源、费用的综合计算，我们可以方便地获取与任务成本有关的消息。

6.通过不断分析和调整得到项目基本计划

通过对项目计划中的进度、预算情况进行分析，以保证项目在预定时间内、在规定成本和可利用资源、物资条件下顺利完成。如果发现现行计划无法完成，那就必须采取相应调整措施，如缩小项目范围，增加资金和资源、物资投入，重新估算工期，直到建立起一个可行的、现实的项目基准计划。

1.2.3 项目计划编制的主要技术

1.甘特图

显示行动的时间计划有一种非常普遍、有效的方式，即甘特图。此名称来源于亨利·甘特，他在第一次世界大战时发明了这种图。这种做法是，将活动列在一页纸的一边，水平方向标出时间跨度，为每一项活动画一个条形，代表其执行时间。

甘特图中的每一个活动都是工作分解结构中的一个基本动作，可以和工作分解结构建立交叉联系，列示每一个基本动作对应什么活动，并提供活动的其他信息。

简单的甘特图中可以用很多变量传递信息。例如，色彩或阴影可用来表示活动的某人或某部门的责任，或者用来表明某一活动目前的进展情况，还可以加入额外的记号来强调关键时间。一种有效的加工方式是把决定项目需要的最少时间的活动链依次突显出来，这些活动被称为关键路线(Critical Path)。

甘特图的最大缺陷是不易表示一种活动对另一活动的依赖性。大型项目的甘特图还有一个问题，即建造过程中可能需要很多次重复。每当一项活动的时间发生变化，代表所有受到影响的活动的条形都必须擦掉重画。为了解决这一问题，设计者通常用计算机软件准备时间规划，使电脑中储存的时间规划能够更新，并免去重新手工作图的麻烦。

2. 网络计划

网络计划是一种在项目计划工作中很有用的技术，它由许多相互关联的活动组成，用来表明工作的顺序和流程以及各种工作间的相互关系。具体来说，一个项目团队完成项目任务就像一场体育比赛中的接力赛。因此，通过网络计划工作人员会看到任务工号、责任，该做什么，什么时候做，按照什么工序去做，或由于失误给全局带来什么影响。

1.3 项目网络计划技术及优化

1.3.1 网络计划技术

1. 网络计划技术概述

随着现代化生产的不断发展，项目的规模越来越大，影响因素越来越多，项目的组织管理工作也越来越复杂。甘特图这一传统的进度管理方法，已不能明确地表明各项工作之间相互依存与相互作用的关系，管理人员很难迅速判断某一工作的推迟和变化，无法确定项目中最重要的、起支配作用的关键工作及关键线路。为了对复杂系统进行管理，20 世纪 50 年代末，在美国相继研究并使用了两种进度计划管理方法，即关键线路法(Critical Path Method,CPM)和计划评审技术(Program Evaluation and Review Technique,PERT)，将这两种方法用于进度管理，并利用网络计划对项目的工作进度进行安排和控制，便形成了新的进度计划管理方法——网络计划技术方法。

网络计划是在网络图上加注工作的时间参数等而编制成的进度计划，所以，网络计划主要由两大部分所组成，即网络图和网络参数：网络图是由箭线和节点组成的用来表示工作流程的有向、有序的网状图形，如图 1.2 所示；网络参数是根据项目中各项工作的延续时间和网络图所计算的工作、节点、线路等要素的各种时间参数。

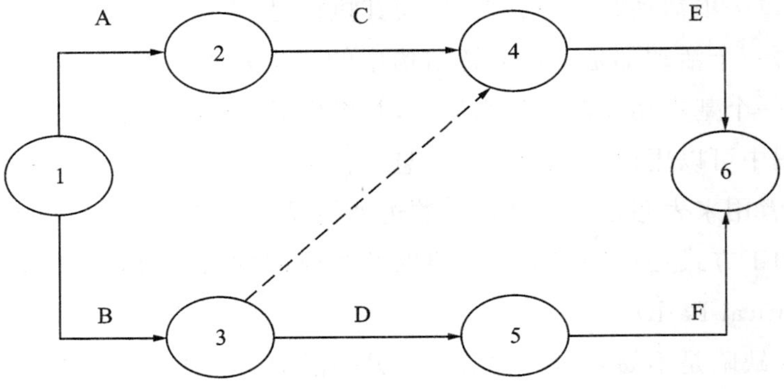

图 1.2 网络图

网络计划技术的种类与模式很多，但以每项工作的延续时间和逻辑关系来划分，可归纳为四种类型，如表 1.1 所示。

表 1.1 网络计划技术的类型

类型		延缓时间	
		肯定	不肯定
逻辑关系	肯定型	关键线路法（CPM）搭接网络	计划评审技术（PERT）
	非肯定型	决策关键线路法（DCPM）	图形评审技术（GERT） 随机评审技术（QGERT） 风险评审技术（VERT）

除基本形式外，网络计划技术在项目管理的实践中为适应不同的管理需要生成了不同侧重点的管理技术，如：决策关键线路法在网络计划中引入决策点的概念，使得在项目的执行过程中可根据实际情况进行多种计划方案的选择。图形评审技术引入工作执行完工概率和概率分支的概念，一项工作的完成结果可能有多种情况。风险评审技术可用于对项目的质量、时间、费用三坐标进行综合仿真和决策。

网络计划技术既是一种科学的计划方法，又是一种有效的管理方法。这种方法不仅能完整地揭示一个项目所包含的全部工作以及它们之间的关系，而且还能根据数学原理，应用最优化技术，揭示整个项目的关键工作并合理地安排计划中的各项工作，对于项目进展过程中可能出现的工期延误等问题能够防患于未然，并进行合理的处置，从而使项目管理人员能依照计划执行的情况，对未来进行科学的预测，使得计划始终处于项目管理人员的监督和控制之中，从而以最佳的工期、最少的资源、最好的流程、最低的费用完成所控制的项目。

2. 网络图

绘制网络图是应用网络计划技术的基础。网络计划技术按网络的结构不同，可以分为双代号网络和单代号网络，网络图也就有了相应的种类：双代号网络图和单代号网络图。

双代号网络图用箭线表示活动，节点表示事件。由于可以使用前后两个事件的编号来表示这项活动的名称，故称双代号网络图。双代号网络又可以分为双代号时间坐标网络和非时间坐标网络。

单代号网络图用节点表示活动，箭线表示事件，其中箭线仅仅表示各个活动之间的先后顺序，所以称为单代号网络图。单代号网络又可分为普通单代号网络和搭接单代号网络。

在使用单代号网络图的过程中，当有多个活动不存在前导活动时，通常把它们表示成从一个叫做“开始”的节点引出。类似地，当多个活动没有后续活动时，通常把它们表示在一个叫做“终止”的节点上。

项目管理者使用双代号网络图表示还是使用单代号网络图表示，这在很大程度上取决于个人的偏好。这两种网络表示方法都可以用于商业性的计算机软件包中。一般来说，双代号网络图比较难以绘制，但可以清楚地识别各项事件（里程碑）。单代号网络图不需要使用虚拟活动，而且画起来也比较容易。在本章中，我们大部分采用双代号网络图（AOA），其实可以画出等份的单代号网络图，得到的结果是一样的，所以就不再用单代号网络图表示。

另外，网络图还可以按照时间的标注情况分类，包括逻辑网络图、计划网络图和日历网络图三种。逻辑网络图中并不注明时间，仅仅表示逻辑。计划网络图中同时注明时间和逻辑关系。日历计划网络图需要带有日历坐标。

（1）网络图的绘制。

网络图的编制过程其实就是网络模型的建立过程，它是利用网络图编制网络计划，以实现对项目时间及资源合理利用的第一步。网络图的编制可以分为以下五个步骤。

① 列出活动清单。

对于一个网络图，每一个工作任务都应只有一个活动序号。工作分解结构中的每一个工作任务或工作活动都要在网络图中描绘出来。

② 界定各项工作任务之间的关系。

为了界定网络图中各项工作活动之间的因果关系和优先关系，对每项工作活动应先确定以下问题。

a. 哪些工作需要安排在此项工作之前？也就是说，在启动此项工作活动之前，哪些其他工作活动必须要完成？

b. 哪些工作要安排在此项工作活动之后？或者说，在此项工作活动结束之前哪些项工作活动不能开始？

c. 哪些工作可以和此项工作同时发生？或者说，哪些工作活动可以和此项工作在同一段时间内执行？

应当把这些工作活动之间的优先关系、依赖关系清楚地列在一张纸上。

③ 界定工作任务。

工作任务是一系列相关的具体工作活动的概括，是具体工作活动的工作包，执行工作任务并不需另费时日，当工作包中所有工作活动部完成时，工作任务即已完成。在工作分解结构中，高级结构（或上层结构）都可以被视为工作任务，同样工作任务之间也存在着优先关系和因果关系，另外绘制工作任务网络图更能抓住项目管理工作的重点。当然也可以把工作任务和工作活动结合起来绘制出一张完整的项目网络图。总之，根据管理的需要，可以随时绘制出工作分解结构中任一结构层次的网络图。

④ 绘制网络图。

一些有经验的项目管理者在绘制网络图时，总是喜欢从终点事项开始向前绘制，许多人认为界定紧前事件比紧后事件更为容易，但是这会引起很多争论。因为在实际中，项目的工作活动总是从前向后依次进行的。事实上两种方法最后所得的结果都是一样的——制定出一份完整的、可行的项目网络图。

⑤ 检查项目网络图的逻辑结构。

对于一份网络图，必要的逻辑检查是少不了的。因为只有通过调整工作活动之前的优先关系、因果关系才能绘制出一份最佳的网络图，即使是一位经验丰富的项目经理或管理者，也经常在这一过程中花费许多时间。为了理顺项目的逻辑结构，对于每一项工作活动和工作活动之间的每一种关系（表现在网络图中就是工作活动之间的连接），需要明确回答以下问题：

a. 工作活动之间的因果关系适当吗？

b. 是否界定了所有的优先关系？

c. 是否存在人为的优先关系？或者，是否存在着本可以同时发生的工作活动而被不适当地安排为因果关系？

d. 所有的工作活动都是必要的吗？

当然，每个项目的网络图通常并非独一无二的，有经验的管理者经常调整网络图，直到满意为止。把工作分解结构和网络图结合起来，将更有助于项目管理工作。

（2）时间计算。

网络图中相关时间的计算是编制网络进度计划十分重要的一环。通过对有关时间参数的计算，我们可以确定对整个项目完成起制约作用的关键工作，计算出各非关键工作可以灵活安排的时间幅度，在此基础上还可对网络图进行调整和优化。

① 任务的工期估计。

根据以往经验或利用相关的技术方法对每一任务的工期作出估计。

② 确定整个项目的预计开始时间和要求完工时间。

任何项目都会有一个时间目标，即项目在什么时间开始，在什么时间结束。在进行进度安排时首先确定一个项目的预计开始时间和项目的要求完工时间，在它们的基础上进行后续的进度安排工作。

③ 在项目预计开始时间的基础上计算每一任务必须开始和完成的最早时间，以项目预计开始时间为参照点，可以为每项任务计算出以下两个时间。

a. 最早开始时间（earliest start time，ES）。

最早开始时间是指某项任务能够开始的最早时间，它可以在项目的预计开始时间和所有紧前任务工期估计的基础上计算出来。

b. 最早结束时间（earliest finish time，EF）。

最早结束时间是指某项任务能够完成的最早时间，它可以在这项任务的最早开始时间的基础上加上该任务的估计工期计算出来，它与最早开始时间的关系是：

$$EF = ES + \text{任务工期}$$

ES 和 EF 是沿网络图正向计算得到的，在计算时应遵守一条规则：一项任务的最早开始时间必须等于或晚于其所有紧前任务的最早结束时间中的最晚时间。

④ 在项目要求完工时间的基础上计算每一个任务必须开始和完成的最迟时间，以项目的要求完工时间为参照点，可以为每项任务计算出以下两个时间。

a. 最迟结束时间(latest finish time,LF)。

最迟结束时间是指为了使项目在要求完工时间内完成,某项任务必须完成的最迟时间。它可以在项目的要求完工时间和各紧后任务工期估计的基础上计算得来。

b. 最迟开始时间(latest start time,LS)。

最迟开始时间是指为了使项目在要求完工时间内完成,某项任务必须开始的最迟时间。它是用该项任务的最迟结束时间减去其工期计算得来的。它与最迟结束时间的关系是:

$$LS=LF-\text{任务工期}$$

LF 和 LS 是沿网络图逆向计算得到的,在计算时遵守一条规则:一项任务的最迟结束时间必须等于或早于其所有紧后任务的最迟开始时间中的最早时间。

⑤ 确定每一任务能够开始(或完成)时间与必须开始(或完成)时间之间的时间差。

总时差等于最迟结束时间与最早结束时间的差值,或最迟开始时间与最早开始时间之间的差值。两种计算方法得出的结果是相等的。

$$\text{总时差}=LF-EF \text{ 或总时差}=LS-ES$$

如果总时差为正值,表明这条路径上各项任务所花费的时间总量可以延长,不必担心会出现项目在要求完工时间内无法完成的情况;如果总时差为负值,则表明在这条路径上的各项任务要加速完成以减少整个路径上所花费的时间总量,保证项目按期完成;如果总时差为零,则在这条路径上各项任务不用加速完成,但也不能拖延时间。

⑥ 确定项目的关键线路。

在实际项目的网络图中,从项目开始到项目完成有许多条路径,只有最长(花费时间最多)的路径完成之后,整个项目才算结束。这条在整个网络图中最长的路径就叫关键路径。

确定构成关键路径任务的一种方法是找出那些具有最小时差的任务。用每项任务的最迟结束时间减去最早结束时间(或最迟开始时间减去最早开始时间),然后,找出所有具有最小值的任务,所有这些任务就是关键路径上的任务。

1.3.2 网络技术优化

网络计划的编制过程并不是一次就能完成的,必须针对预定的工期目标、资源条件和成本目标进行调整和优化。优化是一个选择和比较的过程。经过调整和优化满足要求的网络计划,并不是完美无缺的唯一方案,这是因为不同的项目指标有着不同的要求。例如,对投资效果好的项目,缩短工期所增加的措施投入费用远不如提前结束工期的经济收益,就要通过优化尽量压缩工期。又如,由于资源条件所限不能满足工程施工各阶段的需要,也要通过优化使资源需求均衡,这样工期就有可能推迟。再如,虽然有一个好的方案,但承包企业没能力办到,因而这个方案本身就失去了意义。所以优化有较强的针对性,要根据需要和可能性进行,离开了实际对象(环境、技术、价格等),就无法评价方案好坏。

任何方案在优化前,首先要确定这个方案能够成立,对不能成立的方案进行优化是没有意义的。

网络计划的优化可分为两种情况。

(1)时间—费用优化。在工期确定的条件下,调整时间和费用的关系,使之最经济,或工期最短,费用增加得最少。

(2)时间—资源优化。它有两方面含义:在有限的资源约束下,如何调整网络计划使工期最短;在工期一定的情况下,如何调整网络计划使资源利用充分。主要有以下两种方法。

① 差值法。

根据资源需求均衡的要求,优化的目标越小越好。这样可以通过移动那些可以调整的项目,最终使差值最小。这种方法称为差值法。用差值法调整的必要条件有三个:a. 总工期不变,不允许在调整中延长工期;b. 逻辑关系不变,不能在调整中影响了网络计划的逻辑关系;c. 资源需求量不变,即原来每项工作的资源需求量不变。

调整资源的限定供应量与实际需求量的差值,可以通过调整初始网络计划中各项工作的开始或结束时间,改变搭接情况,将资源需求高峰拉开,使之在限定的供应量之内;另外,也可以改变某项工作的时间,使之延长或缩短,求得资源需求量在限量之内且差值最小。

差值法的调整原则如下。

a. 从第一天开始逐项检查,检查结果如满足要求,将这一天的工作暂时固定下来。如果不满足要求,就要移动其中几项工作。移动时要首先考虑时差大、消费资源大于或等于该天资源差值的项目,移动的时间不一定是全部时差,可以是一部分。

b. 检查调整后暂时固定下来,再退后一天检查,检查后按上述办法进行后退部分工作,使其满足限量要求。

c. 调整后检查总工期是否变动、网络图逻辑关系是否变动。

② RSM 法。

RSM 法是将发生资源冲突的工作,先设法消除两个,然后依次逐步消除所有冲突,使资源日需要量趋于均衡,工期增加得最少的一种方法。这种方法可以对两项平行工作进行合理排序,使资源达到均衡。

工程费用与工期有密切关系。工程费用包括直接费用和间接费用两种,一般来讲,随工期的缩短,由于加快工期措施费用的投入而使直接费用增加,间接费用支出一般与工期的增加成正比。直接费用与间接费用之和为工程费用,即

$$C = C_1 + C_2 \tag{1.1}$$

式中,C——工程费用;

C_1——直接费用;

C_2——间接费用。

当工期增加时,间接费用随之增加。当工期缩短时,直接费用随之增加,增加的速度为直接费用增加率。

当工期压缩到一定程度,费用再增加,工期也不可能明显压缩,此时也就没有必要研究了。我们要研究的是工期压缩到规定工期而增加的费用最小的情况。为此,可以按照如下步骤进

行优化：

① 列出不可压缩的项目；

② 在可压缩的项目中，选择那些费用增加率最低的工作压缩，并确定压缩的时间和增加的总费用；

③ 检查压缩后是否改变了原网络图的逻辑关系，如没改变，求出新的关键线路；

④ 计算压缩后的总工期及总费用。

在网络计划的编制和优化中，其具体的变化方案可手动完成，但是仍然有许多工作可以利用计算机辅助项目管理软件进行计算。

2　国际工程项目进度计划与控制

2.1　概　　述

随着我国“一带一路”倡议进一步向纵深发展，越来越多的企业也在加快“走出去”的步伐。国际工程项目通常规模宏大，质量要求高，且普遍存在交叉施工的现象，在实施过程中反复修改图纸、征地延误等极易给施工进度造成巨大的压力。因此，国际工程项目计划对工程工期目标的实现具有举足轻重的作用。

国际工程项目进度计划是指在工作分解结构的基础上对国际工程项目、工作作出的一系列时间计划，在确保合同工期和主要里程碑时间的前提下，对设计、采办和施工的各项作业进行合理安排，以达到合理利用资源、降低支出费用和减少施工干扰的目的。

2.1.1　国际工程项目进度计划的目的

国际工程项目进度计划表示工作预计将在何时开始，以及实际上是在何时开始的计划。安排这些时间通常具有下列五个目的：

(1)保证按时获利以补偿已经发生的费用支出；

(2)协调资源；

(3)使资源在需要时可以利用；

(4)预测在不同时间上所需的资金和资源的级别，以便赋予国际工程项目不同的优先级；

(5)满足严格的完工时间约束。

其中，第一个是最为重要的，因为这是国际工程项目管理存在的目的。第二个目的使现有的国际工程项目可行。第三和第四个目的只是第一个目的的变种。第五个目的常常更为国际工程项目经理所重视：设置一个严格的完工时间，用这个时间与国际工程项目的费用和质量进行折中权衡。

制定国际工程项目进度计划的目的是控制国际工程项目时间，而国际工程项目的主要特点之一就是有严格的时间期限要求，由此决定了进度计划在国际工程项目管理中的重要性。

2.1.2 国际工程项目进度计划的种类

国际工程项目进度计划的类型较多，依据不同的分类标准，可分成不同的类别。基于工程实际情况，选用合适的类型，使之有利于国际工程项目进度计划的实现。

1. 按国际工程项目进度计划的内容分类

(1)国际工程项目总体进度计划。

国际工程项目总体进度计划是指对国际工程项目从开始到结束完成再到交付使用的整个进程做出的分年总计划，对于保持国际工程项目的建设连续性、增强建设工作的预见性具有重大意义。国际工程项目总体进度计划要根据批准的初步设计和中长期计划，对国际工程项目从开始到交付使用，进行全面统一部署，安排各项工程的进度，合理分配年度投资，组织各方面协作，以保证完成国际工程项目计划任务书及初步设计中确定的各项内容。

(2)国际工程项目单位工程进度计划。

国际工程项目单位工程进度计划是以一个单位工程为编制对象，在项目总体进度计划控制目标的原则下，用以指导单位工程施工全过程进度控制的指导性文件。由于它所包含的施工内容比较具体明确，施工期较短，作业性较强，是进度控制的直接依据。单位工程开工前，由项目经理组织，在项目技术负责人领导下进行编制。

(3)国际工程项目分阶段(或专项)进度计划。

国际工程项目分阶段(或专项)进度计划是以工程阶段目标(或专项工程)为编制对象，用以指导其施工阶段(或专项工程)、实施过程的进度控制文件。

(4)国际工程项目分部分项工程进度计划。

国际工程项目分部分项工程进度计划是以分部分项工程为编制对象，用以具体实施操作施工过程进度控制的专业性文件。由于分阶段工程(或专业工程)进度计划和分部分项工程进度计划的编制对象为阶段性工程(或专业工程)目标或分部分项细部目标，目的是把进度控制进一步具体化、可操作化，是专业工程具体控制的体现。此类进度计划与单位工程进度计划类似，由于比较简单、具体，通常由专业工程师或负责分部分项的工长负责编制。

2. 按国际工程项目不同阶段的先后顺序分类

(1)国际工程项目实施计划。

国际工程项目实施计划是指承包商基于业主给定的重大里程碑(开工、完工、试运、投产)时间，根据自己在设计、采办、施工等各方面的资源，综合考虑国内外局势以及国际工程项目所在国的社会及经济情况制定的总体实施计划。该计划明确了人员设备动迁、营地建设、设备与材料运输、开工、主体施工、机械完工、试运、投产和移交等各方面工作的计划安排。

(2)国际工程项目目标计划。

国际工程项目目标计划是由承包商在授标后一段时间内(一般是一个月)向工程师递交的进度计划。该计划建立在国际工程项目实施计划基础之上，根据设计部提出的国际工程项目设计文件清单和设备材料的采办清单以及施工部提出的国际工程项目施工部署，制定详细的工作分解，再根据施工网络技术原理，按照紧前紧后工序编制完成。该计划在工程师批准后即构成正式的目标计划予以执行。

(3)国际工程项目更新计划。

在目标计划的执行过程中，通过对实施过程跟踪检查，找出实际进度与计划进度之间的偏差，分析偏差原因并找出解决办法。如果无法完成原来的目标计划，那么必须修改原来的计划，形成更新计划。更新计划是依据实际情况对目标计划进行的调整，更新计划的批准意味着目标计划中逻辑关系、工作时段、业主供货时间等方面修改计划的批准。

2.1.3 国际工程项目进度计划影响因素

要有效地进行进度控制，必须对影响进度的因素进行分析，事先采取措施，尽量缩小计划进度与实际进度的偏差，实现对建设项目的主动控制。影响进度的因素很多，如人为因素、技术因素、材料和设备因素、机具因素、地基因素、资金因素、气候因素、环境因素等。其中，人的因素是最主要的干扰因素。影响因素常见有以下几种情况。

(1)国际工程项目的规模大小。

很显然，小型国际工程项目应采用简单的进度计划方法，大型国际工程项目为了保证按期按质达到国际工程项目目标，就应考虑用较复杂的进度计划方法。

(2)国际工程项目的复杂程度。

这里应该注意到，国际工程项目的规模并不一定总与国际工程项目的复杂程度成正比。例如修一条公路，规模虽然不小，但并不太复杂，可以用较简单的进度计划方法。而研制一个小型的电子仪器，需要很复杂的步骤和很多专业知识，可能就需要较复杂的进度计划方法。

(3)国际工程项目的紧急性。

在国际工程项目急需进行时，特别是在开始阶段，需要对各项工作发布指示，以便尽早开始工作，此时，如果用很长时间去编制进度计划，就会延误时间。

(4)对国际工程项目细节掌握的程度。

如果在开始阶段国际工程项目的细节无法明确，CPM 和 PERT 就无法应用。

(5)进度是否由一两项关键事项所决定。

如果国际工程项目进行过程中有一两项活动需要花费很长时间，而这期间可把其他准备工作都安排好，那么就不必对其他工作编制详细复杂的进度计划了。

(6)有无相应的技术力量和设备。

例如，没有计算机，CPM 和 PERT 进度计划方法有时就难以应用。而如果没有受过良好训练的合格的技术人员，也无法胜任用复杂的方法编制进度计划。

此外，根据情况不同，还应考虑客户的要求、能够用在进度计划上的预算等因素。到底采用哪一种方法来编制进度计划，要全面考虑以上各个因素。

2.1.4 国际工程项目进度计划的编制步骤

国际工程项目进度计划的编制一般包含以下八个步骤。第一步：国际工程项目描述；第二步：国际工程项目分解；第三步：工作描述；第四步：工作责任分配的确定；第五步：工作先后关系确定；第六步：工作持续时间估计；第七步：绘制网络图；第八步：进度安排。

(1)国际工程项目描述。

国际工程项目描述是用表格的形式列出项目目标、项目的范围、项目如何执行、项目完成计划等内容。项目描述的目的是对项目的总体要求进行概要性的说明，项目描述是制作项目计划和绘制工作分解结构图的依据。

国际工程项目描述的依据是国际工程项目的立项规划书、已经通过的初步设计方案和批准后的可行性报告。国际工程项目描述一般由国际工程项目管理办公室或国际工程项目主管人员完成。

国际工程项目描述表格的主要内容有国际工程项目名称、国际工程项目目标、交付物、交付物完成准则、工作描述、工作规范、所需资源估计、重大里程碑等。表 2.1 是国际工程项目描述表的一个例子。

表 2.1 国际工程项目描述表

国际工程项目描述内容	具体描述
国际工程项目名称	国际工程项目管理软件开发
国际工程项目目标	25 周内开发一套国际工程项目管理软件，开发费用 100 万元
交付物	满足性能要求的国际工程项目管理软件
交付物完成准则	试运行成功，验收通过
工作描述	国际工程项目及工作信息的录入、国际工程项目网络计划图的绘制、国际工程项目时间计划的安排、甘特图计划的制定、国际工程项目执行信息的录入与分析及各种计划报表的输出等功能
工作规范	依据行业规范
所需资源估计	人力、材料、设备(机时)的需求预计
重大里程碑	开始日期 1 月 1 日，完成日期 6 月 18 日
国际工程项目负责人审核意见	签名：　　　　　　日期：

(2)国际工程项目分解。

国际工程项目目标明确后，要制定出完善的国际工程项目进度计划，就必须对国际工程项目进行分解，以明确国际工程项目所包含的各项工作。国际工程项目分解是编制进度计划、进行进度控制的基础。

国际工程项目分解就是先把复杂的国际工程项目逐步分解成一层一层的要素(工作)，直到分解任务具体明确为止。国际工程项目分解的工具是工作分解结构，它是一个分级的树形结构，利用它可以对国际工程项目工作进行由粗到细的分解。图 2.1 是一个新款洗衣机研制项目的工作分解结构示例。

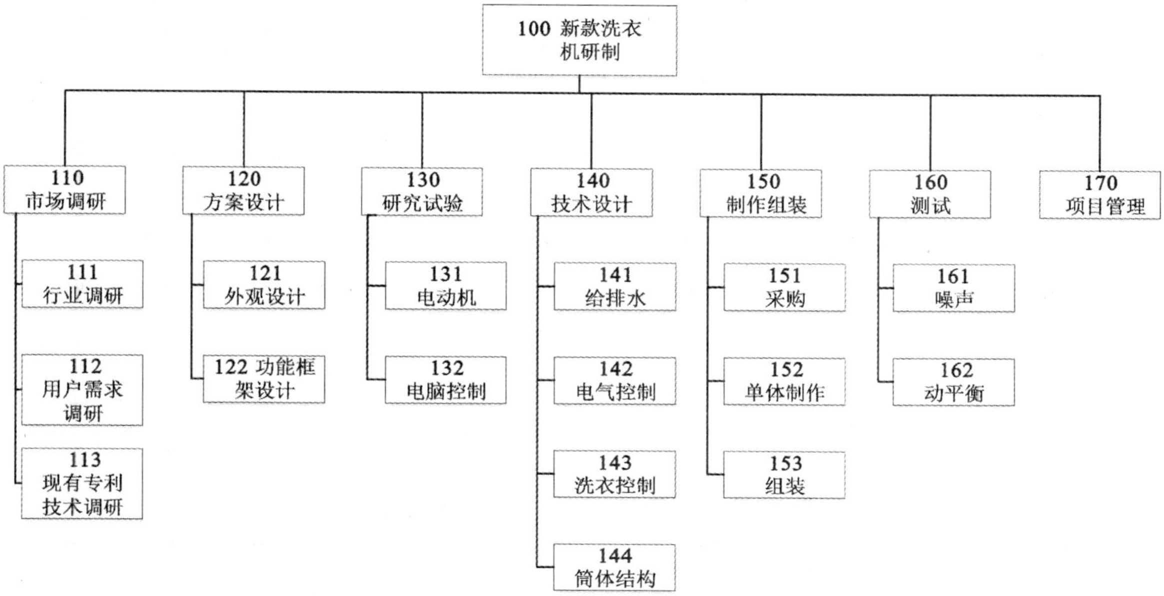

图 2.1 新款洗衣机研制项目的工作分解结构示例

(3)工作描述。

在国际工程项目分解的基础上，为了明确国际工程项目包含的各项工作的具体内容和要求，需要对工作进行描述。工作描述作为编制国际工程项目计划的依据，同时便于实施过程中便于工作人员更清晰地领会各项工作的内容。

工作描述的依据是国际工程项目描述和国际工程项目工作分解结构，其结果是工作描述表及国际工程项目工作列表。表 2.2 是工作描述表的一个例子。

表 2.2 工作描述表

任务名	订购材料，D
任务交付物	签名并发出订单
验收标准	部门经理签字，订单发出
技术条件	本公司采购工作程序
任务描述	根据第 x 号表格和工作程序第 y 条规定，完成订单并报批
假设条件	所需材料存在
信息源	采购部、供应商广告等
约束	必须考虑材料的价格
其他	风险：材料可能不存在 防范计划：事先通知潜在的供应商，了解今后该材料的供货可能性
签名	项目组成员 A

工作列表是国际工程项目所有工作的汇总，包含的主要内容如表 2.3 所示。国际工程项目工作列表的基本形式如表 2.4 所示。

表 2.3 工作列表包含的内容

工作代码	用计算机管理工作时的唯一标识符，可看出工作之间的父子关系
工作名称	该工作的名称
输出	完成该工作后应输出的信息（包括产品、图纸、技术文件、工装及有关决策信息）以及对输出信息的规范和内容定义
输入	完成本工作所要求的前提条件（包括设计文档、技术文件、资料等）
内容	定义本工作要完成的具体内容和流程（包括应用文件、支撑环境、控制条件、工作流程）
负责单位	本工作的负责单位或部门
协作单位	完成本工作的协作单位和部门
子工作	工作分解结构树形结构中与本工作直接相连的下属工作

表 2.4 国际工程项目工作列表的基本形式

工作代码	工作名称	输出	输入	内容	负责单位	协作单位	子工作

（4）工作责任分配的确定。

为了明确各单位或个人的责任，便于国际工程项目管理部门在国际工程项目实施过程中的管理协调，需要对国际工程项目的每一项工作分配责任者并落实责任。工作责任分配以工作分解结构图表和国际工程项目组织结构图表为依据，工作责任分配的结果形成工作责任分配矩阵或表。

表 2.5 是工作责任分配表的一个例子。首行给出了国际工程项目组织结构中的各部门，左列给出了国际工程项目中各工作的工作分解结构编码，行列交叉处各符号分别表示由何部门行使何种职责。

表 2.5 工作责任分配表

工作分解结构编码		设计部	实施部	财务部	测试部	办公室
1.1.0	1.1.1	△	○	○		●
	1.1.2	△	○	○		●
1.2.0	1.2.1	△	○	○		●
	1.2.2	△	○	○		●
	1.2.3	△	○	○		●
1.3.0	1.3.1	○	△	○	○	●
	1.3.2	○	△	○	○	●

注：△—负责 ○—参与 ●—监督

(5)工作先后关系确定。

任何工作的执行必须依赖于一定工作的完成,也就是说任何工作的执行必须在某些工作完成之后才能执行,这就是工作的先后关系。

工作的先后关系有两种:一种是工作之间本身存在的、无法改变的逻辑关系;另一种是人为组织确定的、两项工作可先可后的组织关系。如:生产、设计是逻辑关系,生产 A 产品、生产 B 产品是组织关系。确定工作先后关系的原则是从逻辑关系到组织关系,即先确定逻辑关系,再确定组织关系。

① 工作逻辑关系的确定。这是工作相互关系确定的基础,工作逻辑关系的确定相对比较容易,由于它是工作之间所存在的内在关系,通常是不可调整的,主要依赖于技术方面的限制,确定起来较为明确,通常由技术和管理人员的交流就可完成。

② 工作组织关系的确定。对于无逻辑关系的工作,其先后关系具有随意性,直接影响到国际工程项目计划的总体水平。工作组织关系的确定一般比较难,它通常取决于国际工程项目管理人员的知识和经验,因此组织关系的确定对于国际工程项目的实施是至关重要的。

③ 外部制约关系的确定。国际工程项目的工作和非国际工程项目工作之间通常会存在一定的影响,因此在国际工程项目工作计划的安排过程中也需要考虑到外部工作的一些制约,这样才能充分把握国际工程项目的发展。

工作相互关系确定的最终结果是要得到一张描述国际工程项目各工作相互关系的国际工程项目网络图以及工作的详细关系列表。国际工程项目网络图通常是表示国际工程项目各工作的相互关系基本图形,通常可由计算机或手工绘制,它包括整个国际工程项目的详细工作流程。工作的详细关系列表包括国际工程项目各工作的详细说明,是国际工程项目工作的基本描述。表 2.6 是一个项目管理软件开发工作列表。

表 2.6 项目管理软件开发工作列表

序号	工作分解结构编码	任务名称	工期/天	紧后工作	搭接工作
1	111	用户需求调研	8	2	
2	112	用户需求确认	2	3	
3	121	系统概要设计	7	4	
4	122	系统详细设计	20	5	
5	123	设计评审确认	3	6	
6	131	项目及工作信息录入模块开发	10	7,8,9,10	
7	132	网络计划图绘制模块开发	15	11	
8	133	项目时间计划安排模块开发	15	11	
9	134	甘特图计划制定模块开发	12	11	
10	135	项目执行信息录入与分析模块开发	20	11	

(6)工作持续时间估计。

工作持续时间是指在一定的条件下,直接完成该工作所需的时间与必要停歇时间之和。工作持续时间的估计是国际工程项目计划制定的一项重要的基础工作,它直接关系到各事项、各工作网络时间的计算和完成整个国际工程项目工作所需要的总时间。

① 工作持续时间的估计主要依赖的数据基础。

a. 工作详细列表。

b. 国际工程项目约束和限制条件。

c. 资源需求:大多数工作的时间将受到分配给该工作的资源情况以及该工作实际所需要的资源情况,比如说当人力资源减少一半时,工作持续时间一般会增加一倍。

d. 资源能力:资源能力决定了可分配资源的数量,对多数工作来说,其持续时间将明显受到分配给的人力及材料资源的影响。比如一个全职的国际工程项目经理处理一件事情的时间将会明显少于一个兼职的国际工程项目经理处理该事情的时间。

e. 历史信息:许多类似的历史国际工程项目工作资料对于当前国际工程项目工作时间的确定是很有帮助的,主要包括国际工程项目档案、公用的工作持续时间估计数据库、国际工程项目工作组的知识。

② 确定工作时间的主要方法。

a. 专家判断:主要依赖历史的经验和信息,当然其时间估计的结果也具有一定的不确定性和风险。

b. 类比估计:意味着以先前类似的实际国际工程项目的工作时间来推测当前国际工程项目各工作的实际时间。当国际工程项目的一些详细信息有限的情况下,这是一种常用的方法,类比估计可以说是专家判断的一种形式。

c. 单一时间估计法:估计一个最可能工作实现时间,对应 CPM 网络。

d. 三个时间估计法:估计工作执行的三个时间,乐观时间、悲观时间、正常时间,对应 PERT 网络。

工作持续时间估计结果形成了各项工作时间的估计、基本的估计假设及工作列表的更新。表 2.7 是国际工程项目计划表更新内容。

表 2.7 国际工程项目计划表更新内容

工作编码	工作名称	紧前(后)工作	时间估计/天	负责人

国际工程项目负责人审核意见:

签名: 日期:

(7)绘制网络图。

网络图的绘制主要依据国际工程项目工作关系表。网络图可以将国际工程项目工作关系表达出来。网络图主要有两种形式:单代号网络图和双代号网络图。图 2.2 和图 2.3 分别是双代号网络图和单代号网络图。

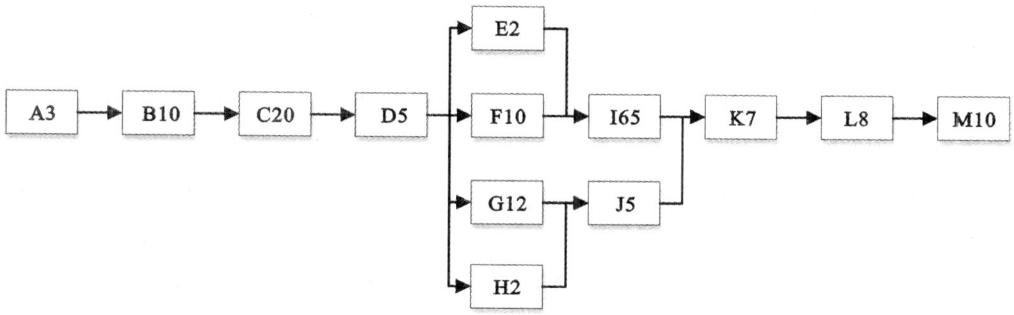

图 2.2 双代号网络图

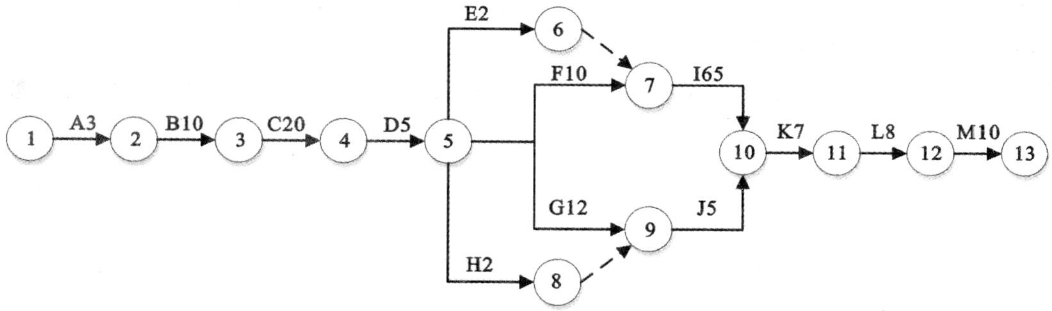

图 2.3 单代号网络图

(8)进度安排。

在完成了国际工程项目分解、确定各项工作和活动先后顺序、估计出各项活动持续时间的基础上,即可安排国际工程项目的时间进度。

进度安排的目标是制定国际工程项目的详细安排计划,明确每项工作的起始、终止时间,作为国际工程项目控制的有效手段。

进度安排依据国际工程项目内容的分解、各组成要素工作的先后顺序、工作延续时间的估计。安排进度时,国际工程项目主管要组织有关职能部门参加,明确对各部门的要求,据此各职能部门可拟订本部门的国际工程项目进度计划。

国际工程项目的进度计划目前多采用网络计划技术的形式,这种形式有助于明确反映国际工程项目各工作单元之间的相互关系,有利于国际工程项目执行过程中各工作之间的协调与控制。

进度安排所依赖的有关资料和数据如下。

① 国际工程项目网络图。

② 工作持续时间估计。

③ 资源需求。

④ 资源安排描述：什么资源在什么时候是可用的，以及在国际工程项目执行过程中每一时刻需要什么样的资源，是国际工程项目计划安排的基础。当几个工作同时都需要某一种资源时，计划的合理安排将特别重要。

⑤ 日历：明确国际工程项目日历是十分必要的，国际工程项目日历将直接影响到所有的资源。

⑥ 限制和约束：强制日期或时限、里程碑事件。这些都是国际工程项目执行过程中所必须考虑的限制因素。

进度安排的工具和技术主要有数学分析方法，包括关键线路法和计划评审技术等。

国际工程项目进度安排的结果形成了国际工程项目进度。它包括每项工作的计划开始日期和期望完成的日期。国际工程项目进度可以以提要的形式(称为主进度)或者以详细描述的形式表示，尽管国际工程项目进度可以表示为表格的形式，但是更常用的却是多种形式的图形方式，因为图形描述直观易懂。以下是国际工程项目进度的几种表达形式。

(1)带有日历的国际工程项目网络图。

图 2.4 是带有日历的单代号国际工程项目网络图。图中每项工作方框上面的两个数字分别代表该项工作的开始日期和完成日期。

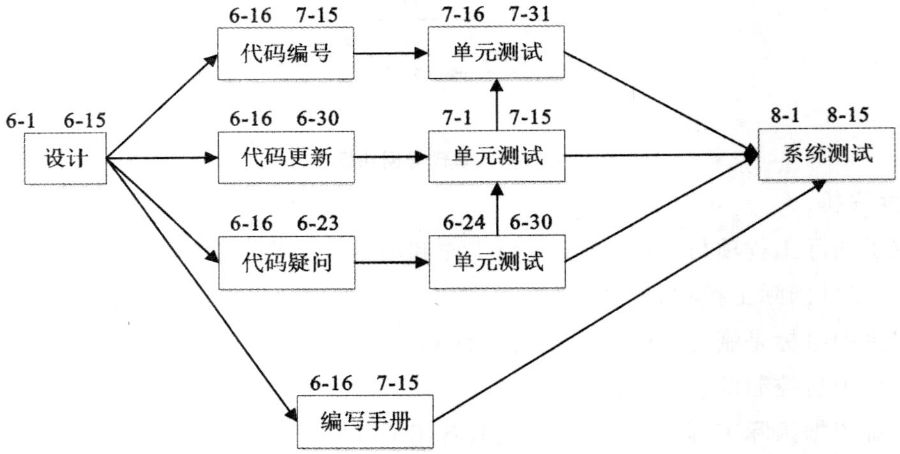

图 2.4　带有日历的单代号国际工程项目网络图

(2)时间坐标网络图。

图 2.5 是双代号时间坐标网络图。图的下方给出了时间坐标的刻度，通过刻度可了解每项工作的开始和结束时间。

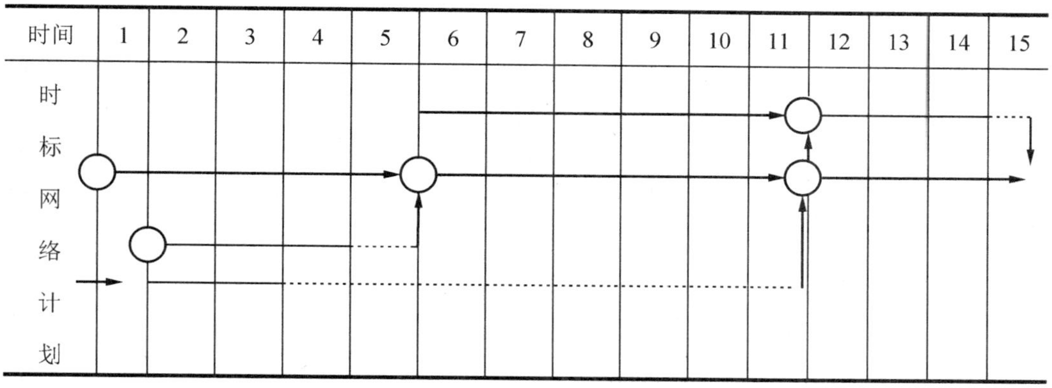

图 2.5 时间坐标网络图

(3)甘特图或条形图。

图 2.6 是甘特图示例。甘特图也称条形图，它以图示通过活动列表和时间刻度表示出特定项目的顺序与持续时间。甘特图是线条图，横轴表示时间，纵轴表示项目，线条表示期间计划和实际完成情况。甘特图直观表明计划何时进行、进展与要求的对比，便于管理者弄清项目的剩余任务，评估工作进度。

ID	任务名称	开始时间	完成	持续时间
1	任务一	2020/10/6	2020/10/8	3天
2	任务二	2020/10/8	2020/10/12	3天
3	任务三	2020/10/9	2020/10/14	4天
4	任务四	2020/10/12	2020/10/16	5天

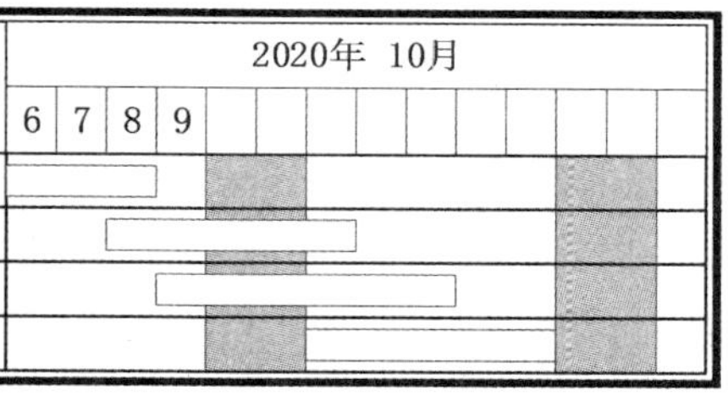

图 2.6 甘特图示例

(4)里程碑事件图。

里程碑是指在项目全过程中，象征一个关键或重要的中间事件时间点。从定义上讲，里程碑没有工期和投入，里程碑上也没有工作。它是工作计划中用于表示其他工作已经完成的一个标记。通常情况下里程碑被用作项目检查点以确认项目的进展如何，并且重新确认工作。里程碑计划只包括项目里程碑，以突出项目的各个关键点。图 2.7 所示为里程碑事件图。

时间 事件	1 月	2 月	3 月	4 月	5 月	6 月	7 月	8 月
签署分包合同			▲					
技术说明书完成				▲				
设计检查					▲			
子系统测试							▲	
第一单元完成								▲

图 2.7 里程碑事件图

(5)国际工程项目计划表。

除了图以外,国际工程项目进度安排还可用表格形式。表 2.8 是国际工程项目计划表,表中给出了每项工作的工期、开始时间及完成时间。

表 2.8 国际工程项目计划表

标识	工作名称	工期	开始时间	完成时间
1	启动	0 工作日	2017 年 7 月 2 日	2017 年 7 月 2 日
2	编制项目任务书	20 工作日	2017 年 7 月 2 日	2017 年 7 月 27 日
3	制作工作计划书	20 工作日	2017 年 7 月 30 日	2017 年 8 月 24 日
4	总体设计	80 工作日	2017 年 8 月 27 日	2017 年 12 月 14 日
5	详细设计	140 工作日	2017 年 9 月 24 日	2018 年 4 月 5 日
6	工艺设计	40 工作日	2017 年 9 月 24 日	2017 年 11 月 16 日
7	工装设计	200 工作日	2017 年 7 月 2 日	2018 年 4 月 5 日
8	工装制造	200 工作日	2018 年 4 月 8 日	2019 年 1 月 10 日
9	零件制造	355 工作日	2018 年 4 月 8 日	2019 年 8 月 15 日
10	部件总配	180 工作日	2018 年 6 月 3 日	2019 年 11 月 7 日
11	总装	60 工作日	2019 年 8 月 18 日	2019 年 1 月 2 日
12	喷漆	40 工作日	2019 年 11 月 10 日	2020 年 1 月 30 日
13	地面测试	20 工作日	2020 年 1 月 5 日	2020 年 6 月 18 日
14	试飞前准备	100 工作日	2020 年 2 月 2 日	2020 年 6 月 18 日
15	地面测试	100 工作日	2020 年 2 月 2 日	2020 年 10 月 8 日
16	试飞鉴定	80 工作日	2020 年 6 月 21 日	2020 年 12 月 31 日
17	交付	60 工作日	2020 年 10 月 11 日	2020 年 12 月 31 日
18	结束	0 工作日	2020 年 12 月 31 日	2020 年 12 月 31 日

(6)国际工程项目行动计划表。

表 2.9 是国际工程项目行动计划表,表中给出了工作的递进关系。

表 2.9 国际工程项目行动计划表

递送				
完成措施				
关键约束条件和假设				
任务	估计资源	前期任务	估计持续时间	责任人

除了进度计划外，进度安排的结果还应给出细节说明和进度管理计划。对于国际工程项目进度的支持细节，至少应该说明有关的假设和约束，此外还应包括各种应用方面的详细说明。其中进度管理计划主要说明何种的进度变化应给予处理，可以是正式的或非正式的、详细的说明或基本的框架，它是国际工程项目总计划的辅助说明。

2.2 国际工程项目进度计划控制基础

2.2.1 工作分解结构

工作分解结构主要是将一个国际工程项目分解成易于管理的几个部分或几个国际工程项目，以便确保找出完成国际工程项目工作范围所需的所有工作要素。工作分解结构是一种在国际工程项目全范围内分解和定义各层次工作包的方法，它按照国际工程项目发展的规律，依据一定的原则和规定，进行系统化的、相互关联的和协调的层次分解。结构层次越往下，国际工程项目组成部分的定义越详细。

工作分解结构层次清晰，可以具体作为组织国际工程项目实施的依据。工作分解结构通常是一种面向“成果”的“树”，其最底层是细化后的“可交付成果”，它确定了国际工程项目的整个范围。但工作分解结构的形式并不限于树状，还有多种形式，例如工作分解结构表。

工作分解结构图是将国际工程项目按照其内在结构或实施过程的顺序进行逐层分解而形成的结构示意图。它可以将国际工程项目分解到相对独立的、内容单一的、易于成本核算与检查的工作单元，并能把各工作单元在国际工程项目中的地位与构成直观地表示出来。工作分解结构图是国际工程项目所包含的全部活动的一张清单，也是进行进度计划、资源分配、费用预算的基础。

(1)工作分解结构图的层次。

工作分解既可按项目的内在结构进行，又可按项目的实施顺序进行。而项目本身复杂程度、规模大小也各不相同，从而形成了工作分解结构图的不同层次。工作分解结构图的基本层次如图 2.8 所示。但在现实项目的分解中，有时层次会更多，如图 2.9 所示。

(2)工作分解结构分解类型。

按分解的思路不同，在用工作分解结构对项目进行分解时，有两种类型。

① 基于可交付成果划分。

这种分解方式上层一般以可交付成果为导向，下层一般为可交付成果的工作内容。图 2.10 是基于可交付成果划分的工作分解结构图的一个例子。

在图 2.10 中，上层(第二层)是按轮船的构造划分的。要建造一条轮船，必须要有动力系统、电气系统、管道系统、船体、轴系、木作系统、轮机系统、上层房间。下层的划分是以工作为导向的，即为了完成上层的成果需要做哪些工作。例如，为了完成 E 段船体的建造，要做如下工作：钢材除锈、下料加工、小组装、配套存放、大组装、船台焊接。

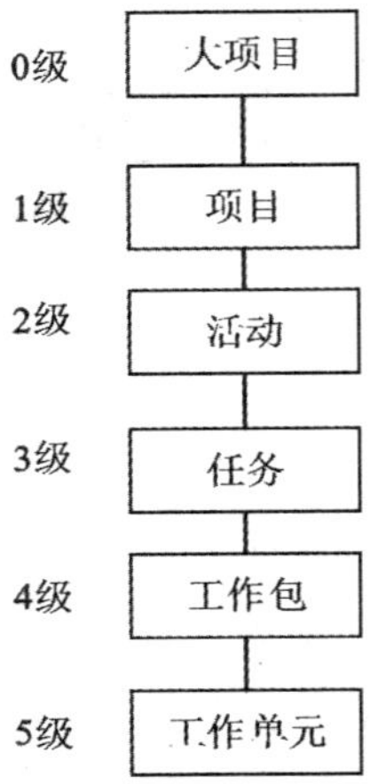

图 2.8 工作分解结构图的基本层次

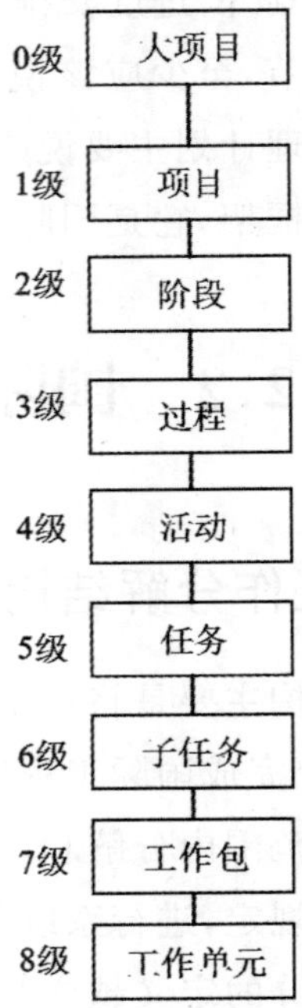

图 2.9 复杂项目的工作分解结构图层次

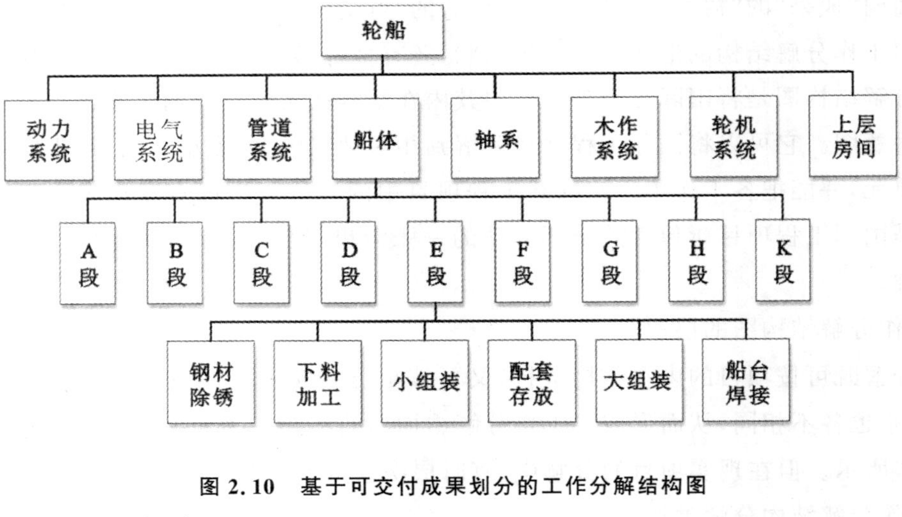

图 2.10 基于可交付成果划分的工作分解结构图

② 基于工作过程划分。

这种分解方式是上层按照工作的流程分解，下层按照工作的内容划分。图 2.11 是基于工作过程划分的一个例子。

在图 2.11 中，上层(第二层)是按工作流程划分的：先进行设备准备，然后进行网络系统设计、软件开发、培训和工程实施。下层是为了完成上层的工作所要完成的工作。

(3)工作分解结构的编码。

为了简化工作分解结构的信息交流过程，常利用编码技术对工作分解结构进行信息转换。工作分解结构工作编码的规则：由高层向下层用多位码编排，要求每项工作有唯一的编码。工作分解结构的编码结构如图 2.12 所示。

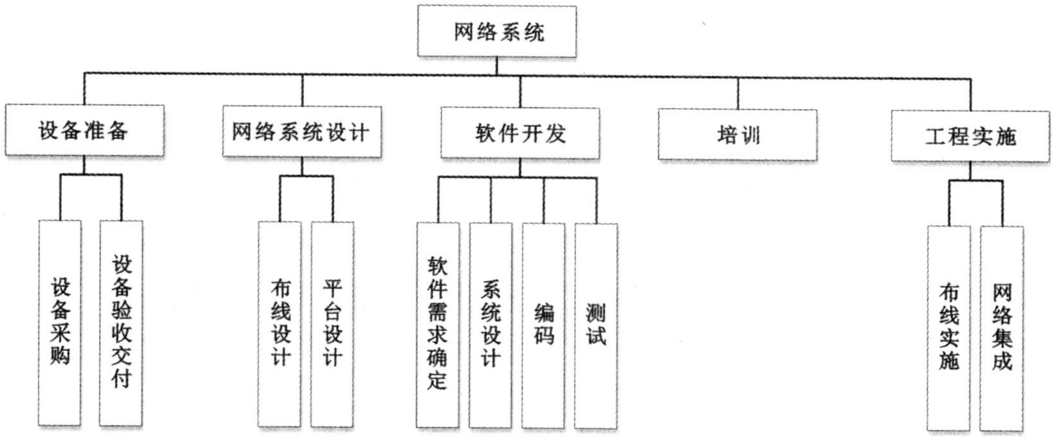

图 2.11 网络系统工程的工作分解结构图

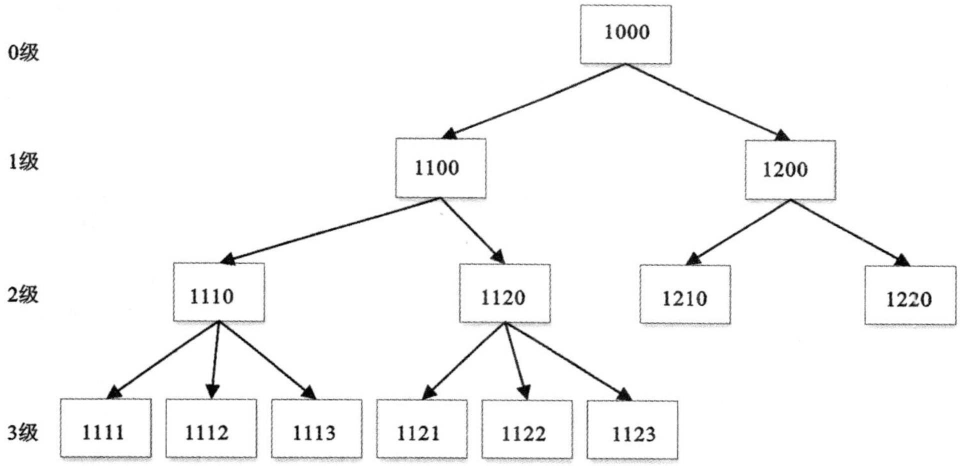

图 2.12 某地区安装和运行新设备项目的工作分解结构的编码结构

工作分解结构编码由 4 位数组成，第一位数表示处于 0 级的整个项目；第二位数表示处于第 1 级的子工作单元（或子项目）的编码；第三位数是处于第 2 级的具体工作单元的编码；第四位数是处于第 3 级的更细、更具体的工作单元的编码。编码的每一位数字，由左至右表示不同的级别，即第 1 位代表 0 级，第 2 位表示 1 级，第 3 位是 2 级，第 4 位是 3 级。

在工作分解结构编码中，任何等级的工作单元，是其全部次一级工作单元的总和。如第二个数字代表子工作单元（或子项目）。于是，整个项目就是子项目的总和。

所有子项目的编码的第一位数字相同，而代表子项目的第二位数字不同，最后面两位数字是 0。类似地，子项目代表工作分解结构编码第二位数字相同、第三位数字不同、最后一位数字是 0 的所有工作之和。新设备安装工作分解结构图如图 2.13 所示。例如，子项目 2 即布局设计，是所有工作分解结构编码第二位数字为 2、第三位数字不同的工作单元之和，因此子项目 2 的编码为 1200，它由机器布局（1210）和工艺流程设计（1220）组成。

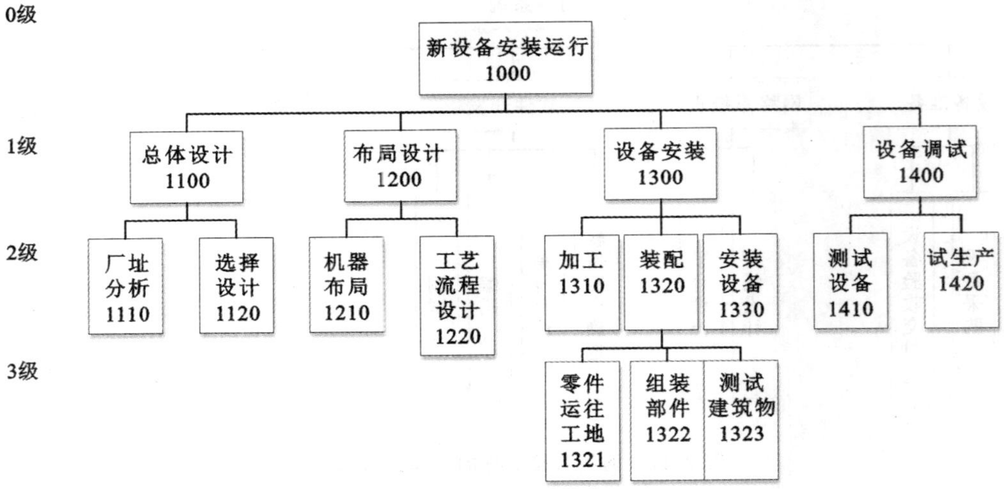

图 2.13　新设备安装工作分解结构图

在制定工作分解结构编码时，责任和预算也可用同一编码数字制定出来。就职责来说，第一位数字代表最大的责任者——项目经理，第二位数字代表各子项目的负责人，第三位和第四位数字代表 2、3 级工作单元的相应负责人，表 2.10 是这种编码的一例。

表 2.10　表示预算和责任的工作分解结构编码

工作分解结构编码	预算/万元	责任者
1000	5000	赵一
1100	1000	设计部门
1110	500	钱二
1120	500	张三
1200	1000	设备部门
1210	700	李四
…		

预算也是一样，即第 0 级的预算量是整个项目的预算。各子项目分配到该总量的一部分，所有子项目预算的总和等于整个项目的预算量。这种分解一直持续到各 2、3 级工作单元，详见表 2.10。包含预算和责任者的新设备安装工作分解结构图如图 2.14 所示。图 2.15 和图 2.16 分别是项目管理软件开发项目和企业经营评价系统项目的工作分解结构图。

(4)工作分解结构的制定步骤。

在运用工作分解结构对国际工程项目进行分解时，应遵循以下几个步骤。

① 根据国际工程项目的规模及复杂程度，确定工作分解的详细程度。如果分解过于粗略，可能难以体现计划内容；分解得过细，会增加计划制定的工作量。因此在工作分解时要考虑下列因素。

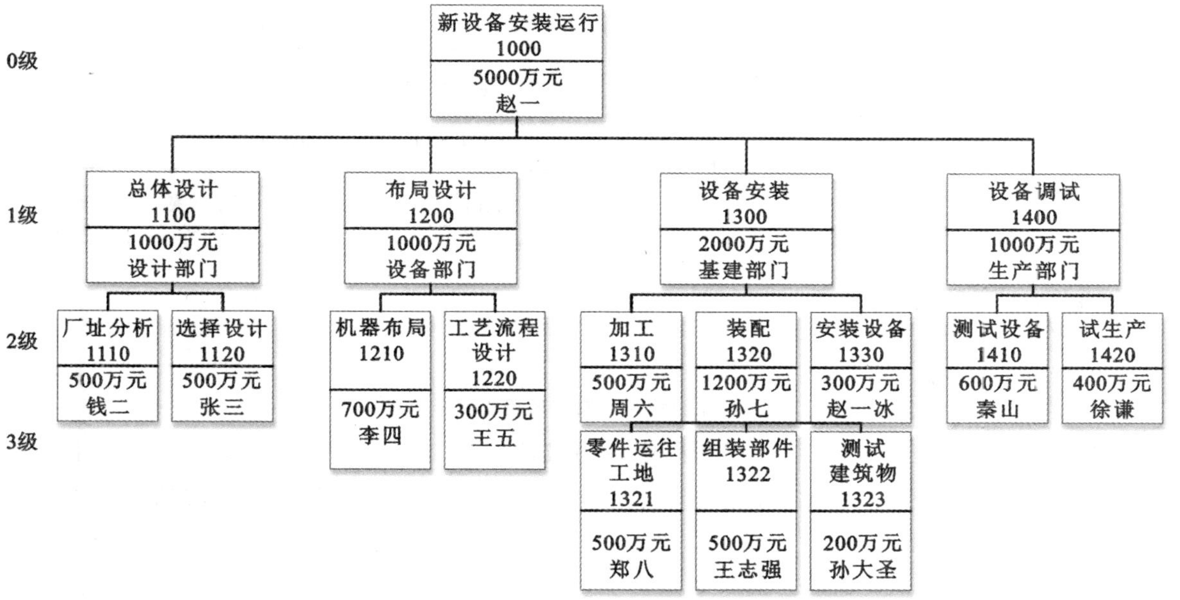

图 2.14 包含预算和责任者的新设备安装工作分解结构图

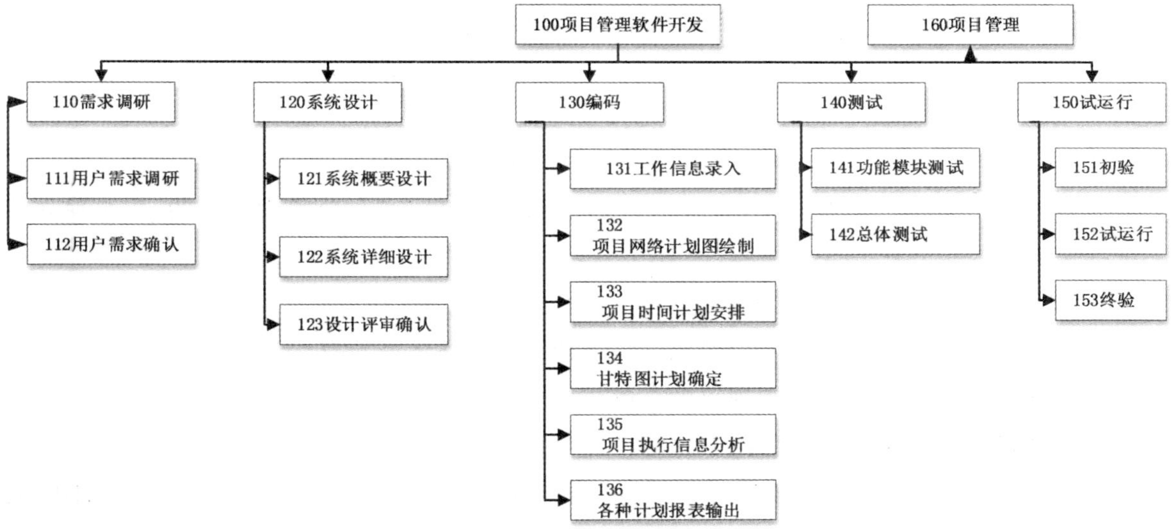

图 2.15 项目管理软件开发项目工作分解结构图

a. 分解对象。复杂的国际工程项目应分层次分解，对于最高层次的分解可粗略，再逐级往下，层次越低，可越详细；若分解的是相对小而简单的国际工程项目，则可以详细一些。

b. 使用者。对于国际工程项目经理的工作分解不必过细，只需让他们从总体上掌握和控制计划即可；对于计划执行者的工作，则应分解得较细。

c. 编制者。编制者对国际工程项目的专业知识、信息、经验掌握得越多，则越可能使计划的编制粗细程度符合实际的要求；反之则有可能失当。

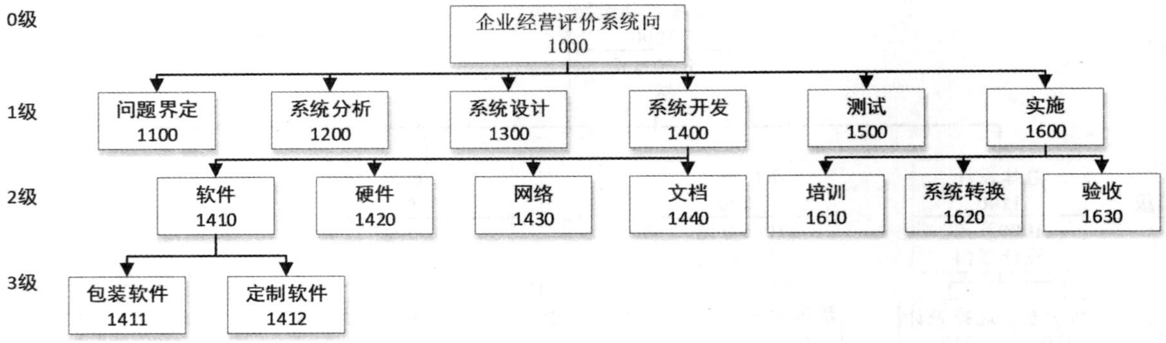

图 2.16　企业经营评价系统项目工作分解结构图

在工作分解结构图中，分解的详细程度是用级数的大小来反映的。对于同一国际工程项目，级数越小，说明分解越粗略；级数愈大，说明分解越详细。工作分解结构分解的一般步骤如图 2.17 所示。

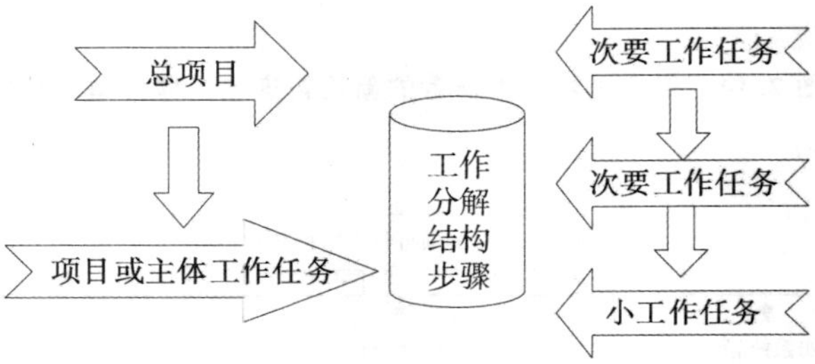

图 2.17　工作分解结构分解的一般步骤

② 根据工作分解的详细程度，将国际工程项目进行分解，直至分解为确定的、相对独立的工作单元。

(5)工作分解结构的工作分解原则。

① 功能技术原则。考虑每一阶段到底需要什么样的技术或专家。

② 组织结构。考虑国际工程项目的分解应适应组织管理的需要。

③ 地理位置。考虑不同地区的子国际工程项目。

④ 系统或子系统的原则。根据某些方面的特点或差异，将国际工程项目分为几个不同的子国际工程项目。

(6)工作分解结构相关注意事项。

① 分解后的工作应该是可管理的、可定量检查的、可分配任务的、独立的。

② 复杂工作至少应分解成两项工作。

③ 表示出工作间的联系。

④ 不表示顺序关系。

⑤ 最底层的工作应具有可比性。

⑥ 与工作描述表一起进行。

⑦ 包括管理活动。

⑧ 包括次承包商的活动。

(7)国际工程项目工作分解结构表。

工作分解结构除了用工作分解结构图表示外，还可以用表来表示，即工作分解结构表。工作分解结构表的形式如表 2.11 所示。表 2.12 是工作分解结构表的一个例子。

表 2.11 国际工程项目工作分解结构表

国际工程项目名称：		国际工程项目负责人：	
单位名称：		制表日期：	
工作分解结构			
任务编码	任务名称	主要活动描述	责任人
1000			
1100			
1200			
1×00 1×1 1×11 1×12			

国际工程项目负责人审核意见：

签名： 日期：

表 2.12 国际工程项目工作分解结构表示例

编码	工作名称	编码	工作名称
100	国际工程项目管理软件开发	121	系统概要设计
110	需求调研	122	系统详细设计
111	用户需求调研	123	设计评审确认
112	用户需求确认	130	编码
120	系统设计	131	工作信息录入
…			

2.2.2 责任分配矩阵

将工作分解结构图与国际工程项目的有关组织机构图对照，可进行任务分配和责任落实，并形成责任分配矩阵。这是一种以国际工程项目组织结构表示国际工程项目的个人责任或部门责任的方法。

这是一种很有用的工具，因为它强调每一项工作细目由谁负责，并表明每个人的角色及在整个国际工程项目中的地位。

为了对国际工程项目的每一项任务分配责任者并落实责任，国际工程项目管理者以工作分解结构和国际工程项目组织结构图表为依据制作了工作责任分配表，以明确各单位或个人的责任，便于国际工程项目管理部门在实施过程中进行管理。表 2.13 是责任分配表的一个例子。

表 2.13　国际工程项目管理软件开发国际工程项目责任分配表

图例：▲ 负责 ● 辅助 △ 承包		责任者（个人或组织）				
任务编码	任务名称					
		→				
项目负责人审核意见：			签名：	日期：		

2.3　国际工程项目进度计划编制方法

合理制定国际工程项目施工方案，科学制定施工进度计划，并统揽其他各要素的安排是工程建设的核心。常见的国际工程项目进度计划编制方法有关键日期表法、横道图法、里程碑计划法和网络计划法。

2.3.1　关键日期表法

关键日期表是最简单的一种进度计划表。它只列出一些关键活动的日期，将国际工程项目建设活动或施工过程在表中列出，注明其开始与结束时间、是否是关键工作。关键日期表法简洁，编制时间最短，费用最低，但表现力差、优化调整困难。

2.3.2　横道图法

在诸多进度计划编制方法中，最常见而普遍应用的计划方法就是横道图法。横道图最早由 Henry L. Gantt 于 1917 年提出，因此也被称为甘特图(Gantt chart)。横道图用横线来表示每项活动的起止时间，将活动列表和时间刻度通过图示的形式来形象地表示任何特定国际工程项目的活动顺序与持续时间。

横道图易于编制，简单明了，直观易懂，便于检查和计算资源，是编制项目进度计划常用的一种工具，常应用于小型国际工程项目进度管理中。国际工程项目横道图如表 2.14 所示。其优点如下。

(1)将构成整个工程的全部分项工程纵向排列填入表中。

(2)横轴表示可能利用的工期。

(3)分别计算所有分项工程施工所需要的时间。

(4)如果在工期内能完成整个工程,则将第(3)项所计算出来的各分项工程所需工期安排在图表上,编排出日程表。这个日程的分配是为了对各分项工程的所需时间和施工日期进行试算分配,在预定工期内完成整个工程。

但是,作为一种计划管理的工具,横道图也有它的不足之处。

(1)不容易看出工作之间相互依赖、相互制约的关系。

(2)反映不出哪些工作决定了总工期,更看不出各工作分别有无伸缩余地(机动时间),有多大的伸缩余地。

(3)它不是一个数学模型,不能实现定量分析,故无法分析工作之间相互制约的数量关系。

(4)横道图不能在执行情况偏离原计划时简单而迅速地进行调整和控制,更无法实行多方案的优选。

横道图不能表示各项工作之间的关系,也不能指出影响国际工程项目工期的关键所在,因此,对于复杂的大型国际工程项目来说,横道图就显得不太适用。

表 2.14 国际工程项目横道图

时间	工作内容							
	1	2	3	4	5	6	7	8
A								
B								
C								
D								

2.3.3 里程碑计划法

里程碑计划是以国际工程项目中某些重要事件的开始或完成时间作为基准所形成的计划。它是一个战略计划或国际工程项目框架,以中间产品或可实现的结果为依据。它显示了国际工程项目为达到最终目标必须经过的条件或状态序列,描述了国际工程项目在每一阶段应达到的状态。

里程碑计划可用里程碑图或里程碑表来表示。表 2.15 是里程碑表的一个例子。

表 2.15 里程碑计划

项目名称	1月	2月	3月	4月	5月	6月
里程碑事件	上中下	上中下	上中下	上中下	上中下	上中下
技术方案确定	30/1△					
研究试验				15/4△	15/5△	
技术设计						
制作组装						15/6△

2.3.4 网络计划法

网络计划是以网络图为基础的一种有逻辑和数字根据的计划模型。它的优点是能够直观地反映工作之间的相互关系，使一个计划构成一个系统的整体，从而为实现计划的定量分析奠定基础。它不仅可以完整地揭示一项计划所包含的全部工作以及它们之间的关系，而且还能从数学的高度运用最优化原理，揭示整个计划的关键工作并巧妙地安排计划中的各项任务，从而可以使计划管理人员依照计划执行，有科学根据地对未来作出预测，使计划自始至终在人们的监督和控制之下，达到以最短的工期、最少的资源、最好的流程、最低的成本、最佳的质量来完成所控制的项目的目的。

随着现代化生产的不断发展，项目的规模越来越大，影响因素越来越多，项目的组织管理工作也越来越复杂。横道图这一传统的进度管理方法，已不能明确地表明各项工作之间相互依存与相互作用的关系；管理人员很难迅速判断某一工作的推迟和变化，无法确定项目中最重要的、起支配作用的关键工作及关键线路。为了适应对复杂系统进行管理的需要，20 世纪 50 年代末，美国相继研究并使用了两种进度计划管理方法，即关键路径法和计划评审技术，并利用网络计划对项目的工作进度进行安排和控制。这便形成了新的进度计划管理方法——网络计划法。基于此，这些方法已经广泛应用于更为组织结构等复杂的国际工程项目进度管理与制定中。其中，CPM 将时间与成本一起考虑，而以成本为主，对每项作业完成时间不计入不确定因素；PERT 仅注意时间问题，对成本未予注意，对每项作业的完成时间计入不确定因素。此外，后来还陆续提出了一些新的网络技术，如图示评审技术、风险评审技术等。

1. 网络计划时间参数

网络计划是在网络图上加注工作的时间参数等而编制成的进度计划，所以，网络计划主要由网络图和网络参数两大部分组成。网络图是由箭线和节点组成的用来表示工作流程的有向、有序的网状图形。网络参数是根据国际工程项目中各项工作的延续时间和网络图所计算的工作、节点、线路等要素的各种时间参数。网络参数如表 2.16 所示。

表 2.16　网络参数

进度计划时间参数	含义
周期(持续时间)	这是完成工作所需的时间。周期有两种:一种是确定型的;一种是随机型的。通常一个工作的周期是固定的。但有些情况下,受不可控因素的影响,一项工作的周期是可变的。对于不确定的周期,需要估计出三种完成时间,即乐观时间、悲观时间、最可能时间,然后通过加权平均计算出完成该项工作的期望时间。对于有些工作,其周期则取决于在该工作上工作的人数,人数越多,完成工作的周期就越短
最早和最迟时间	每项工作都有最早时间和最迟时间。最早时间分最早开始时间、最早结束时间;最迟时间分最迟开始时间、最迟结束时间。 最早开始时间加上估算的周期就是最早结束时间。相应地,最迟开始时间就是最迟结束时间减去估算的周期
总时差	时差是指在一定的前提条件下,工作可以机动使用的时间。时差可分为总时差和自由时差两种。 总时差是指在不影响总工期的前提下,本项工作可以利用的机动时间。总时差计算公式为:总时差=最迟开始时间-最早开始时间。 总时差最小的工作是关键工作,其周期决定了国际工程项目的总工期。由关键工作组成的线路为关键线路。通常总时差为零的工作为关键工作
自由时差	自由时差是指在不影响紧后工作最早开始的前提下,本工作可以利用的机动时间。一项工作的自由时差越大,在进度安排时,该工作的灵活性就越大。 总时差为零,自由时差必定为零
计划、基线和计划安排时间	计划时间是在最早和最迟时间之间的,用以完成工作的时间。纪录最初的计划日期就是基线日期。当前的计划就是计划安排日期。 其他计划时间。在一个完整的进度计划系统中,与每个活动相关的日期和时间可多达 15 个。安排国际工程项目进度计划的过程就是给这些日期和时间赋值。第一步是估算周期;第二步是赋予该工作开始和结束时间

2.双代号网络图

(1)双代号网络图基本概念。

双代号网络图是由箭线和节点组成的一种网状的有限、有序、有向图。要完成一项计划,需要很多工作,我们用一个箭号代表一个工作,工作的名称写在箭杆上,完成时间写在箭杆下,箭尾表示工作的开始,箭头表示工作的结束,箭头和箭尾衔接的地方,画上圆圈编上号码,两个号码代表一项工作,这种表示方法称双代号表示法,如图 2.18 所示。

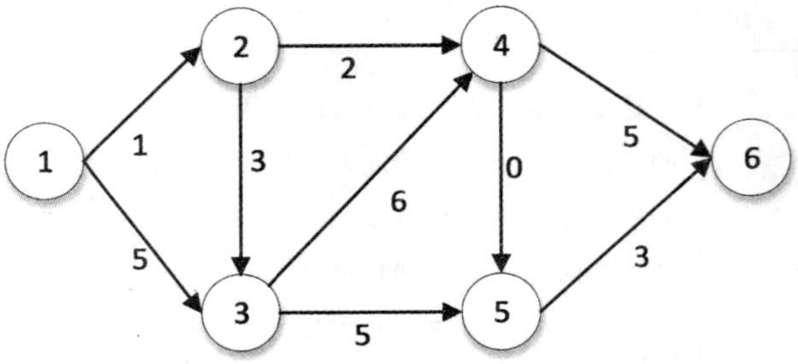

图 2.18 双代号网络图

(2)网络图的三要素。

① 工序(工作)。

工序是网络图的组成部分,用"→"表示,用一个箭线仅仅表示一个工序,需要消耗的资源(人力、物力)和时间,例如支模板、浇筑混凝土等。

② 节点(事件)。

圆圈代表节点,称为事件,任何一个工作可以用两个事件表示,并编以号码,箭杆出发点的节点叫起始事件,箭杆进入的节点叫终点事件。

节点表示工作之间的连接,在时间上表示指向某节点的工作全部完成后,该节点后面的工作才能开始,即前后工作的交接。

③ 线路。

从总开工节点(起始事件)沿箭头方向到结束事件有很多线路,通过计算可以找到工期最长的线路,位于关键线路上的工序叫关键工作。这些工作直接影响着工期,关键线路用黑粗线或双箭杆表示。

该网络图一共 8 条线路,线路和工期如下。

1→2→3→4→6	1+3+6+5=15(天)
1→2→4→6	1+2+5=8(天)
1→2→3→5→6	1+3+5+3=12(天)
1→2→4→5→6	1+2+0+3=6(天)
1→2→3→4→5→6	1+3+6+0+3=13(天)
1→3→4→6	5+6+5=16(天)
1→3→5→6	5+5+3=13(天)
1→3→4→5→6	5+6+0+3=14(天)

关键线路为 1→3→4→6,工期为 16 天,位于关键线路上的工序为关键工序,短于关键线路但接近关键线路的次关键线路,其余线路叫非关键线路。

(3)绘图规则与图示。

① 基本规则。

a.除结束事件外,不容许出现没有外向工作的尽头事件,如事件4。

b.除开始事件外,不容许出现没有内向工作的尾部事件,如事件6。

c.不允许出现闭回路,如2→3→5→2。

d.不允许出现重复事件编号和相同起点与终点的工作。

② 虚工作。

用以连接相关工序,割断无关工作,表示方法“----→”或箭头下方有一个0。其特点如下:

a.不占用时间;

b.不消耗资源;

c.仅仅表示工序之间的逻辑关系;

d.网络图的节点编号。

原则上讲事件不重复,编号可以任意,不过为了计算方便和容易发现回路,最好从小到大依次进行,保证箭尾号比箭头号小,为考虑增添工作的需要,编号不必连续,但不能重号。归纳起来网络图的节点编号应遵循以下原则:

a.起点节点先编号,所编节点号为本图中的最小号码;

b.终点节点后编号,所编节点号为本图中的最大号码;

c.中间节点在它的内向箭线的箭尾节点都已编号后,再编号;

d.节点编号次序可以跳跃,但不能重号。

3.单代号网络图

(1)单代号网络图的基本构成与符号。

单代号网络图由箭线和节点构成,但其符号和意义与双代号网络图不完全相同。单代号网络图中,箭线表示相邻工作之间的逻辑关系。一个节点表示一项工作,一般用圆圈或矩形表示。节点所表示的工作名称、持续时间和工作代号等应标注在节点内,如图2.19所示。

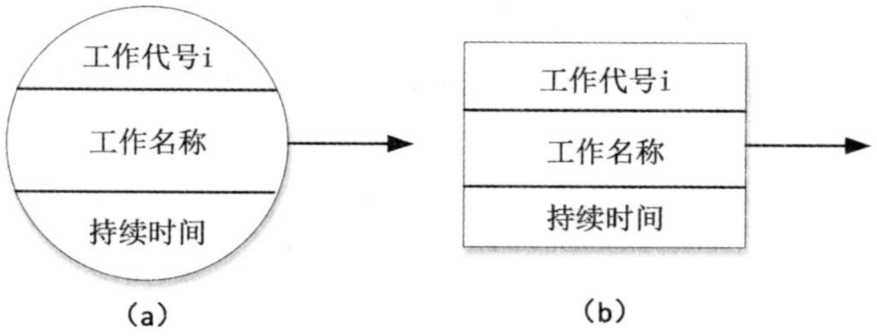

图2.19 单代号网络图工作表示方法

(2)单代号网络图的绘制。

单代号网络图的绘图规则基本上与双代号网络图相同。其不同之处主要有两点：

① 单代号网络图不需要使用虚工作；

② 当单代号网络图中有多项起始工作或多项结束工作时，应在网络图的两端设置一项虚拟的工作，作为网络图的起始节点和终止节点。

双代号网络图和单代号网络图在我国均有采用，其中双代号网络图更为普通。这两种网络图仅在形式上不同，最终所得结果是完全一致的。

2.4 国际工程项目进度计划审批

在国内建筑市场日渐饱和的严峻形势下，已有较多的中国企业走出国门进入广阔的国际建筑市场中。在国内普遍实行的项目管理模式下，设计、采购、土建施工、机电施工、装修施工等工作往往由建设单位主持并分别实施招标，设计单位、供应商及施工承包单位仅需完成各自专业范围内的相关工作，管理难度相对较低。而国际建筑市场中较为普遍的总承包模式却要求承包商能够承担市政手续报批、施工图设计、采购、全部施工、调试及试运行等各方面工作。对于一些进入国际市场不久的中国企业来说，显然难以适应，往往表现为手忙脚乱、杂乱无章，可能发生工期延误并面临巨额罚金。究其原因，主要是没有合格的总进度计划。总进度计划需要融入人力资源、设备资源、费用或成本等综合因素。针对国际工程项目总进度计划进行审批，保证进度计划的精确化、完整化，对于复杂国际项目管理的成功有着举足轻重的意义。

2.4.1 组织专家评审进度计划

由于国际工程项目设计和施工要求的特殊性，加之编制进度计划时所依赖信息的不完全性和不确定性，使得国际工程项目进度计划的编制具有不确定性。组织业内专家和有经验人员对国际项目进度计划从以下几个方面进行审批，使其更趋合理、可行，实现整体项目的开工前进度计划的不断优化，控制工期，防止出现工期拖延。

(1)进度安排是否符合工程项目建设总进度计划中总目标和分目标的要求，是否符合施工合同中开工、竣工日期的规定。

(2)在施工总进度计划中，项目是否有遗漏，分期施工是否满足计划之间的衔接和配套施工条件的要求。

(3)施工顺序的安排是否符合施工程序的要求。

(4)劳动力、材料、配件、机具和设备的供应计划是否能满足施工进度计划的要求，物资供应的均衡性和满足高峰期供应能力的适应性。

(5)业主的资金供应能力是否能满足工程项目进度的需要。

(6)施工进度的安排是否与设备制造的进度相协调。

(7)业主提供工程项目场地的条件、原材料和设备供应的保证，特别是国外设备的供应与进度计划是否衔接。

(8)总、分包单位分别编制各项工程项目的进度计划之间是否相协调，专业分工与计划衔接是否明确合理。

(9)进度安排是否合理，是否有造成业主违约而导致索赔的可能性。

2.4.2 报批国际工程项目进度计划

报批国际工程项目进度计划指的是将施工进度检查的结果，按照检查报告制度的规定，以进度控制报告的形式向有关主管人员和部门汇报。进度控制报告是把检查比较结果、有关施工进度现状和发展趋势，提供给国际工程项目经理及各级业务职能负责人的最简单的书面形式报告。

进度控制报告是根据报告对象的不同，确定不同的编制范围和内容而分别编制的。其中，国际工程项目概要及进度控制报告，是报给国际工程项目经理、驻地工程师、业主的。进度控制报告是以整个施工国际工程项目为对象说明进度计划执行情况的报告；国际工程项目经理级的进度报告是报给国际工程项目经理及承包单位业务部门的，它是以单位工程或国际工程项目分区为对象说明进度计划执行情况的报告；业务管理级的进度报告就是以某个重点单位或重点问题为对象编写的报告，供国际工程项目管理者及各业务部门采取应急措施而使用的。

进度报告由计划负责人或进度管理人员与其他国际工程项目管理人员协作编写。报告时间一般与进度检查时间相协调，也可按月、周等间隔时间进行编写上报。

通过检查应向企业提供施工进度报告的内容主要包括：国际工程项目实施情况、管理概括、进度概要的总说明；国际工程项目施工进度、形象进度及简要说明；施工图纸提供进度；材料物资、构配件供应速度；劳务记录及预测；日历计划；对工程变更指令、价格调整、索赔及工程款收支情况；进度偏差的状况和导致偏差的原因分析；解决的措施；计划调整意见；国际工程项目存在的困难与危机等。

为保证国际工程项目的顺利实施，承包商将根据国际工程项目合同要求编制相关进度计划，并将其提交至业主或业主工程师处进行批准。如果审批通过，则按照此进度计划进行执行，如果审批没通过，则由承包商继续进行修改后再次申请审批。施工进度计划编制程序如图2.20所示，工程进度计划审批表如表2.17、表2.18所示。

在各国际工程项目进度计划的实施过程中，国际工程项目计划管理人员要对各项进度进行管理和监测，并且定期提交进度报告直到国际工程项目执行结束为止。

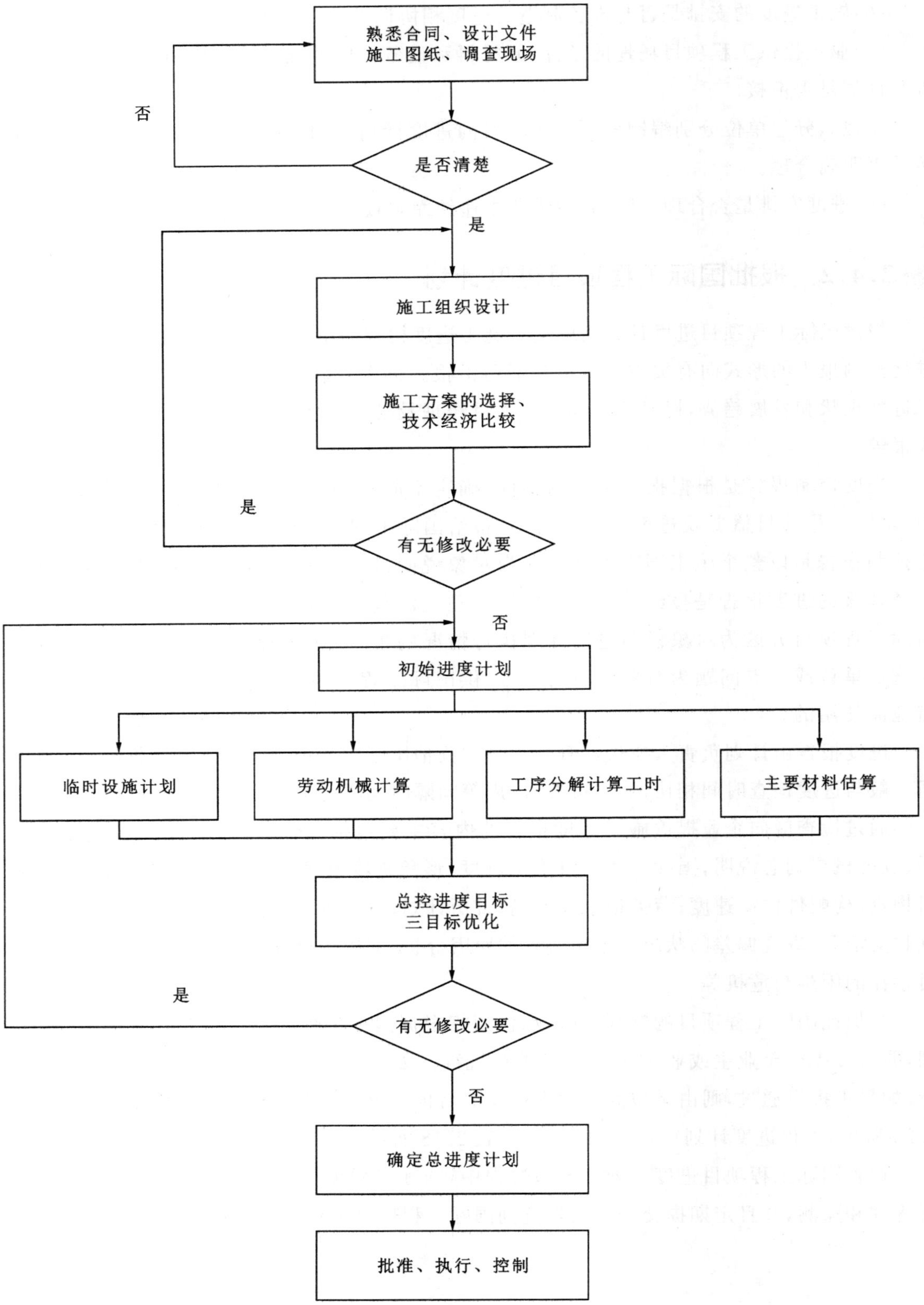

图 2.20 施工进度计划编制程序图

表 2.17 工程进度计划审批表(一)

工程名称：　　　　　编号：

致:国际工程项目管理部

兹上报 某国际工程项目 工程 施工阶段总体 进度计划(调整计划)。该进度计划经我单位审查如下,请予审核。

1.国际工程项目的总进度目标是否符合公司要求,阶段性目标是否符合总进度目标,月进度计划是否符合阶段性目标。

□是　　　□否(注明原因)

2.建设单位的招标计划是否能保证该进度计划的实现。

□是　　　□否(注明原因)

3.建设单位的材料(设备)采购供应是否能保证该进度计划的实现。

□是　　　□否(注明原因)

4.由建设单位提供的施工条件是否符合计划要求。

□是　　　□否(注明原因)

5.施工顺序的安排是否符合施工工艺的要求。

□是　　　□否(注明原因)

6.总承包单位与分包单位的进场时间的安排是否合理。

□是　　　□否(注明原因)

附件:工程进度计划(包括说明、图表、工程量、机械和劳动力计划等)。

国际工程项目部(章):

国际工程项目部经理:×××

日期:×年×月×日

审查意见:

经查,该进度计划安排合理/不合理,拟同意/不同意按该施工进度计划实施,请国际工程项目管理部批准。

不同意的原因:

国际工程项目管理部(章):

国际工程项目管理部经理:×××

日期:×年×月×日

注:使用此表向公司工程部报审的工程计划包括国际工程项目施工阶段总体进度计划、单位工程总进度计划、单位工程月进度计划以及滞后两周以上的调整计划。

本表由国际工程项目部经理填写,一式两份,公司国际工程项目部、国际工程项目管理部各一份。

表 2.18 工程进度计划审批表(二)

工程名称：　　　　　编号：

致:国际工程项目经理 兹上报 某 　工程进度计划(调整计划)。该进度计划审查情况如下,请予以审批。 1.进度计划是否符合工程国际工程项目总进度目标和阶段性目标的要求。 □是　　　　□否(注明原因) 2.施工顺序的安排是否符合施工工艺的要求。 □是　　　　□否(注明原因) 3.劳动力的安排是否能够保证该进度计划的实现。 □是　　　　□否(注明原因) 4.施工机具和设备、施工用水、电等生产要素的供应是否能保证该进度计划的实现。 □是　　　　□否(注明原因) 5.施工单位自行采购的工程材料(设备)的供应是否能保证该进度计划的实现。 □是　　　　□否(注明原因) 6.建设单位采购的工程材料(设备)的供应是否能保证该进度计划的实现。 □是　　　　□否(注明原因) 7.总、分包单位分别编制的施工进度计划之间是否协调。 □是　　　　□否(注明原因) 附件:施工进度计划(包括说明、图表、工程量、机械和劳动力计划等)。 国际工程项目工程管理部(章):××× 日期:×年×月×日
审查意见: 经查,该施工进度计划安排合理/不合理,拟同意/不同意按该施工进度计划实施,请工程部经理批准。 不同意的原因: 国际工程项目经理(章):××× 日期:×年×月×日

注:国际工程项目管理部使用此表向国际工程项目经理上报的工程进度计划包括单位工程月进度计划、单位工程周进度计划以及调整计划。

2.5 进度控制

2.5.1 进度控制概述

大多数的国际工程都是规模大、工期长、结构复杂的工程项目，并且在施工过程中易受到外界各种因素的干扰，包括水文气象、地质条件的变化，规划及设计的变更，所在国家或地区法律的变化及其他人为因素等，故项目工期进度极易出现延误等情况，给项目整体目标的完成度带来负面影响。因此，进度控制是国际工程项目管理的重要目标，在项目进行过程中占非常重要的地位。

进度控制是为了保证能够顺利实现国际工程项目的进度目标，从而制定计划并努力实现的过程。该过程是一个动态、循环的管理过程，进度动态以实际进度统计为依据，从确定进度偏差开始，到制定纠正偏差措施，进行纠正偏差活动，到下一次进度监测结束，形成一个固定的周期性的循环过程。国际工程项目进度控制过程如图 2.21 所示。

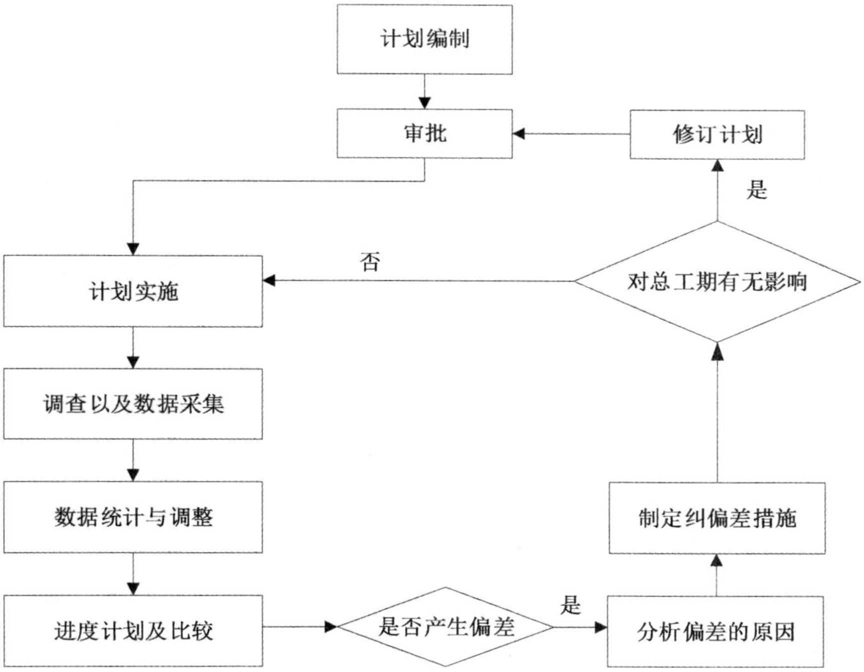

图 2.21 国际工程项目进度控制过程

2.5.2 进度控制的类型

按照不同管理层次对进度控制的要求，进度控制分为三类，即总进度控制、主进度控制和详细进度控制。

(1)国际工程项目总进度控制。

它主要是国际工程项目经理等高层次管理部门对国际工程项目中各里程碑事件的进度控制。

(2)国际工程项目主进度控制。

它主要是国际工程项目部门对国际工程项目中每一主要事件的进度控制。在多级国际工程项目中,这些事件可能就是各个分国际工程项目。通过控制国际工程项目主进度使其按计划进行,就能保证总进度如期完成。

(3)国际工程项目详细进度控制。

它主要是各作业部门对各具体作业进度计划的控制。这是进度控制的基础,只有详细进度得到较好的控制,才能保证主进度按计划进行,最终保证国际工程项目总进度的控制,使国际工程项目目标得以顺利实现。

2.5.3 进度控制的原理

(1)动态控制原理。

国际工程项目进度控制是随着国际工程项目的进行而不断进行的,是一个动态过程,也是一个循环进行的过程。从国际工程项目开始,实际进度就进入了运行的轨迹,也就是计划进入了执行的轨迹。

实际进度符合进度计划要求,计划的实现就有保证;实际进度与进度计划不一致时,就产生了偏差,若不采取措施加以处理,工期目标就不能实现。所以,当产生偏差时,应分析偏差的原因,采取措施,调整计划,使实际进度与计划进度在新的起点上重合,并尽量使国际工程项目按调整后的计划继续进行。但在新的因素干扰下,又有可能产生新的偏差,应继续按上述方法进行控制。进度控制就是采用这种动态循环的控制方法。

(2)系统原理。

国际工程项目的进度控制,首先应编制国际工程项目的各种计划,包括进度计划、资源计划等。计划的对象由大到小,计划的内容从粗到细,形成了国际工程项目的计划系统。所以,无论是控制对象还是控制主体,无论是进度计划还是控制活动,都是一个完整的系统,进度控制实际上就是用系统的理论和方法解决系统问题。

(3)封闭循环原理。

国际工程项目进度控制的全过程是一种循环性的例行活动,其活动包括编制计划、实施计划、检查、比较与分析、确定调整措施、修改计划,形成了一个封闭的循环系统。进度控制过程就是这种封闭循环、不断运行的过程。

(4)信息原理。

信息是国际工程项目进度控制的依据。国际工程项目进度计划的信息从上到下传递到国际工程项目实施相关人员,以期计划得以贯彻落实。而国际工程项目实际进度信息则自下而上反馈到各有关部门和人员,以供分析并作出决策、调整,以使进度计划仍能符合预定工期目标。这就需要建立信息系统，以便不断地进行信息的传递和反馈。所以，国际工程项目进度控制的过程也是一个信息传递和反馈的过程。

(5)弹性原理。

国际工程项目一般工期长且影响因素多。这就要求计划编制人员能根据统计经验估计各种因素的影响程度和出现的可能性，并在确定进度目标时进行目标的风险分析，使进度计划留有余地，即使得计划具有一定的弹性。在进行国际工程项目进度控制时，可以利用这些弹性缩短工作的持续时间，或改变工作之间的搭接关系，以期最终能实现国际工程项目的工期目标。

(6)网络计划技术原理。

网络计划技术不仅可以用于编制进度计划，而且可以用于计划的优化、管理和控制。网络计划技术是一种科学、有效的进度管理方法，是国际工程项目进度控制，特别是复杂国际工程项目进度控制的完整的计划管理和分析计算的理论基础。

2.5.4 国际工程项目进度的监测

在国际工程项目实施过程中，为了收集国际工程项目实际进度的信息，以便对国际工程项目进展情况进行分析，掌握国际工程项目进展动态，应对国际工程项目进展状态进行观测。这一过程称为国际工程项目进度动态监测。

对于国际工程项目进展状态的监测，通常采用日常监测和定期监测的方法，并将观测的结果用国际工程项目进展报告的形式加以描述。

1. 日常监测

随着国际工程项目的开展，应不断监测进度计划中所包含的每一项工作的实际开始时间、实际完成时间、实际持续时间、目前状况等内容，并加以记录，以此作为进度控制的依据。记录的方法有实际进度前锋线法、图上记录法等。

(1)实际进度前锋线记录法。实际进度前锋线，是一种在时间坐标网络中记录实际进度情况的曲线，简称为前锋线。它表达了网络计划执行过程中，某一时刻正在进行的各工作的实际进度前锋的连线，如图 2.22 所示。

① 在最早时间时标网络中的进度动态曲线。

② 在最迟时间时标网络中的进度动态曲线。

(2)图上记录法。当采用非时标网络计划时，可直接在双代号网络图上用文字或符号记录。如用点画线代表其实际进度在网络图中标出，如图 2.23 所示；也可在箭线下方标出相应工作的实际持续时间，或在箭尾节点下方和箭头节点下方分别标出工作的实际开始和实际结束时间，如图 2.24 所示；还可在网络图的节点内涂上不同颜色或用斜线表示相应工作已经完成，如图 2.25 所示。

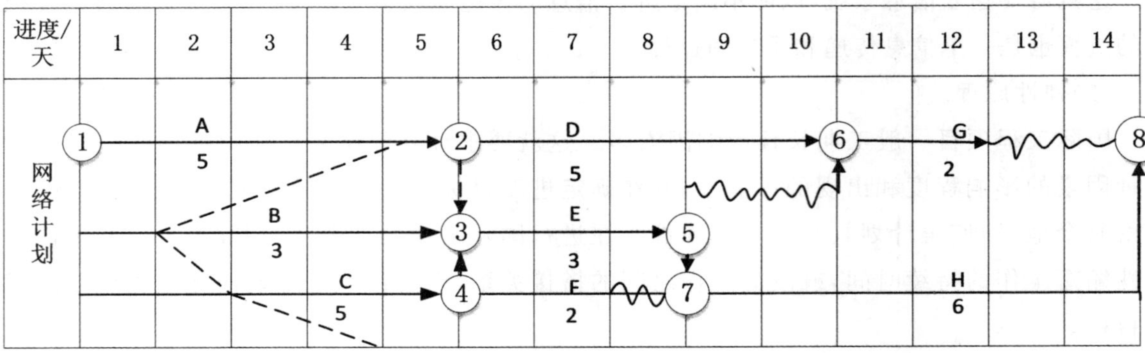

图 2.22 实际进度前锋线

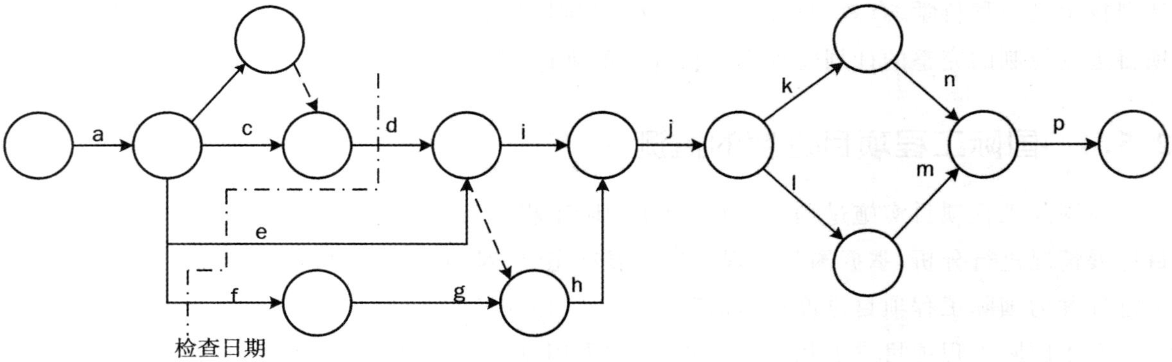

图 2.23 双代号网络图实际进度的记录

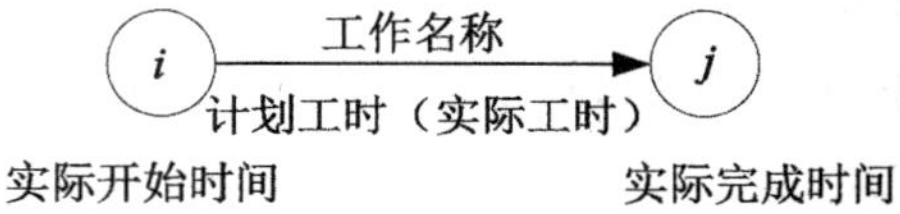

图 2.24 实际工时记录

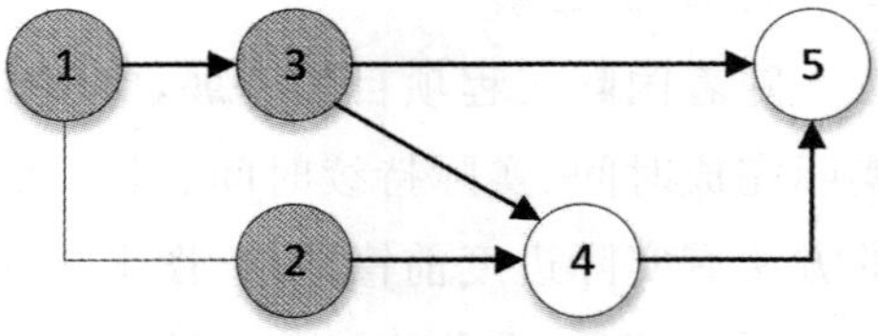

图 2.25 已完工程的记录

2. 定期监测

定期监测是指每隔一定时间对国际工程项目进度计划执行情况进行一次较为全面、系统的观测、检查。间隔的时间因国际工程项目的类型、规模、特点和对进度计划执行要求程度的不同而异，可以以日、双日、五日、周、旬、半月、月、季、半年等为一个监测周期。

(1)国际工程项目信息收集方式。信息是物质系统运动的质，所以国际工程项目运作的过程即是国际工程项目信息流动的过程。国际工程项目中的信息载体丰富多样，信息的收集同样存在多种方式。

① 发生频率统计法。对某一事件发生的次数进行记录的信息收集方法。

② 原始数据记录法。这是对国际工程项目运行中实际资源投入量和国际工程项目产出技术指标进行统计。

③ 经验法。这类指标的定量或定级来自人的主观意志。如用德尔菲法确定产品的质量。

④ 指标法。在国际工程项目实施过程中，一些对象的有关信息是较难甚至无法直接获得的，这时可以寻找一种间接的度量或指标。

⑤ 口头测定方式。这方法常用于测定队员的合作质量、队员士气、国际工程项目组与业主间的合作程度等。

(2)定期监测的主要内容。

① 监测关键工作的进度和关键线路的变化情况，以便采取措施调整或保证计划工期的实现。

② 监测非关键工作的进度，以便更好地发掘潜力，调整或优化资源，以保证关键工作按计划实施。

③ 检查工作之间的逻辑关系变化情况，以便适时进行调整。

④ 有关国际工程项目范围、进度计划和预算变更的信息。这些变更可能是由客户或国际工程项目团队引起的，也可能是由某种不可预见事件的发生所引起的，定期监测有利于国际工程项目进度动态监测的组织工作，使观测、检查具有计划性，成为例行工作。

⑤ 定期监测的结果应加以记录，其记录方法与日常监测记录相同。定期监测的重要依据是日常监测。

2.5.5　国际工程项目进度的动态调整

在国际工程项目进度监测过程中，一旦发现实际进度与计划进度不符，即出现进度偏差时，进度控制人员必须认真寻找产生进度偏差的原因，分析进度偏差对后续工作产生的影响，并采取必要的进度调整措施，以保证进度总目标的实现。

进度偏差的大小及其所处的位置不同，对后续工作和总工期的影响程度是不同的，分析时需要利用网络计划中工作总时差和自由时差的概念进行判断。分析步骤如下。

(1)分析出现进度偏差的工作是否为关键工作。

如果出现进度偏差的工作为关键工作，则无论其偏差多大，都将对后续工作和总工期产生影响，必须采取相应的调整措施；如果出现偏差的工作是非关键工作，则需要根据进度偏差值与总时差和自由时差的关系作进一步分析。

(2)分析进度偏差是否超过总时差。

如果工作的进度偏差大于该工作的总时差，则此进度偏差必将影响其后续工作和总工期，必须采取相应的调整措施。至于对后续工作的影响程度，还需要根据偏差值与其自由时差的关系作进一步分析。

(3)分析进度偏差是否超过自由时差。

如果工作的进度偏差大于该工作的自由时差，则此进度偏差将对其后续工作产生影响，此时应根据后续工作的限制条件确定调整方法；如果工作的进度偏差未超过该工作的自由时差，此进度偏差不影响后续工作，因此，原进度计划可以不作调整。

通过分析，进度控制人员可以根据进度偏差的影响程度，制定相应的纠偏措施进行调整，以获得符合实际进度情况和计划目标的新进度计划。

具体的判断分析过程如图 2.26 所示。

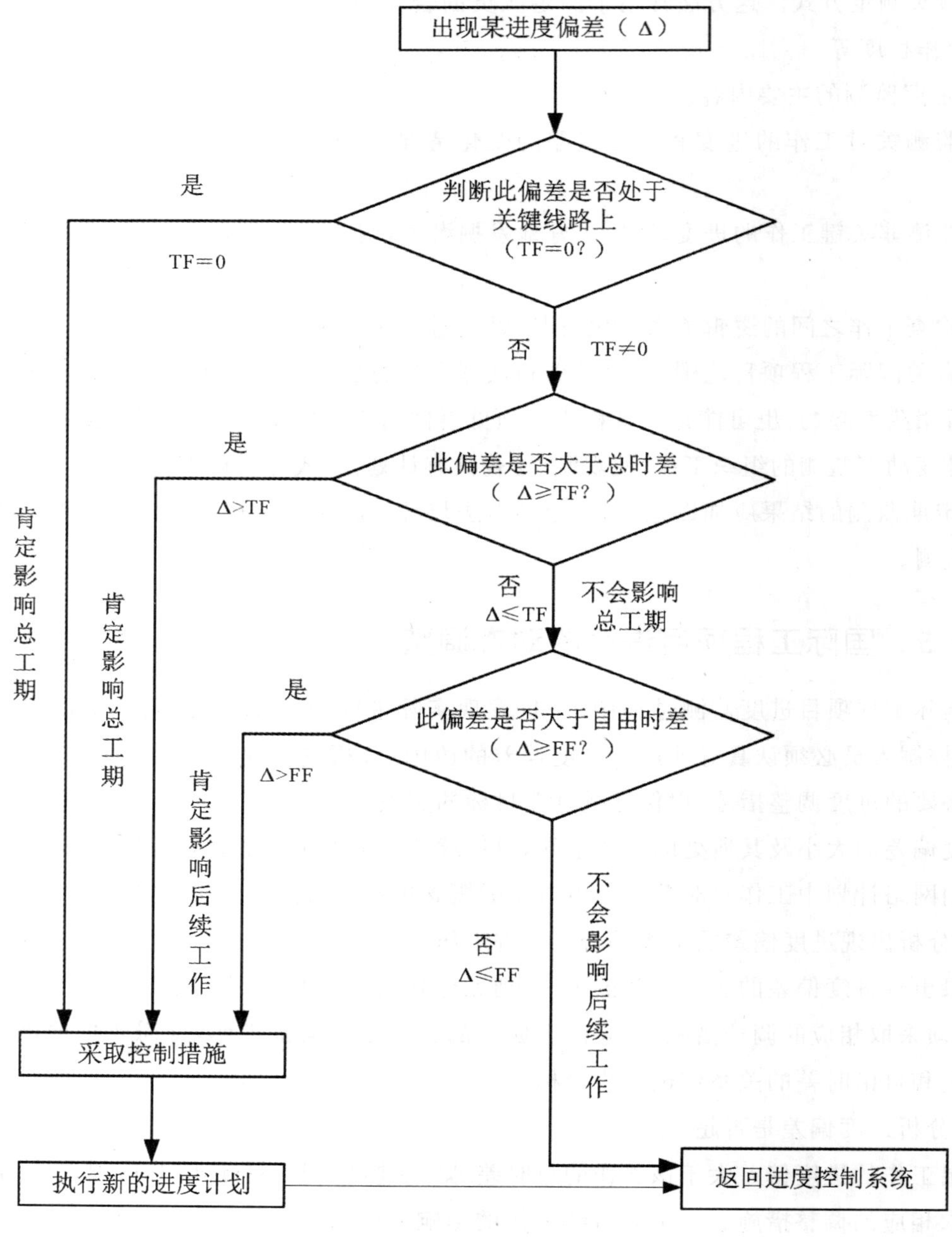

图 2.26　进度偏差对后续工作影响分析

当实际进度偏差影响到后续工作、总工期，需要调整进度计划时，调整方法主要有两种。

1. 改变某些工作之间的逻辑关系

若实施过程中进度产生的偏差影响了总工期，并且有关工作之间的逻辑关系允许改变，可以改变关键线路和超过计划工期的非关键线路上的有关工作之间的逻辑关系，达到缩短工期的目的。这种方法效果显著，例如可以把依次进行的有关工作改变为平行的或互相搭接的或分成几个施工段进行流水施工的工作，都可以达到缩短工期的目的。

2.缩短某些工作的持续时间

这种方法不改变国际工程项目中各项工作之间的逻辑关系，而通过采取措施来缩短某些工作的持续时间，以保证按时在计划工期内完成该国际工程项目。这些被压缩持续时间的工作是位于关键线路和超过计划工期的非关键线路上的工作。同时，这些工作又是其持续时间可被压缩的工作。这种调整方法通常可以在网络图上直接进行。其调整方法视限制条件及对其后续工作的影响程度的不同而有所区别，一般可分为以下三种情况。

(1)网络计划中某项工作进度拖延的时间已超过其自由时差但未超过其总时差。

此时该工作的实际进度不会影响总工期，而只对其后续工作产生影响。因此，在进行调整前，需要确定其后续工作允许拖延的时间限制，并以此作为进度调整的限制条件。该限制条件的确定较复杂，尤其是当后续工作由多个平行的承包单位负责实施时更是如此。后续工作如不能按原计划进行，在时间上产生的任何变化都可能使合同不能正常履行，而导致蒙受损失的一方提出索赔。因此，必须寻求合理的调整方案，把进度拖延对后续工作的影响减少到最低程度。

(2)网络计划中某项工作进度拖延的时间超过其总时差。

如果网络计划中某项工作进度拖延的时间超过其总时差，则无论该工作是否为关键工作，其实际进度都将对后续工作和总工期产生影响。此时，进度计划的调整方法又可以分为以下三种情况。

① 国际工程项目总工期不允许拖延。调整的方法只能采取缩短关键线路上后续工作的持续时间以保证总工期目标的实现，其实质是工期优化。

② 国际工程项目总工期允许拖延。此时只需要以实际数据取代原始数据，并重新绘制实际进度检查日期之后的简化网络计划即可。

③ 国际工程项目总工期允许拖延的时间有限。实际进度拖延的时间超过此限制时，也需要对网络计划进行调整，以便满足需要。具体调整方法是以总工期的限制作为规定工期，并对检查日期之后还未实施的网络计划进行工期优化，即通过压缩网络计划中某些工作的持续时间，来使总工期满足规定工期的要求。

以上三种情况均是以总工期为限制条件调整进度计划的。值得注意的是，当某项工作实际进度拖延的时间超出其总时差而需要对进度计划进行调整时，除应考虑总工期的限制条件外，还应考虑网络计划中后续工作的限制条件，特别是对总进度计划的控制更应注意这一点，以避免麻烦或者引起索赔。因此，当网络计划中某些后续工作对时间的拖延有限制时，同样需要以此为条件，按前述方法进行调整。

(3)网络计划中某项工作进度超前。

对国际工程项目实施进度控制的任务就是在工程进度计划的执行过程中，采取必要的组织协调和控制措施，以保证国际工程项目按期完成。在国际工程项目计划阶段所确定的工期目标，往往是考虑了各方面因素而确定的合理工期。因此，时间上的任何变化，无论是进度拖延还是超前，都可以造成其他目标的失控。例如，在一个国际工程项目施工总进度计划中，由于某项工作的进度超前，致使资源的需求发生变化，而打乱了原计划对人、财、物等资源的合理安排，亦将影响资金计划的使用和安排；特别是当多个平行的承包单位进行施工时，由此引起后续工作时间安排的变化，势必给工程师的协调工作带来许多麻烦。因此，如果国际工程项目实施过程中出现进度超前的情况，进度控制人员必须综合分析进度超前对后续工作产生的影响，并同承包单位协商，提出合理的进度调整方案，以确保工期总目标的顺利实现。承包商提交施工进度计划调整申报表可参见表2.19。

表2.19 施工进度计划调整申报表

合同名称：　　　　　　合同编号：

致：(业主或咨询工程师) 我方今提交国际工程项目施工进度调整计划，请贵方审批。 附件：施工进度调整计划(包括形象进度、工程量、工作量以及施工设备、劳动力计划)。 承包人：(全称及盖章) 国际工程项目经理：(签名) 日期：　年　月　日
业主或咨询工程师将另行签发审批意见 咨询工程师：(全称及盖章) 签收人：(签名) 日期：　年　月　日

说明：本表一式三份，由承包人填写。咨询工程师审签后，随同审批意见，施工单位负责人、咨询工程师、业主各一份。

2.6 工期—成本优化

工期短、质量高、成本低是国际工程项目的三大基本目标，但正如质量与成本之间相互关联、相互制约一样，工期与成本之间也是相互制约、相互关联的关系。在生产率一定的条件下，要缩短工期，就要求投入更多的人员、物资成本。而降低成本则会对工期的缩短造成一定的影响。工期—成本优化则是指以满足工期要求的最低工程成本为目标的施工方案的调整过程，通常网络计划的工期大于规定的工期或需要加快施工进度时进行工期—成本优化，其对于国际工程项目管理具有重要的理论与实践意义。

2.6.1 基本概念

(1)工程工期—成本曲线。

在工程成本的组成中,直接费用一般随着工期的缩短而增加,而间接费用随工期的增加而增加,因此在进行工期—成本优化时,首先应在正常工期 T_N 和极限工期 T_C 之间求出最低直接费用,然后考虑间接费用的影响和其他损益情况,最终确定最低工程总成本及与之对应的工期 T_B,工程工期—成本曲线如图 2.27 所示。

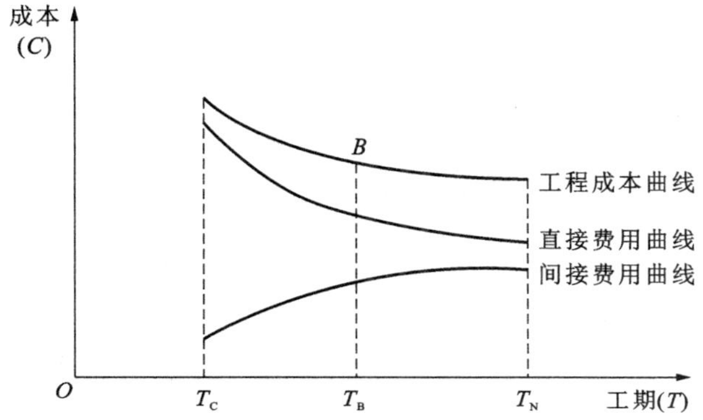

图 2.27 工程工期与成本曲线

(2)工作持续时间—费用曲线。

工作持续时间—直接费用的关系曲线如图 2.28 所示。这一曲线反映每一个施工过程即网络计划中每一项工作耗用不同的持续时间相对应的直接费用也不一样。

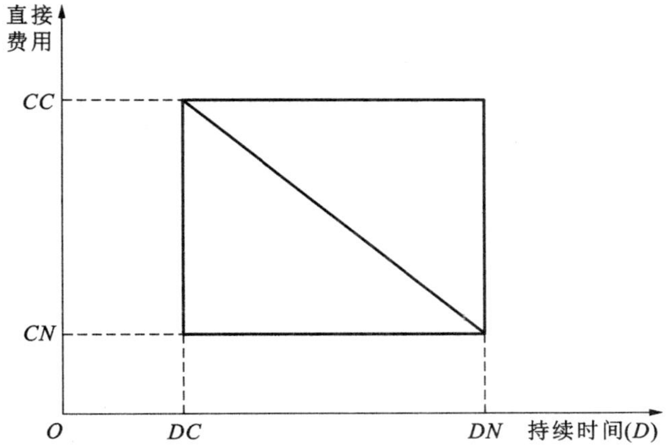

图 2.28 工作持续时间—直接费用曲线

该曲线 DN 为正常持续时间,DC 为最短持续时间。当某项工作的持续时间由 DN 缩短至 DC 时,相应的直接费用就会由 CN 增加至 CC。

任何一项工作都有一个最短持续时间,小于该时间是不现实的,在工程中不予考虑。然而一项工作的持续时间也不能任意延长,否则将导致直接费用的上升。因此,在工程中,一项工作的持续时间应控制在 DN 与 DC 之间。

为了简化起见，通常用直线表示工作持续时间与直接费用的关系。费用率是指为缩短每一单位工作持续时间所需增加的直接费用，如式(2.1)所示，即：

$$\Delta C_{i-j} = \frac{CC_{i-j} - CN_{i-j}}{DN_{i-j} - DC_{i-j}} \tag{2.1}$$

式中，ΔC_{i-j}—— 工作 $i-j$ 的费用率；

CC_{i-j}—— 将工作 $i-j$ 持续时间缩短为最短持续时间后，完成该工作所需的直接费用；

CN_{i-j}—— 在正常条件下完成工作 $i-j$ 所需的直接费用；

DN_{i-j}—— 工作 $i-j$ 的正常持续时间；

DC_{i-j}—— 工作 $i-j$ 的最短持续时间。

2.6.2 工期—成本优化原则

进行工期—成本优化，主要在于求出不同工期下的最小直接费用之和。因此在进行优化时，须遵守下列原则：

(1)为使工期缩短而增加费用最少，应先缩短费用率最小的关键工作的持续时间；

(2)关键线路有一条时，压缩费用率最小的工序持续时间。

(3)如果关键线路有两条以上时，那么每条线路都需要缩短持续时间，才能使工期相应缩短。这时，必须找出费用率总和为最小的工作组合(称为最小切割)来进行优化。

2.6.3 工期成本优化步骤

(1)计算各项工作的费用率。

(2)按工作正常持续时间找出关键工作及关键线路。

(3)在关键工作中找出费用率(或组合费用率)最低的一项关键工作或一组关键工作，缩短其持续时间。

(4)计算优化后的计划工期及总费用。

(5)重复(2)～(4)步，直到符合规定的要求。

2.6.4 工期优化案例

某网络计划中各工作的持续时间—费用数据见表 2.20，表中各工作的正常持续时间为 DN，最短持续时间为 DC，与它们相对应的直接费为 CN 和 CC。已知间接费用为 70 千元，间接费率为 5 千元/周。试求出工程成本最少的工期。

表 2.20 某网络计划中各工作的持续时间—费用

工作 $i-j$	DN/周	DC/周	CN/千元	CC/千元
1—2	20	17	60	72

续表

工作 $i-j$	DN/周	DC/周	CN/千元	CC/千元
1—3	25	23	20	31
2—3	10	8	30	44
2—4	12	6	40	70
3—4	5	2	30	39
4—5	10	5	30	60

(1)计算各工作的费用率。

按式(2.1)计算工作 1—2 的费用率

$$\Delta C_{1-2}=\frac{CC_{1-2}-CN_{1-2}}{DN_{1-2}-DC_{1-2}}=\frac{72-60}{20-17}=4(\text{千元 / 周})$$

其他工作的费用率同理可依次计算。将计算出的结果标注在图 2.29 上各箭线的上(左)方。箭线下括号外数字为该工作正常持续时间,括号内数字为该工作最短持续时间。

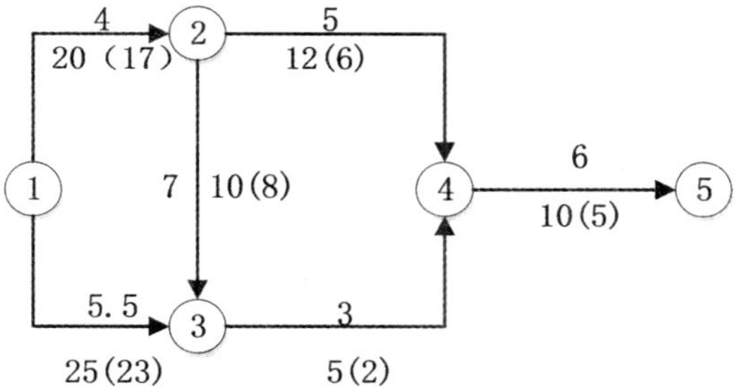

图 2.29 计算各工作的费用率

(2)计算各工作以正常持续时间施工时的计划工期 T_{P0} 和直接费用之和 C_0。

由图 2.29 可知,共有三条线路,即 L_1: 1—2—4—5;L_2:1—2—3—4—5;L_3:1—3—4—5。三条线路的持续时间分别为 42 周、45 周和 40 周。因此,线路 L_2 是关键线路。则:

$$T_{P0}=45(\text{周})$$

$$C_0=\sum CN_{i-j}=210(\text{千元})$$

(3)依次找出费用率最低的关键工作,缩短其持续时间,重新计算工期和直接费用。

第一次调整:费用率最小的关键工作是 3—4,可缩短 3 周。则:

$$\Delta C_{3-4}=3(\text{千元 / 周})$$

$$\Delta T_{3-4}=3(\text{周})$$

$$T_{p1}=T_{p0}-\Delta T_{3-4}=45-3=42(\text{周})$$

$$C_1=C_0+\Delta C_{3-4}\times\Delta T_{3-4}=210+3\times3=219(\text{千元})$$

此时线路 L_1、L_2 持续时间同为 42 周,线路 L_3 持续时间为 37 周,关键线路变成两条。将图 2.30 更新为图 2.31。

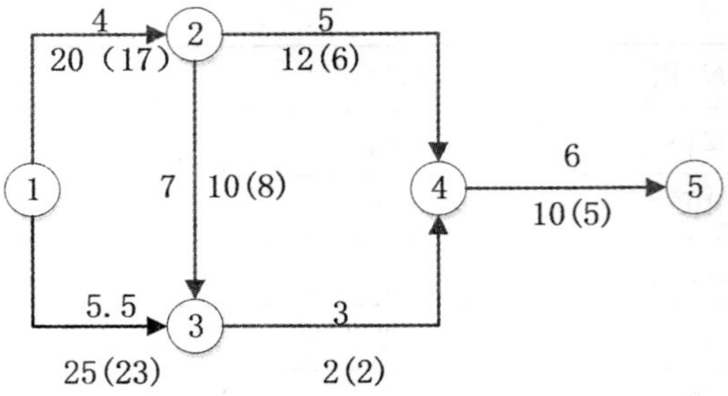

图 2.30 计划工期与直接费用

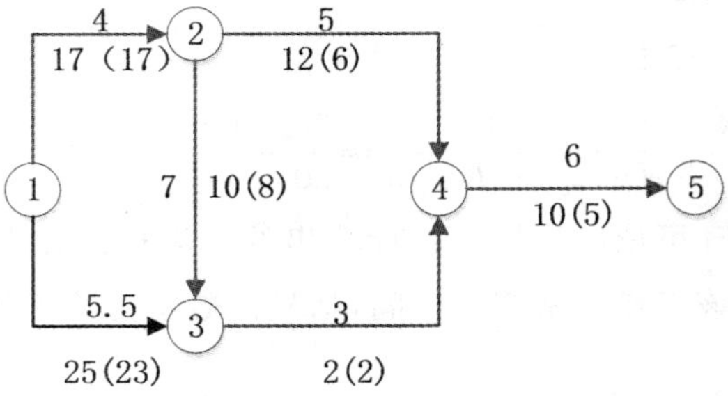

图 2.31 第一次调整

第二次调整：由于有两条关键线路，需考虑关键工作的组合。可缩短的关键线路组合共有三种，即：

工作 1－2 $\Delta C_{1-2}=4$(千元/周)

工作 4－5 $\Delta C_{4-5}=6$(千元/周)

工作 2－3 和 2－4 $\sum \Delta C=7+5=12$(千元/周)

显然应该缩短工作 1－2。可缩短 3 周。则：

$$\Delta C_{1-2}=4\text{（千元 / 周）}$$

$$\Delta T_{1-2}=3\text{（周）}$$

$$T_{p2}=T_{p1}-\Delta T_{1-2}=42-3=39\text{(周)}$$

$$C_2=C_1+\Delta C_{1-2}\times\Delta T_{1-2}=219+4\times3=231\text{(千元)}$$

此时线路 L_1、L_2 持续时间为 39 周，线路 L_3 持续时间为 37 周，关键线路依然两条。将图 2.31 更新为图 2.32。

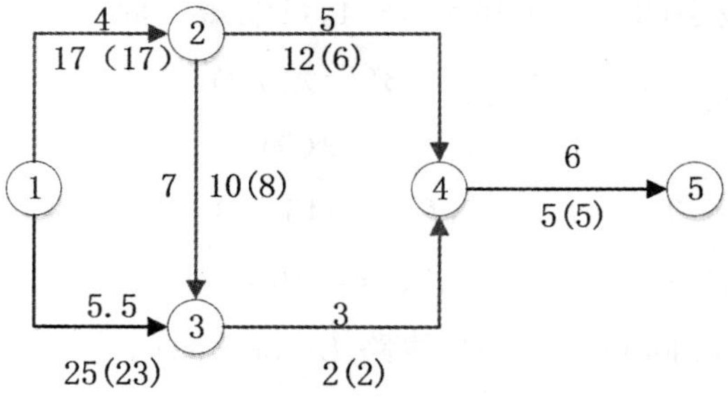

图 2.32 第二次调整

第三次调整：由于有两条关键线路，需考虑关键工作的组合。可缩短的关键线路组合共有两种：

工作 4—5　$\Delta C_{4-5}=6$(千元/周)

工作 2—3 和 2—4　$\sum \Delta C=7+5=12$(千元/周)

显然应该缩短工作 4—5。可缩短 5 周。则：

$$\Delta C_{4-5}=6(\text{千元}/\text{周})$$

$$\Delta T_{4-5}=5(\text{周})$$

$$T_{p3}=T_{p2}-\Delta T_{4-5}=39-5=34(\text{周})$$

$$C_3=C_2+\Delta C_{4-5}\times\Delta T_{4-5}=231+6\times5=261(\text{千元})$$

此时线路 L_1、L_2 持续时间为 34 周，线路 L_3 持续时间为 32 周，关键线路依然两条。将图 2.32 更新为图 2.33。

第四次调整：关键线路有两条，需考虑关键工作的组合。可缩短的关键线路组合只有一种，即：

工作 2—3 和 2—4　$\sum \Delta C=7+5=12$(千元/周)

取工作 2—3 和工作 2—4 可缩短时间的最小值 2 周。则：

$$\sum \Delta C=12(\text{千元}/\text{周})$$

$$T=2(\text{周})$$

$$T_{p4}=T_{p3}-\Delta T=34-2=32(\text{周})$$

$$C_4=C_3+\Delta\sum C\times\Delta T=261+12\times2=285(\text{千元})$$

此时线路 L_1、L_2 和 L_3 的持续时间都为 32 周，关键线路变为三条，所有工作都为关键工作。

由于线路 L_2 的持续时间都已压缩为最短时间，不能再继续缩短工期，到此调整完毕，最终结果如图 2.33 所示。

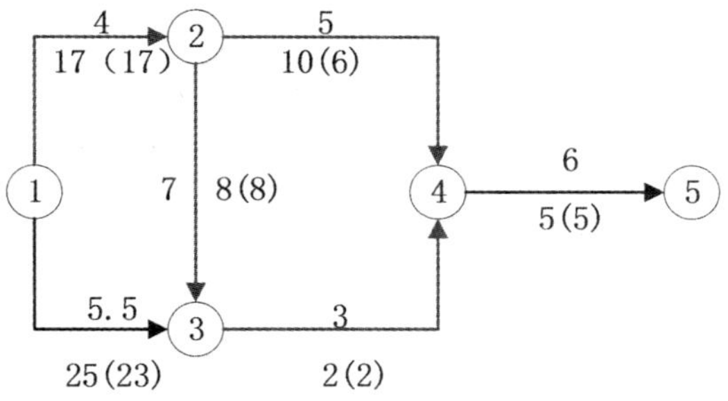

图 2.33　第三次调整

经过调整，工期从 45 周缩短至 32 周，直接费用从 210 千元上升至 285 千元。

(4)将上述结果汇总于表 2.21 中。并考虑间接费用率的影响，计算出不同工期下的工程成本，进行比较。

表 2.21 不同工期下的工程成本

工期/周	直接费用/千元	间接费用/千元	工程成本/千元
45	210	70	280
42	219	55	274
39	231	40	271
34	261	15	277
32	285	5	290

由表中数据可知，工期为 39 周时，工程成本最低，为 271 千元，即工程最优工期 T_B 为 39 周。

3 国际工程项目采购计划与控制

3.1 概　　述

美国项目管理学会(Project Management Institute,PMI)编制的项目管理知识体系指南(A Guide to the Project Management Body of Knowledge,PMBOK)将项目采购定义为:“为达到项目范围而从执行组织外部获取货物和/或服务所需的过程。”世界银行将项目采购分为工程项目采购(procurement of works)、货物采购(procurement of goods)和咨询服务采购(procurement of consulting services)。因此,这里的“采购”不同于一般概念上的购买商品,它是指以不同方式通过努力从组织外部获得工程项目、货物和咨询服务的整个采办过程。本章的国际工程项目采购计划与控制聚焦项目货物和咨询服务的采购,因此前述的“项目采购”在此被具象化,即一种国际工程项目货物和咨询服务买卖的商业行为,是承包合同中承担供货的一方(买方/采购方)通过招标、询价等形式选择合格的供应商(卖方/供货方),购买工程项目建设所需的材料、设备等物资以及相关服务的过程,即采购方付出对价使资源所有权向己方转移的过程。

国际工程项目采购除了是一种贸易行为外,也是一种履行国际协议的政府行为,同时还是执行国家法律的行为。在整个采购活动中,要遵守项目所在国的法律法规,如涉及中国境内采购行为的国际工程项目要遵守《中华人民共和国招标投标法》和《中华人民共和国采购法》等,还要遵循国际贸易惯例以及国际组织的相关规定,这里主要指联合国贸易法委员会制定的《关于货物、工程和服务采购示范法》、世界贸易组织制定的《政府采购协议》和世界银行颁布的《国际复兴开发银行贷款和国际开发协会信贷采购指南》等,使采购活动真正做到公正、公平、公开、合理、合法。

由此可见,国际工程项目采购与国内工程项目采购相比较,由于承包合同的性质、方式、外部环境等因素存在一定差异,除具有采购标的多样性、多变性、社会性、不均衡性,采购成本在工程总成本中占有较高的比例等工程采购的一般特点外,还具有国际工程项目采购的特殊性,这体现在以下方面:

(1)项目所在国工程物资生产状况、供应能力和市场环境制约的材料、设备采购范围;

(2)技术规范要求严格,技术标准多样化;

(3)采购程序和制度复杂；

(4)易出现资金缺口；

(5)承包商在项目所在国或第三国与采购有关当事人和机构在经济交往时发生的信息不对称；

(6)采购进度成本等隐性成本高等。

因此，在国际工程项目实施前，项目组织必须制定项目资源采购计划，并在以后的项目实施过程中认真管理、努力执行这一计划，即采购控制。

大量的项目管理实践已经证明，有效的项目采购计划与控制管理是项目成功的关键要素之一，任何国际工程项目都必须切实开展有效的货物与咨询服务采购计划与控制。

3.1.1 国际工程项目货物与咨询服务

1. 国际工程项目货物

国际工程项目物资是工程所需全部物资的总称，通常包括构成工程永久部分的各种材料、设备、临时工程用料、施工机具及维修备件、施工用料、工程所需机电设备以及其他辅助生活、办公和试验设备等。国际货物买卖中，采购方付出对价的标的是其工程所需物资及随附服务，交易的标的物即为货物，国际工程项目物资采购即国际工程项目货物采购。货物采购的业务范围如图 3.1 所示。

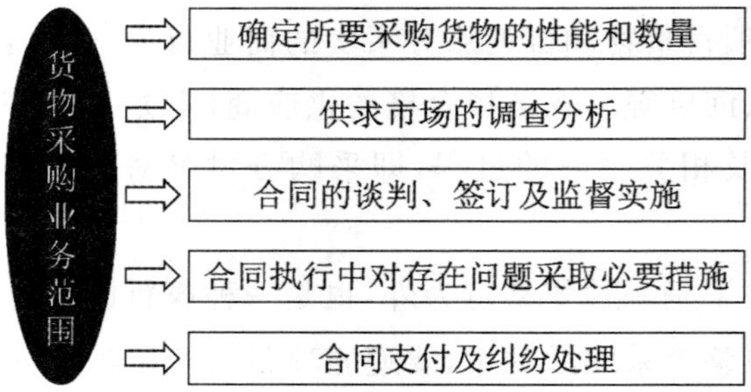

图 3.1 国际工程项目货物采购业务范围

工程项目的建设过程是各种材料、机械、设备的消耗过程。材料、设备既是满足业主项目需求的物质技术基础，也是承包商施工生产过程的物质基础。工程设计的方案和结果最终要通过采购来实现，采购过程中发生的成本、所购材料、设备的质量最终都将影响设计的实现程度，土建、安装的物质基础亦是通过采购实现的。因此，货物采购在工程项目中起着承上启下的核心作用，其采购工作的好坏直接影响工程的成本、进度与质量，是国际工程项目管理的主要控制点之一。

2. 项目咨询服务

(1)主要服务对象。

① 为出资人服务。

② 为政府部门服务。项目咨询单位接受政府部门委托，为其出资建设项目、研究项目提供咨询服务，包括规划咨询、项目评估、项目后评价、政策咨询等。

③ 为银行贷款人服务。

④ 为世界银行等国际金融组织提供咨询服务。

⑤ 为联合国组织机构服务，如联合国开发计划署、粮农组织等。

⑥ 为企业及其他出资人服务。

⑦ 为项目业主服务。

(2)全过程咨询服务。

服务内容从项目的投资机会研究开始至项目竣工验收、总结评价等。

(3)阶段性咨询服务。

为建设工程项目的某一阶段或某项具体工作提供咨询服务。

(4)承包工程服务。

咨询公司可以作为总承包商或联合其他公司承担项目的设计和施工，承担交钥匙工程，或者作为项目的发起人参与 BOT 项目。

(5)为承包商服务。

咨询公司可以作为承包商的设计分包商为之提供技术服务，也可以协助承包商编制成本估算、施工进度计划和设备安装计划，参与设备的检验与验收，参加整套系统调试、试生产等。

(6)项目咨询服务内容。

咨询公司的业务范围十分广泛，其为工程项目提供服务的内容与工程项目建设程序密切相关。一个国际工程项目从开始酝酿到竣工投产运营，大体上可划分为项目决策阶段、项目建设准备阶段、项目实施阶段、项目运营阶段 4 个阶段，项目咨询在项目各阶段的服务内容如图 3.2 所示。

项目决策阶段咨询也称投资前咨询。咨询公司受客户委托运用现代工程经济学、市场学、项目管理学等理论，通过深入的调查研究，采用前沿信息处理技术，帮助客户鉴别项目，从社会、经济、技术、财务、组织管理等方面进行分析论证，设计选择项目优化方案，减少投资风险，以实现最佳效益目标。

项目建设准备阶段咨询主要有工程设计、项目融资咨询、工程招标、开工条件准备等。工程设计通常分为初步设计和施工图设计两个阶段，对于大型复杂项目可以在两者之间增加技术设计。项目融资主要贯穿于项目决策和项目建设准备两个阶段。在决策阶段主要是从项目投资的角度，通过分析研究提出项目的融资方案，为投资决策服务。在建设准备阶段的融资咨询主要是帮助业主从项目法人或企业的角度，根据实际情况调整、优化和落实融资方案；参与银行贷款谈判，帮助业主拟订贷款条件、签订贷款协议；研究融资条件、测算融资成本、分析实际融资条件的变化及其对项目效益的影响；分析融资变化可能产生的风险及应采取的对策等。在项目建设准备阶段，咨询公司也可以为贷款银行提供相关的咨询服务，保证借贷资金的安全并获得合理的经济效益。

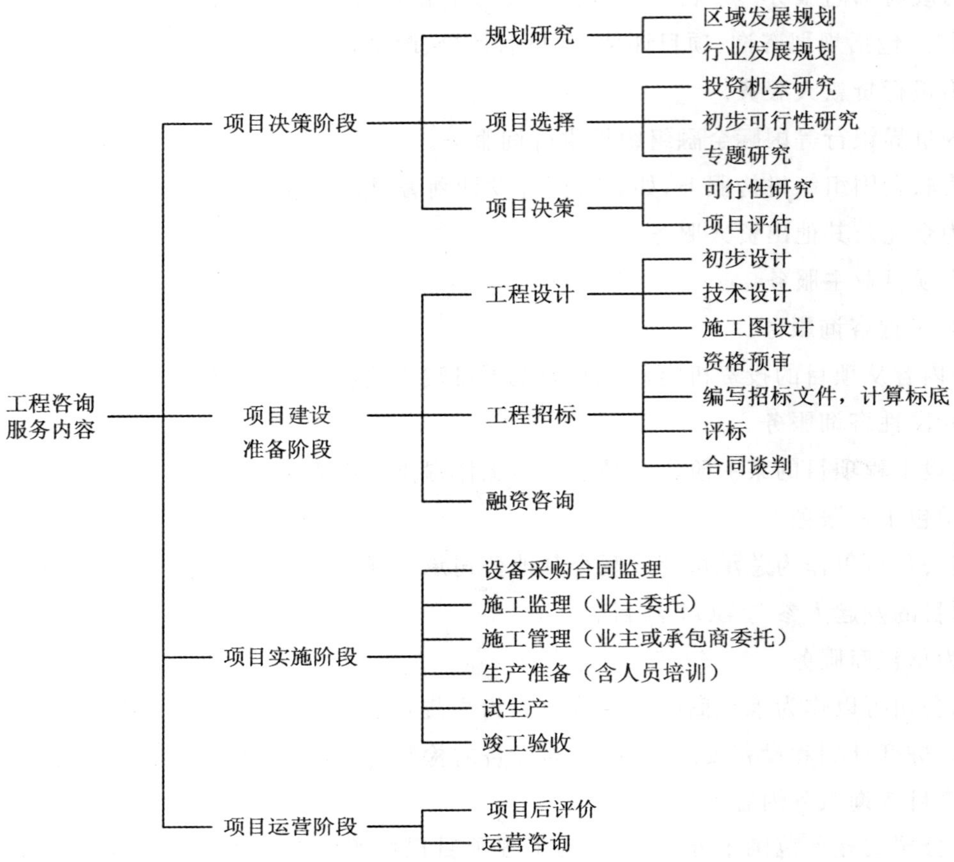

图 3.2　国际工程项目咨询服务内容

项目实施阶段咨询贯穿于从项目开工到项目投产的整个阶段。在此阶段咨询公司受不同服务对象的委托，承担不同的咨询任务，主要是受业主委托作为监理工程师承担设备采购合同和工程施工监理工作；或者受业主或承包商的委托，承担项目施工管理、生产准备和试生产及竣工验收等工作。

项目运营阶段咨询主要包括项目后评价及运营咨询。项目后评价是对项目执行过程、效益、作用和影响进行系统客观分析、总结和评价，确定项目目标达到的程度。运营咨询具体而复杂，不同类型的工程项目有不同的特点和要求，涉及生产管理和工艺技术等方面的问题。

3.1.2　不同承包合同条件下的国际工程项目采购

国际工程项目采购标的物供应的一般模式为业主提供、承包商供应和分包商供应。从目前来看，承包商采购物资居主导地位。除物资紧缺情况、国家控制进出口范围、运输经济性、业主指定供应商等因素，国际工程项目采购还取决于项目管理与承包模式。物资和服务采购是国际工程项目的重要环节之一，任何一项工程承包合同都会在物资和服务供应或采购方面做出相应规定，明确承包商在供应或采购方面的责任和义务。明确承包商在材料、设备供应方面的合同责任，是进行国际工程项目采购计划与控制前的一项必要工作，下面说明 DBB(Design-

Bid-Build,设计—招标—建造)合同条件和 EPC(Engineering—Procurement—Construction,设计—采购—建造)合同条件下的采购相关规定。

(1)DBB 合同条件下的项目采购。

在 DBB 模式下,业主授权咨询工程师代表业主管理施工承包商,负责有关项目管理和协调工作。合同中并未具体规定承包商有关工程材料、设备的采购责任,而是对承包商材料、设备供应或提供的责任、范围、来源做出明确规定。材料、设备的提供或供应由施工承包商与供应商或分包商直接订立采购和供应合同并组织实施。承包商的采购全过程,如采购计划,供应商的选择,采购样品的审核,到场材料设备的检验、试验,业主对承包商采购款的支付等由业主授权的咨询工程师代表进行全程监督、管理。DBB 模式中还会经常出现业主要求承包商在其指定名单中选择供应商的情况。

(2)EPC 合同条件下的项目采购。

在 EPC 模式下,由总承包商负责工程项目的全部设计、采购和建造工作,并承担工程全部责任,业主不过多地干预承包商工作,其工作重点是项目的最终竣工验收。EPC 合同明确规定了承包商材料、设备采购的合同责任。为有效地参与竞争,总承包商一般将整个项目划分成若干相对独立的工作包,由不同的专业分包商负责各个工作包的设计、制造或提供材料、设备,并负责施工与安装。各分包商的工程材料、设备制造或供货、施工由总承包商协调。专业分包商须保证其分包部分的工程施工与其他分包商的工程在设计和管理上的准确衔接。施工用的设备和材料采购一般由专业分包商和供应商负责,但一些重要的大宗材料和设备须经总承包商确认或指定品牌及型号,或直接由总承包商全面负责采购管理,提供给专业分包商。因此,在 EPC 模式下,承包商材料、设备的采购完全由总承包商根据业主的项目意图自担风险、自主进行组织实施。

国际工程项目采购是一项复杂的工作,要把采购工作做好,采购方有必要建立一个完善的市场信息机制,并制定一个合理而完整的资源采购计划,保障建设工程资源按这一计划投入建设项目。因此,本章从国际工程项目采购计划的编制入手,根据所需信息制定一系列项目采购计划编制的最终成果。随后介绍国际工程项目货物和咨询服务采购流程,并说明项目采购质量控制、进度控制、成本控制体系及其控制策略。最后从采购部、采购工程师和供应商采购工作多角度介绍国际工程项目采购绩效评价内容。

3.2 国际工程项目采购计划的编制

国际工程项目采购计划即确定从项目组织外部采购哪些产品和服务以便能更好地满足项目需求的文件,采购计划必须在定义项目范围时完成。这一工作涉及许多问题,包括是否采购、怎样采购、采购什么、采购多少及何时采购等。此外,项目采购计划中一般还应该考虑各种需要的分包合同,尤其是当项目组织希望对总承包商的下一步分包决策施加某种影响或控制的时候,更需要考虑项目分包合同的问题。因为如果总承包商或供应商在获得了项目采购的订单以后，有时会将自己不能完成的合同订单分包出去，此时如果项目业主对分包合同无法控制或影响就会给自己带来许多意想不到的问题和风险。

3.2.1 制定项目采购计划所需的信息

在制定项目采购计划之前必须获得足够的相关信息，这样才能保证项目采购计划的科学性、正确性和可行性。除了前面提到的信息以外，项目组织还必须得到关于整个项目其他管理过程中产生的信息，这样，项目采购计划才能够与整个项目管理保持很好的统一性和协调性。制定国际工程项目采购计划所需的主要信息如下。

(1)项目范围说明书。

项目范围说明书描述项目范围及与其相关的要求、制约因素和假设条件。范围说明书要求具有法律和合同意义，包括健康、安全、卫生、绩效、环境、保险、知识产权、同等就业机会、许可证和执照等。制约因素指限制买卖双方选择的各种因素。对于许多国际工程项目而言，最常见的制约因素之一是资金是否到位，因此在制定项目采购计划时，一定要考虑由于项目资金的限制不得不牺牲资源质量等级(价格低但同样能满足项目需求的资源)的情况。其他制约因素包括要求的交付日期、可用的技术资源和相关组织政策的要求。假设条件指那些出于项目采购计划编制的需要而主观认定是真实的、现实的或者确定性的假定因素。例如，假定可获得多个供应商或单一货源供应商。

项目范围说明书提供了在采购计划过程中应予以考虑的工程项目需求与组织战略方面的重要信息，同时也规定了项目本身及其服务和成果的一系列可交付成果和验收标准，并考虑应纳入采购文件中的所有要素，以及在合同中提供给供应商的所有要素。

范围说明书中的项目产出物信息是指有关项目最终产品的描述和说明，包括项目产出物的功能、特性和质量方面的说明信息，项目产出物的各种图纸、技术说明书等资料。产出物信息描述为项目本身及其服务和成果方面的技术问题提供重要信息。

(2)项目资源需求信息。

项目资源需求信息是指在开展项目活动中需要取得和消耗的各种资源的全面说明，其中最主要的是有关项目对外采购方面的资源数据和说明，包括人力资源、财力和物力资源的需求与采购说明。例如，特殊项目所需的外部技术顾问或法律专家等资源和服务。

(3)外部资源的市场条件。

在项目采购计划的编制过程中必须考虑外部资源的市场条件，哪些产品或劳务在市场上可以得到，这些资源的市场在哪里，在什么情况下和以什么条件能够得到项目所需的这些外部资源。这些都属于项目开发所需的市场条件方面的信息。

(4)法律法规等制度性规定。

任何项目采购都需要遵守一定的法律法规以及项目管理制度等规定，因此在制定采购计划时，需考虑与采购相关的政策、程序、指导原则和管理体系等。政府部门或一个建筑行业企业内部均会制定相应政策来约束采购决策行为。制度性规定在一定范围内，具有一定的普遍性,同类型的项目采购都必须满足。例如,限制使用简单采购订单,要求超过一定金额的采购使用特定格式的合同,限制制定自制或外购决策的能力,限制或要求使用特定类型成规模的卖方,使用总分包方式组成多层次的供应商结构体系以降低直接联系的供应商数量,通过资格预审选择合适的投标人等。

3.2.2 项目采购计划的编制过程

国际工程项目采购计划的编制过程是依据项目采购计划所需的信息,结合组织自身条件和项目其他各项计划的要求,对整个项目实现过程中的资源供应情况做出具体的计划安排,并按照有关规定的标准或规范,编写出项目采购计划文件的管理工作过程。项目采购计划编制的最终结果是生成各种各样的项目采购文件,主要包括项目采购计划、项目采购作业计划、项目采购标书、供应商评价标准等文件。这些项目采购计划工作文件将用于指导项目采购计划的实施和具体的采购作业。编制项目采购计划需要开展的主要工作和活动如下。

(1)制造或购买的决策分析。

在编制采购计划时首先要开展制造或购买的决策分析,以决定需要从外部组织采购哪些资源(产品和劳务)和自己生产或提供哪些资源。在制定项目采购计划的整个过程中,所有提出或需要外购的资源都应该开展这种决策分析。

(2)对各种信息进行加工处理。

在项目采购计划的编制中,需要对收集的各种相关信息进行必要的加工和处理,以找出计划制定、决策所需的各种信息。有时组织必须聘请各类顾问或专业技术人员对收集的信息进行必要的加工和处理。例如,工程建设项目关于工程造价信息的加工与处理可以委托造价工程师咨询公司或者雇用造价工程师来完成。

(3)采购方式与合同类型的选择。

在制定项目采购计划的过程中还必须确定以什么方式获得资源和需要与资源供应商或分包商签订什么类型的采购合同。项目资源的获得方式包括:通过询价和议标选定供应商或分包商,采用公开招标或邀请招标的方式选定供应商或分包商。合同类型的选择一般需要在固定价格合同、成本补偿合同、单位价格合同中选择一个。这三种类型的合同对资源的买卖双方各有利弊,必须根据项目和所要采购资源的具体情况反复权衡后做出选择。

(4)项目采购计划文件的编制和标准化处理。

在上述工作完成之后就可以动手编制项目采购计划文件了。这种计划的编制可以采用专家分析法、经济期量订货法、综合平衡计划法等具体方法。另外,最后需要开展的一项工作是,对项目采购计划的各种文件进行标准化处理,即将这些计划管理的文件按照一定的标准格式给出。在这方面常见的标准格式文件包括标准采购合同、标准劳务合同、标准招标书和投标书、标准计划文件等。

3.2.3 项目采购计划编制的最终成果

国际工程项目采购计划的制定一般需历经从制定采购文件到合同收尾的全部采购过程，该工作的最终成果是形成一系列项目采购工作及其管理所需的指导文件。主要文件如下。

1.项目采购计划书

项目采购计划编制工作中最重要的成果就是生成一份项目采购计划书。项目采购计划书全面描述了项目组织未来所需开展的采购工作计划和安排，包括从项目采购的具体工作计划到招投标活动的计划安排以及有关供应的选择，采购合同的签订、实施，合同完结等各项工作的计划安排。在项目采购计划书中应该对以下的问题做出回答。

(1)项目采购工作的总体安排。

在项目采购计划中，项目组织要明确规定项目所需采购的资源和在资源采购中应该开展的采购工作及其管理活动的计划与安排。

(2)项目采购使用的合同类型。

项目采购计划应明确规定在资源采购中采用一般供应合同、固定价格合同、成本补偿合同或单位价格合同等。

(3)所需采购资源的估价办法。

项目采购计划对外获取资源的价格估算办法应该做出规定，并以此作为筛选供应商或分包商的依据和评价报价与投标书的标准。

(4)项目采购工作与责任。

项目采购计划应该规定项目资源采购分别由项目业主或项目团队承担哪些责任和需要开展的询价、招投标、发盘、还盘、谈判与签合同等工作的责任、时间安排等。

(5)项目采购文件的标准化要求。

如果需要采用标准化的采购文件，由谁来负责编制或者如何获得这些标准化文件的文本，包括标准合同文本、采购标的描述的标准文本、招投标的标准文本等。

(6)如何管理各种资源的供应商。

如果项目需要很多资源，在项目采购合同中应该规定如何管理好各种资源供应商(或分包商)，包括如何选择、控制他们的活动以及如何确定其履约情况等。

(7)如何协调项目采购工作与其他工作。

采购计划应关注在开展项目采购工作的过程中如何合理地协调项目采购工作与项目其他方面的工作以实现项目的目标。

2.项目采购作业计划

项目采购计划编制工作的第二项成果是项目采购作业计划。项目采购作业计划是指根据项目采购计划与各种资源的需求信息制定的关于项目采购工作的具体作业计划。项目采购作业计划规定和安排了一个项目采购计划在实施中各项具体工作的日程、方法、责任和应急措施等内容。例如，一种在项目中大量使用的外购零配件，项目采购作业计划需要规定所需采购的商品何时开始对外询价，何时获得各种报价，何时选择和确定供应商，何时开始发盘、还盘、谈判、签约等各项工作。另外，对于所需获得劳务的承发包工作，应该规定何时开始发布招标信息，何时发放标书，何时开标、中标、谈判签约等。这些都需要在项目采购作业计划中确定。

3.项目采购要求说明文件

项目采购计划编制工作的第三项成果是各种资源的采购要求说明文件。在采购要求说明文件中应该充分详细地描述一种资源的采购要求细节，以便让供应商确认自己是否能够提供这些产品或劳务。这里关于“充分详细”的要求是指必须根据产品或劳务的特性、项目的需求、采购适用的合同格式给出说明。项目资源采购者必须保证在采购要求说明文件中清晰地描述所需采购的具体产品或劳务以及相关的各种要求。例如，若项目需要采购一种钢筋，那么就必须在采购要求说明文件中对钢筋提出具体的要求，而如果项目需要采购一种软件，就应该具体说明对于软件的功能、特性、运行条件和质量等的规定。采购要求说明文件除了应该描述清楚、完整和尽可能简明之外，它还应该对所采购资源的后续服务要求进行描述和说明。例如，项目采购的软件在使用过程中所需的技术支持服务。

4.项目采购具体工作文件

这是在项目采购工作过程中所使用的一系列具体的工作文件，项目采购工作文件有不同的种类和要求，其中最常用的有项目投标书、商品询价书、谈判邀请书、初步意向书等。项目采购具体工作文件是按照一定的结构或格式编写的，这样可以方便供应商或分包商准确地理解采购者的要求和意图，方便项目业主准确完整地理解来自供应商或分包商的回应。这些项目采购具体工作文件的内容包括相关采购的要求、说明，采购者期望的反馈信息以及各种合同条款的说明等。例如，标书或合同格式的要求，各种采购要求的合同条款等。项目采购具体工作文件的内容和结构都应该合乎规范和标准，即都需要按照标准格式编制，以便资源的买卖双方能够进行持续的、可比较的沟通和回应。同时，项目采购工作文件在形式上也要有足够的灵活性，以便买卖双方能够考虑和提出建议，以采用更好的办法满足项目采购的要求。

5.项目采购的评价标准

在项目采购计划文件中还必须包括项目采购招投标活动的评价标准和供应商、承包商的评价标准等文件。通常项目采购需要使用这些评价标准文件来给供应商和他们的报价书、发盘或投标书评定等级或打分。项目采购评价标准既有客观的评价标准指标，也有主观的评价标准指标。采购评价标准通常是项目采购计划文件的一个重要组成部分。在项目采购的评价标准中“购买价格”仅仅是重要的评价标准之一，必须综合考虑各方面的因素去确定项目采购的评价要素和评价标准，以便进行综合采购评价。表 3.1 是一个可供参考的综合采购评价的标准体系。

表 3.1 综合采购评价标准体系

评价指标	指标说明	权重
项目需求的理解	供应商对买主项目资源需求的准确理解，这可从其提交的报价或发盘中看出	0.2
全生命周期成本	中选的供应商是否能够按照项目全生命周期最低总成本（购买成本加上运营维护成本）供货	0.3
组织的技术能力	供应商是否具备项目所需的技术诀窍和知识，或者能够合理地预期供应商最终会得到这些技术诀窍和知识	0.25
管理水平	供应商是否已经具备，或者能否合理地预期供应商最终能够开发出项目所需的管理能力，以确保管理的成功	0.15
财务能力	供应商是否已经具备，或能否合理地预期供应商能够具备项目所需的财力资源和财务能力	0.1

另外需要指出的是，在项目采购工作的全过程中，上述项目采购计划的各种文件都需要随着项目过程的不断展开和各种项目信息的传递与交流，重新评估、定义、更新或改写。因为国际工程项目开发过程存在着许多不确定性，没有哪个项目能够完全按照最初的计划实现，所以必须根据实际情况修订和更新项目采购计划编制的各项成果。

3.3 国际工程项目采购流程

国际工程项目采购流程包括项目货物采购和项目咨询服务采购。总的来说，工程项目货物采购注重供应商的资质等级和采购成本，咨询服务采购注重咨询公司（或咨询专家）的专业水平和业绩。货物采购是指业主（购货方）为获得货物（机械设备、仪器仪表、运输工具、建筑材料、农用生产资料等）进行询价，或通过招标的形式选择合格的供应商（供货方），它包括货物获取方式和过程。对于一个国际工程项目，货物采购工作是项目的物质基础，它在项目实施中具有举足轻重的作用，是项目成败的关键因素之一。采购货物所花经费约占工程合同总价的60%以上，因而货物采购既影响项目成本，也影响项目的经济效益。与之相比，咨询服务的费用一般较低，但咨询服务的质量对项目的影响程度同样较大，因此选择合格的咨询顾问比选择报价低的咨询顾问更加重要。国际工程项目货物采购和咨询服务采购流程如下。

3.3.1 项目货物采购流程

世界银行将采购划分为国际竞争性招标、国内竞争性招标、有限国际招标、询价采购、直接采购、自营工程等，这些采购方式同样适用于国际工程项目货物采购。世界银行要求主要货物采购方式是国际竞争性招标，因为国际范围内的竞争性招标更利于业主以低廉的价格采购到满足性能要求的货物。中国的世界银行贷款项目的统计数字表明，国际竞争性招标占其采购总金额的70%以上,由此可见,这种方式是货物采购的典型方式。由于工程项目货物采购具有种类多、数量不等、采购时间不一、采购批次多的特点,采购方式也有所不同,为项目采购材料、设备需要选择合适的供货商,并与其签订物资购销合同或加工订购合同,除竞争性招标采购外,还有四种主要方式。

(1)货物竞争性谈判。该方式适用于招标后没有供应商投标、没有合格标或重新招标未能成立的,技术复杂或者性质特殊、不能确定详细规格或者具体要求的,采用招标所需时间不能满足用户紧急需要的,不能事先计算出价格总额的。

(2)单一来源采购。该方式由采购小组向供应商直接采购,应用于当材料或设备只能从唯一供应商采购的,或发生了不可预见的紧急情况、不能从其他供应商采购的。采购原则是在保持采购货物的质量和双方商定的合理价格的基础上进行采购。

(3)询价选择供货商。该方式采用“询价—报价—比较—签约”的程序,即采购方对3家以上的供货商就采购的标的物进行询价,对其报价经过比较后,选择其中一家与其签订供货合同。这种方式实际上是一种议标,无须采用复杂的招标程序,就可以保证价格有一定的竞争性,一般适用于采购建设材料或价值较小的标准规格产品。

(4)直接订购。这是一种非竞争性采购方式,由于其缺乏产品质量和价格的竞争,一般适用以下情况:为使设备或零配件配套,向原来已经过招标或询价选择的供货商增加购货;为满足项目所需专利设备及材料,只能从具有专利权的制造商或供货商处订货;在工程施工中,由于某些特定材料设备要求早日使用,需要与某些有条件的供货商直接签订供货合同。

货物招标采购、货物竞争性谈判采购、单一来源采购和询价选择供货商四种国际工程项目采购方式分别对应如下四种货物采购流程。

(1)货物招标采购的一般流程。

货物招标采购的一般流程如图3.3所示,可分为两大段,即以开标为界将整个流程划分为开标前和开标后两段。对于招标方来说,开标前的主要工作是编制招标文件并履行招标文件的审批手续,发售招标文件,主动或就投标人提出的问题对招标文件进行说明、补充和修改;开标后则表明招标文件(包括对其进行的说明、补充和修改)已成为定论,并作为评标和此后一切工作的依据。这种划分说明招标文件作为重要文件在采购过程中的法律地位。

(2)货物竞争性谈判采购流程。

货物竞争性谈判采购的流程如下。

① 成立谈判小组。谈判小组由采购人代表和有关专家共3人以上的单数组成,其中专家人数不得少于成员总数的2/3。

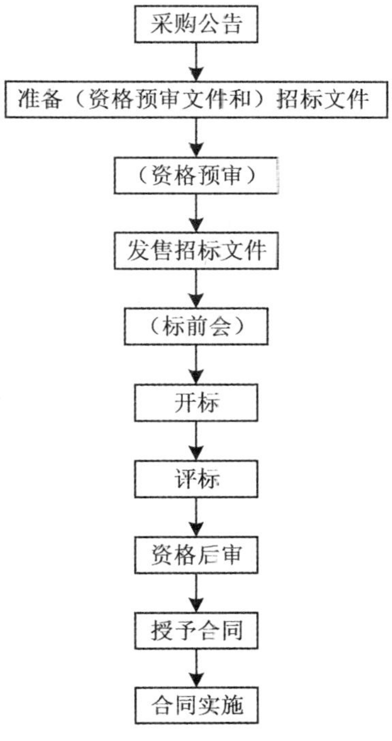

图3.3 货物招标采购的一般程序

② 制定谈判文件。谈判文件应当明确谈判程序、谈判内容、合同草案的条款及评定成交的标准等事项。

③ 确定邀请参加谈判的供应商名单。谈判小组从符合相应资格条件的供应商名单中确定不少于 3 家的供应商参加谈判，并向其提供谈判文件。

④ 谈判。谈判小组所有成员集中与单一供应商分别进行谈判，谈判的任何一方不得透露与谈判有关的其他供应商的技术资料、价格和其他信息；谈判文件有实质性变动的，谈判小组应当以书面形式通知所有参加谈判的供应商。

⑤ 确定成交供应商。谈判结束后，谈判小组应当要求所有参加谈判的供应商在规定时间内进行最后报价，采购人根据符合采购需求、质量和服务相等而报价最低的原则从谈判小组提出的成交候选人中确定成交供应商，并将结果通知所有参加谈判的未成交供应商。

(3)货物单一来源采购流程。

单一来源采购时只有唯一的采购来源，采购原则是在保证采购货物质量且满足双方商定的合理价格的基础上进行采购。

(4)货物询价采购流程。

货物询价采购应当遵循以下流程。

① 成立询价小组。询价小组由采购人代表和有关专家共 3 人以上的单数组成，其中专家人数不得少于成员总数的 2/3。询价小组应当对采购项的价格构成和评定成交的标准等事项做出规定。

② 确定被询价的供应商名单。询价小组根据采购需求，从符合相应资格条件的供应商名单中确定不少于 3 家的供应商，并向其发出询价通知书让其报价。

③ 询价。询价小组要求被询价的供应商一次报出价格，该价格不得更改。

④ 确定成交供应商。采购人根据符合采购需求、质量和服务相等而报价最低的原则确定成交供应商，并将结果通知所有被询价的未成交供应商。

3.3.2 项目咨询服务采购流程

国际工程项目咨询服务的常见选择方法有七类。

(1)基于质量和费用选择。该方法适用范围广，兼顾咨询服务的质量和费用，是最常用的咨询服务采购方法。该方法根据选择对象的质量和费用的重要性分别确定权重，具有一定的灵活性。

(2)基于质量选择。该方法不考虑费用因素的影响，咨询任务包括技术复杂的任务(如部门研究、机构发展、管理建议、复杂工厂设计)，或可以用不同方法执行的任务，以至于建议书之间不具有可比性。

(3)预算固定下的选择。该方式仅适用于咨询任务比较简单和预算固定的情况，此时建议书邀请函应指明可获得的预算，并要求咨询顾问以不同的信封分别提交其按预算范围编制的最佳技术任务书和财务建议书。

(4)基于最低费用的选择。该方式适用于具有标准或常规性质的任务,如项目审计、简单的工程设计,这类任务一般有公认的标准,且咨询费用较低。

(5)单一来源选择。这是一种特殊的方式,由于该方式缺乏竞争性,应特别关注其经济性、效率性,尽可能对所有潜在的咨询顾问提供公平的投标机会。

(6)基于咨询顾问资历的选择。对于非常小的个别任务,如果使用其他方式来准备和评审建议书,费用太高,这种情况下可采用基于咨询顾问资历的选择方式。

(7)单个咨询专家的选择。选聘单个咨询专家主要是针对咨询专家的相关能力、经验和资格,根据其学术背景、经验和对当地语言、文化、管理体制以及政府组织的了解,由业主通过对咨询任务有兴趣的咨询专家的资格进行比较,从中挑选出最合适的专家签订合同。

鉴于咨询服务的特殊性,世界银行没有要求项目咨询服务采购一定采用与货物采购相同的程序。在兼顾市场竞争性和公平性以及业主利益的基础上,世界银行为咨询服务制定了专用采购指南,下面主要介绍世界银行常用的基于质量和费用选择咨询服务的程序。

对于国际工程项目,在进行咨询服务采购前,业主应该征求世界银行的建议,世界银行就其主要目标和总规模发表意见。基于质量和费用选择咨询的主要步骤如下。

(1)准备任务大纲。

任务大纲是指需要咨询顾问所完成工作的说明文件。任务大纲明确规定咨询任务的目的、目标、工作范围,并提供项目背景情况(包括现有的相关研究及基础数据清单),以便于咨询顾问准备建议书。任务大纲还应列明完成咨询任务所必需的各项职务和勘查以及预期的成果(如报告、数据、图纸和勘查结果)。

(2)费用估算及预算。

费用估算以完成这项咨询任务所需资源的估价为依据,即工时、后勤保障和物质投入(如车辆、实验室设备等)。咨询费用包括咨询公司工作人员费用、当地工作人员费用、飞机费用、旅途中住宿费用、车辆、办公设备、工程设备、电传服务、报告复印、调查过程中的花费、生活津贴或每日费用及国内旅行费用等。

(3)刊登广告。

透明度也适用于对咨询顾问的选择和聘用过程,即应让有资格的咨询顾问了解有关咨询服务的招标信息,以便他们有机会表达参与竞争的意愿。业主在一份国际性报纸或技术刊物上刊登广告征询意向时,所要求的信息量应尽量少,只要能够判断公司是否适合参与有关咨询业务即可,不应太复杂致使咨询顾问望而却步。

(4)确定咨询顾问短名单。

一般建议业主准备不少于 3 家、不多于 6 家的咨询顾问短名单。短名单中的咨询顾问来源分布应广泛,例如在世界银行项目的咨询服务采购中,短名单中的 6 家公司要求来自不同国家,且来自同一国家的公司不超过 2 家,还要至少有一家公司来自发展中国家,除非在发展中国家找不到有资格的公司。

(5)制定并发出建议书征询文件。

业主确定咨询公司的短名单后,向名单中的咨询公司发出建议书征询文件,要求咨询公司提出咨询建议书。建议书征询文件一般包括邀请信、咨询顾问须知(包括资料表)、标准技术建议书、标准财务建议书、任务大纲和标准合同书。

(6)评审建议书。

评审委员会运用资料表所述的评审标准、子标准及打分方法对技术建议书和工作任务的响应性进行评审,每一个响应性的建议书都有一个技术得分。如果建议书对咨询服务建议书征询文件的重要方面,特别是任务大纲没有做出响应,或者达不到资料表中所述的最低技术得分,该技术建议书应在这一阶段被拒绝。随后,若业主以质量为咨询服务采购原则,则按照技术建议书的排序,邀请排序第一的咨询顾问进行财务建议书编制和合同谈判;若业主以质量和费用二者共同预算固定或费用最低作为采购原则,则财务建议书应采用公开开启和评审方式。

(7)谈判并向所选中的公司授予合同。

谈判分为技术谈判和财务谈判,将在资料表所规定的日期和地址进行。技术谈判应包括对技术建议书、建议的技术方式与方法、工作计划、组织机构与人员配备的讨论以及咨询顾问对改进任务大纲的建议。业主和咨询顾问将共同确定任务大纲、人员配备、工作时间表、后勤支持和递交报告等内容,这些文件将在合同的"咨询服务说明"项中给予反映。应注意,需清楚定义为保证咨询工作顺利完成而需要业主做出的投入和提供的设施。财务谈判应包括对咨询顾问的纳税义务及其在合同中反映方式的澄清,并在服务费用中反映双方所同意的技术修改。在与咨询顾问谈判完成后,业主应将合同授予所选择的咨询顾问,并及时通知递交了建议书的全部咨询顾问。

3.4 国际工程项目采购过程控制

国际工程项目采购过程控制包括采购质量控制、采购进度控制和采购成本控制。采购对象的质量关系到承包商能否向业主交付符合合同要求的建筑产品,关系到承包企业的生存。采购质量控制包括建立采购质量控制体系、编制质量控制文件、货物检验、供应商选择以及供应商供货过程控制等内容。设备和材料的供货及其配套文件的交付进度直接影响下游工作的展开,因此采购进度控制对工程如期竣工十分重要。采购进度控制主要包括采购进度计划、采购过程实际进度控制和供应商交货期管理。采购成本控制是国际工程项目成本控制的主体和核心部分,主要包括建立成本控制体系、制定目标成本、依据目标成本的要求对每项成本费用进行控制及纠正可能出现的偏差,并能支持工程项目目标的实施。

3.4.1 采购质量控制

1.采购质量控制体系与工作范围

国际工程项目采购质量控制机构实际上由业主和承包商共同构成。无论在何种承包模式下，主合同一般都规定业主人员有权在合理时间内，对现场以及在制造地的设备和材料进行检查，包括制造进度检查、材料数量计量、工艺质量试验等。承包商在此过程中应予以配合与协助，合同可以约定业主人员对部分重要设备制造过程的各类检查和检验。材料、设备采购的质量控制体系作为承包商工程质量控制和采购管理的子系统，主要由项目质量控制部、采购部、设计部等部门组成。此外，材料、设备供应商在质量控制中亦承担重要角色，承包商对供应商质量管理体系有指导和监督义务。

采购质量控制是对所购物资实施的质量保证，是整合采购流程、提高采购效益的有效手段。因此，采购质量控制包含两个方面的内容。

(1)对采购标的物的质量控制，保证所采购的材料、设备质量符合业主要求，符合技术规范和合同要求，达到预期使用目的，这里既包括供应商交付产品的质量，也包括供应商货物交付过程中的服务质量。

(2)对采购工作本身的质量控制，即保证承包商采购工作有序、高效进行，满足国际工程承包项目的总体目标。

为此，承包商应对采购的全部活动进行计划、建立程序、形成文件，以此对采购行为进行全面质量控制。全面质量控制应包括 10 个方面的内容。

① 准确理解业主的质量要求。

② 供应商选择。

③ 执行适当的验证。

④ 检验程序。

⑤ 进货检验和试验。

⑥ 检验和试验记录。

⑦ 适当标识并使其可追溯。

⑧ 材料、设备的搬运、贮存、包装和防护。

⑨ 质量记录。

⑩ 采取纠偏或改进措施。

国际工程项目采购质量控制流程如图 3.4 所示。采购质量控制的关键点是：采购合同的编制、供应商选择、质量保证协议、检验方法协议、进场检验程序、进货控制和进货质量记录。在国际工程项目中，承包商应与供应商建立密切的工作关系和反馈系统，以保证采购标的物质量，保证采购工作的高效进行，迅速解决争议或避免争议。

2.采购合同中与质量控制有关的条款

采购合同中与质量控制有关的主要条款包括品质条款、检验条款、索赔条款、支付条款等。应该注意的是，合同中的任何一项条款都与采购标的物的质量控制有关，采购方应认真执行。

(1)品质条款。

采购合同中的品质条款是承包商与供应商签订采购合同时，向供应商传达其采购标的的特性的条款。材料、设备的有效供应要求承包商充分理解业主对建筑产品的最终要求，准确理解

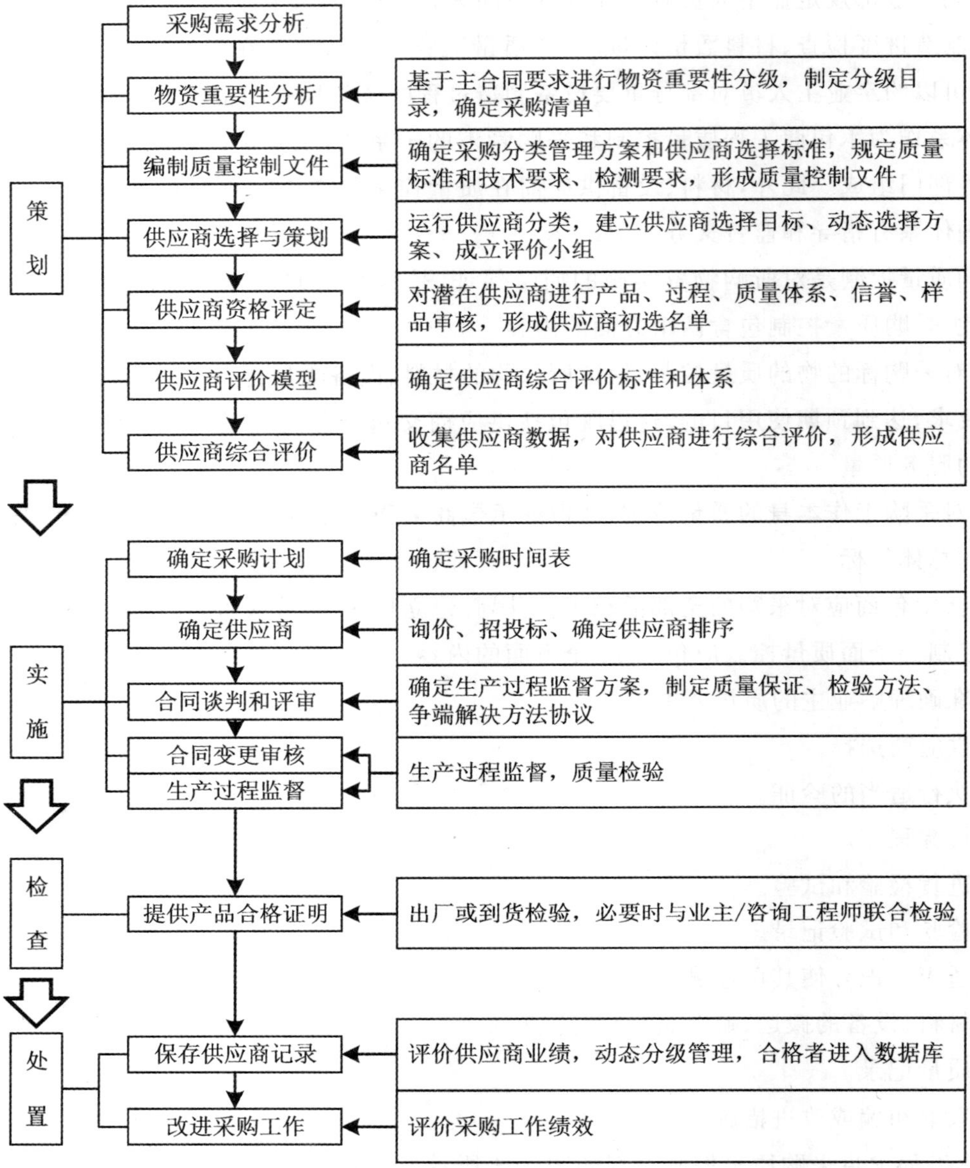

图 3.4　国际工程项目采购质量控制流程

技术规范对采购对象的规定，了解标的物的功能、规格、技术性能等在满足业主要求时应该发挥的功效。因此，承包商如何合理、正确地规定采购合同标的的品质要求是采购质量控制的一个重要方面，也影响到采购的全过程。制定合同中的品质条款，即在合同中描述材料、设备的技术、功能要求，以及如何检测、检验这些功能，质量可靠性等要求是采购质量控制关键点之一。

采购标的物品质描述的基本要求是科学、规范、准确、有针对性，能够反映标的物的基本特征。品质描述须明白易懂，同时只应有一种解释，不允许存在由于表达不明确而引起不同的解释的情况。国际工程项目采购合同如果需要变动采用标准中的某些指标，应注意忌用形容性的字和词以及模糊的表达方式,如“最新型号”“优良品质”“先进水平”等;同时应尤其注重语法和修辞,防止因错别字、漏字、标点符号使用不当而影响对质量条款内容的理解和执行;该类项目合同通常存在译本,应注意翻译的准确性及与各条款的一致性。

(2)检验条款。

检验条款的主要内容有检验时间、检验地点、检验机构、检验证书、检验依据与方法、检验标准与方法复验等。设备进口合同中规定的检验方式通常是:以设备出厂前或装运港的检验证书作为议付或提示付款的依据;设备到达目的港后,采购方保留对设备再行检验的权利(即复验权),其检验结果作为采购方是否接受该设备及进行索赔的依据,此即通常所说的最终检验。材料进口的检验由双方在合同中约定检验时间、地点与检验机构,规定双方的检验权与复验权。

(3)索赔条款。

采购合同中的索赔条款一般规定的基本内容是:当一方违约时,另一方提出的索赔依据、索赔期限、索赔方法和索赔金额的计算方法等。索赔依据主要规定提出索赔必须具备的证据以及出证机构。索赔期限主要是根据合同标的物的不同特性,而规定长短不同的期限。一般货物规定的索赔期限为货物到达目的地后 30 天或 45 天;对于机、电、仪货物,一般索赔期限定为货物到达目的港或目的地后 60 天或 90 天,一般不超过 180 天。但对有质量保证期的设备索赔期,可长达 1 年或 1 年以上。国际工程项目材料、设备采购的索赔期不宜太短,可防止超过索赔期而被拒绝。由于签约时难以预料的突发事件造成的违约损害,对损害赔偿金额一般不做详细规定。同时应注意避免带有惩罚性的语句,以免在某些情况下索赔条款成为无效条款,因为一些国家的法院认为这类条款不能是惩罚性的。

(4)支付条款。

在国际工程项目采购中,进口货物的最大风险是质量风险。有些材料、设备受市场环境、生产条件、供应商所在国等诸多因素的影响,在交易过程中采购方对货物质量难以进行有效控制。对于质量争议,承包商虽然可凭合同,通过双方协商、仲裁或法律等程序解决,但在这一过程中必将耗费其大量人力、物力和财力,且最终也未必能使问题圆满解决。因此,承包商事先采取一定措施,利用支付条款对货物质量风险进行防范,就显得尤为重要。具体措施如下。

① 合理利用信用证“软条款”。国际工程项目采购中,对于大型设备或金额较高的货物,信用证是主要付款方式。采购方可在信用证单据条款设计上充分考虑如何防范质量风险,以及一旦发生质量问题如何保护自身利益。通过单据控制方案,合理利用信用证“软条款”达到质量控制的目的。信用证的“软条款”,是指在不可撤销的信用证中加列一种条款,结果使开证申请人实际上控制货物质量和交易过程,如“客检/签证条款”。

② 不同结算方式结合使用,优势互补。每一种结算方式各有其优缺点,采购方可依据采购对象的性质、交货条件、金额等具体交易特点,将不同结算方式灵活搭配使用。如采购方可在信用证单据条款中要求供应商向指定银行提交履约保函,使采购方银行开立的信用证与供应商银行开出的履约保函同时生效,以达到防范货物品质风险的目的。

(5)质量保证协议。

当采购材料、设备技术含量高、结构复杂、生产难度大,仅靠采购合同难以满足承包商的质量要求时,须签订质量保证协议,进一步规定采购标的的技术规范、质量保证要求和验收方法等。质量保证协议是采购合同的附件,与采购合同具有同样的法律效力。质量保证协议的作用在于:通过该协议订立对供应商品质保证的要求,同时通过对供应商的适当控制,保证采购产品的质量。在文件中,承包商与供应方要达成内容明确的质量保证协议,协议中规定的采购标的物品质保证要求应得到供应商的认可,而且品质要求应充分考虑其有效性、成本和风险等因素。编制质量保证协议应考虑的因素有设计复杂性、设计成熟程度、制造复杂性、产品特性、经济性等。

(6)检验方法协议。

检验方法协议主要是对供应商货物进行检验的方法,标准提出明确的规定,防止由于检验方法的不一致导致对采购标的评价的不一致而引起质量争议。协议中规定的检验、实验、试验与抽样的方法应得到双方认可和充分理解。

3.供应商质量保证能力控制

选择供应商,首先要使供应商明确承包商的质量保证要求,使其与承包商达成共识,接受评价并努力满足业主的质量要求,成为合格供应商。由于国际工程承包项目的单件性、一次性、不可逆性以及严格的建设周期,要求供应商必须提供符合质量要求的产品。因此在设计供应商质量保证要求时,应遵循下列原则。

(1)普遍性。

国际工程物资采购涉及的供应商行业众多,这些供应商分布在不同国家和地区,因此设计质量保证要求时,应考虑质量保证要求应能被普遍接受。

(2)项目特点。

大部分国际工程呈现一定的专业化特点,如化工、电力、高速公路等项目的实施对供应商有不同的要求,质量保证要求的设计应符合行业特点。

(3)可考核性。

对供应商质量保证要求应具有可考核性,如设计一定的量化指标等,促进供应商不断改进,提高产品质量。

(4)可操作性。

供应商质量保证要求应具有可操作性,以便于供应商接受和得到贯彻实施,供应商质量保证要求分类方式如表 3.2 所示。A 类供应商生产供应国际工程项目中具有关键特性的瓶颈物资、重要物资、战略物资,B 类供应商生产供应对项目具有战略意义的、重要特性的重要物资、有特殊要求的物资、在接收检验时不能验证其特性的一般物资,C 类供应商生产供应其他物资。按质量保证要求划分国际工程承包项目物资,A 类产品数量不多,但采购金额可能比较高,由于处于建成项目的关键部位,是业主竣工检验的关键点,其质量保证要求应规定为其应具有健全的质量保证体系,且持续运转正常,以确保设计、生产、安装、服务全过程处于受控状态，产品质量满足合同规定要求。B类产品亦属于重要物资范畴，采购金额较高。供应商提供的产品虽不直接影响竣工试车运转，但却可能影响其正常使用，因此其应具有完整的检验系统，通过检验系统控制，以确保供应商提供的产品在最终检验和验证时符合规定的要求。C类物资一般属于标准化物资，有成熟的检验标准，一般通过外观检验和数据测试可判断其质量程度，所以一般只需其提供经检验验证合格的质量证明文件即可。

表 3.2 供应商质量保证要求分类

序号	质量保证要素	A类供应商	B类供应商	C类供应商
1	管理职责	★★★	★★	★
2	质量体系	★★★	★★	★
3	合同评审	★★★	★★★	★
4	设计控制	★★★	☆	☆
5	文件和资料控制	★★★	★★★	★
6	采购	★★★	☆	☆
7	产品标识和可追溯性	★★★	★★	★
8	过程控制	★★★	★★	★
9	检验、测量和试验设备控制	★★★	★★★	★
10	检验和试验状态	★★★	★★★	★★★
11	不合格品的控制	★★★	★★	★
12	纠正和预防措施	★★★	★★	★
13	搬运、贮存、包装、防护和交付	★★★	★★★	★★★
14	质量记录的控制	★★★	★★	★
15	内部质量审核	★★★	★★	☆
16	培训	★★★	★★	☆
备注				

注：★★★表示要求供应商提供全部文件；★★表示要求供应商可按实际要求提供，比A类供应商文件要求少；★表示要求供应商提供文件可按实际要求提供，比B类供应商要求文件简单；☆表示不适用。

对供应商初步分类后，须评审供应商质量保证状况，可归纳为下述八个基本要素，如表3.3所示。

表 3.3 供应商质量保证评审报告表

评审内容	满足条款数	需改进数	不满足条款数	检查条款数
管理职责、质量体系、文件资料、质量记录控制				
合同评审、设计控制、过程控制				
采购控制				

续表

评审内容	满足条款数	需改进数	不满足条款数	检查条款数
产品标识和可追溯性、检验与试验、检验与试验状态				
检验、测量和试验设备的控制				
不合格产品控制、纠正和预防措施				
内部质量审核、培训				
产品交付及服务				
评审意见				

国际工程材料、设备供应商的质量控制与国内工程供应商的质量控制在组织机构上相似，主要由质量控制部门与采购部共同负责，供应商质量保证能力评价管理组织及分工如表3.4所示。质量控制部门总负责对供应商质量保证能力的评价，并组织现场评价、样品鉴定、派驻质量工程代表、监控、评级等活动。有条件的国际工程承包项目，尤其是总承包项目，应成立专门的供应商质量控制部门，将外部的现场评审监督管理组织与到场检验联合组成供应商控制管理部门。

表3.4　供应商质量保证能力评价管理组织及分工

组织分工	设计	采购	质量管理	检验
采购策略		★★	★	
供应商选择	★	★★	★	
质保要求评审		★	★★	
与供应商签约		★★	★	
与供应商签订技术协议	★★	★	★	
到场检验		★★	★★	★★
供应商监督		★	★★	
供应商评级		★	★★	

注：★★表示主要负责部门，★表示相关部门。

此外，供应商应按合同规定提交质量计划。质量计划是由供应商在合同框架内需提交的详尽说明产品或合同的质量实施、资源及其活动程序安排的文件，经采购部或质监部会同设计部门审核后，作为合同的一部分，是质量保证的基本依据。它通过明确合同的要求和条件，确认风险区域，进而制定有效的质量计划，建立供应商质量体系，为质量控制创造必要的条件。如需提交质量计划，必须作为合同的一个条款单独提出。

供应商供货过程质量控制亦不容忽视。承包商在采购合同中须根据材料、设备的类别、需要量和交货时间，明确规定采购标的的技术要求、服务范围、双方的经济责任、损害赔偿等，从法律上确保承包商的利益。在合同履行过程中，通过过程控制、进货检验实施对供应商供货的质量控制。如对供应的材料规定承包商不予接受的不合格品率批次，以保护承包商利益。承包商在进行进货检验时，应查验供应商的证明文件，是否符合所签合同中规定的技术要求。承包商如果没有质量检验能力，必要时可委托第三方进行质量检验。

4. 材料、设备检验

检验是材料、设备采购工作的一个里程碑，在采购文件中对该项工作的工作程序应做出明确的规定，以实现质量检验的鉴别功能、把关功能、预防功能和报告功能。完成该里程碑的标志是检验人员或机构签发检验证明书。具体流程如下。

(1)编制检验计划。

采购合同签订后，根据合同规定的进度、供应商提供的生产进度表和设备、材料检验项目，确定货物检验计划，包括各个阶段的检验时间、检验内容和各方参与人员，如表 3.5 所示。

表 3.5 总体检验计划

<table>
<tr><td colspan="3">项目名称：</td><td colspan="5" rowspan="2">总体检验计划</td><td>编制人：</td><td colspan="2">编制日期：</td></tr>
<tr><td colspan="3">装置名称：</td><td>第 页</td><td colspan="2">共 页</td></tr>
<tr><td>序号</td><td>位号</td><td>材料、设备名称</td><td>数量</td><td>供应商</td><td>检验机构和检验内容</td><td>计划检验时间</td><td>业主/咨询工程师参加人数</td><td>承包商参加部门与人数</td><td>检验报告提交</td><td>备注</td></tr>
<tr><td></td><td></td><td></td><td></td><td></td><td></td><td></td><td></td><td></td><td></td><td></td></tr>
<tr><td></td><td></td><td></td><td></td><td></td><td></td><td></td><td></td><td></td><td></td><td></td></tr>
</table>

(2)实施检验工作。

材料、设备的检验应按采购合同文件规定的标准规范和承包商的检验规定进行，并应按采购标的类型分别制定检验要求。

(3)检验报告。

检验报告是对设备、材料进行检验、监制和其他质量检查的真实情况的记录。检验报告应包括以下内容：合同号，受检设备、材料的名称数量，供应商名称，检验场所，起始时间，各方参加人员的姓名、职务，检验记录(包括检验会议记录、检验项目记录和文件审查记录)。

(4)第三方检验。

对有特殊要求的设备、材料，对合同中有特殊检验要求的，或项目东道国规定的检验，应委托有资格的第三方进行检验。要明确第三方检验要求、范围、检验内容、检验深度、双方的责任和义务，并签署委托合同。

(5)签发检验合格证明书/质量认可报告与不合格品的处理。

采购的材料、设备经最终检验合格且出厂文件完整，承包商检验人员及业主代表应向供应商签发检验合格证明书或质量认可报告。在检验合格证明书或质量认可报告中应说明，该证明书不能解除供应商对产品技术规格和技术要求的最终质量保证。

在检验过程中发现不合格问题，应要求供应商填写不合格品单，并对有不合格问题的设备、材料做出标记，并按照双方签署的质量保证协议中规定的对不合格品的处理方法进行处理。对于暂时无法解决的不合格问题，要求供应商停止生产，提出返修方案并征得承包商的同意。对不合格问题的处理应做出报废、返修、让步使用等处理结果。承包商检验人员应填写不合格品报告，如表 3.6 所示。

表 3.6　不合格品报告

承包商名称	共　页	第　页
报告编码		
项目名称	序号	
装置名称	位号	
供应商	材料、设备名称	
生产/交货日期	检验日期	
不合格内容	处理意见	
		检验人签字

(6)现场开箱检验与现场试运行阶段的性能试验。

承包商在开箱检验前应制定开箱检验计划。该计划应按施工、安装的先后顺序排序，从而满足施工安装的要求。同时还应通知库房管理人员准备好开箱所需的机具、工具等，并做好设备、材料的入库准备，如按不同保管要求和安装地点安排入库区域等。参加开箱检验的人员应有采购管理、施工管理所属库房管理、业主代表或咨询工程师参加。对于关键设备、大宗散材还应请供应商代表参加开箱检验，若其明确不参加或未按计划时间到场也不影响开箱检验的有效性。对于进口设备、材料，则应按照项目东道国海关条例、海关监管条件，申请进行开箱检验。开箱检验的依据是箱件清单、装箱单及图纸资料。

大型工业项目往往都有一些大型机组，这些机组的交货状态一般都是以若干单台设备，甚至有的设备还是以完整的部件状态交货，如发电机组、大型的整流变压装置、大化肥装置的大型压缩机组等。这些机组由于各方面的原因不可能在制造厂完成性能试验，其性能试验只能在现场经过安装、调试、单机试车后负荷运行时才可能进行。进行性能试验时应该有业主代表、咨询工程师、项目采购部、供应商代表、项目施工管理人员、机组操作人员等参加。

5.采购质量控制文件

国际工程项目采购质量控制的各程序须以文件的形式固定下来，并为这种质量控制文件化制定必要的措施。材料、设备采购控制文件应符合下列要求：

(1)材料、设备采购过程中所有质量控制文件必须详细、客观、明确和一致；

(2)质量控制的范围、目的，特别是条件和资格必须清楚，确保当发生质量争议时，质量控制文件的内容不被曲解；

(3)采购过程中的所有历史数据应被正式记录下来；

(4)所有质量控制文件应具有连续性和可追溯性；

(5)所有质量控制文件的签署须符合合同要求；

(6)任何质量控制文件的更改应注明更改性质，并由质检部门监督审核。

3.4.2 采购进度控制

1.采购进度计划

材料、设备的进场时间是国际工程项目进度控制的必要充分条件。而采购进度计划是国际工程项目货物采购计划在采购进度控制方面的细化，是采购进度管理的依据。完善的采购进度计划可避免因交货期紧张而增加费用、避免因紧急采购而使采购活动失去竞争性，同时避免因交货延期而影响整体工程进度。编制采购进度计划要科学、合理、可行，尽量留有余地。采购部门按工期要求，对所有设备、材料的采购分类提出交货进度计划方案，经设计部门认可，提交项目经理批准。如业主有要求，可提交业主批准。同时采购部在实际采购工作中对采购计划应进行动态优化和调整，确保物资采购进度满足现场施工需要。

采购进度计划包括交货进度计划、供应商交货期管理计划、催交进度计划、检验进度计划和运输计划等。上述各计划既要保证满足项目的总体进度计划，又要留有一定的余地，既要保证计划的准确性，又要确保各计划之间的配合。如果各计划未能有效配合，只要其中有一个因素变动，就会造成整体计划的延误。

对于国际工程项目而言，在制定采购进度计划时，应注重“设计—采购—施工进度一体化”。

第一，将设计纳入采购计划。设计对采购的影响是直接的，如出现详细设计深度不够、图纸不到位、规范错误、设计漏项、供货范围不清晰等问题，会对采购活动的及时性、工作范围划分的准确性产生负面影响。特别是在非标准设备采购时，上述影响和制约作用尤为明显，两者之间的接口内容将大幅度增加，工作进度难以估计和量化，接口管理复杂。如果设计工作完全结束之后再着手采购工作，由于采购标的客观上需要一定的制造周期，会延长设备、材料的交货期。将采购纳入设计，可使建筑产品在设计阶段和进入施工阶段之前就考虑供应链上各种资源的约束条件，并根据这些具体的约束条件对设计所采用的材料或设备进行选择性的优化处理，减少采购环节中不确定性因素对项目的干扰。因此，设计和采购在项目过程中合理交叉，将采购纳入设计程序，处于同一控制体系，使得设备、材料的交货数量及交货进度随时得以调整、控制，从而避免时间、成本浪费。

第二，充分考虑施工进度计划。为保证工期，材料、设备采购供应与施工进度的相互衔接，统筹到货先后与施工顺序的关系，采购过程中的运输、检验等各环节亦应以工程项目为中心编排，编制设备、材料到货时间表，根据实际情况与施工部门定期召开材料到货对接会，并按项目组织采购和货款结算。

第三，采购进度计划缓冲管理。在国际工程项目采购中可应用缓冲管理，保证采购进度与施工进度一体化的实现。在采购阶段应用缓冲管理，即把部分项目的缓冲时间放在采购环节上，预计将采购标的在计划到场时间前的一定时间交付，以防止不确定因素造成延误。缓冲的设置是为了预防采购过程中可能产生的风险，尤其是那些采购周期长、生产技术复杂、物流水平要求高、处于项目关键路径上的货物采购，而不是每个采购项目都需要设置缓冲。第四，利用软件技术对采购计划进行动态管理。目前各承包商使用的 MIS（management information system），应致力于将主进度计划与材料、设备采购联动，否则就只能提供物资采购事务的分类统计管理，而物资采购中的关键数据，如采购时间、采购数量，则只能由人工估计，效果难以保证。如果将物资采购中的采购时间、采购数量等关键数据由采购软件根据主进度计划实时提出，MIS 依此进行物资采购中后续的事务管理及报表统计，可实现采购与施工一体化。

2. 采购过程实际进度控制

采购进度控制，就是在采购过程中进行计划进度与实际进度的比较，一旦发现偏离，及时采取措施纠正。进度控制的主要任务是按照合同要求和规范进行工作，通过交付货物的质量和提交情况、变更记录等检查合同执行是否正常，防止出现瓶颈问题和不可控事件，同时检查采购进度执行情况，如实际进度与计划进度有偏差，找出原因、纠正偏差，或根据实际情况修正计划，或采取必要措施、改变现有工作方式，防止风险后移。

采购过程实际进度控制措施包括组织措施、经济措施、管理技术措施、合同措施、信息管理措施等。

(1)组织措施。

组织措施指建立采购进度目标控制体系，将实现进度目标的责任落实到采购部具体进度控制人员。采购部应建立采购进度控制的工作责任制度，说明采购工程师在货物采购过程中进度控制的具体职责。建立切实可行的进度控制工作体系，包括例会制度（技术会议、协调会议等）、进度计划审核及实施过程监督制度、各类文件审核程序及时间限制等。严格执行项目部建立的完整的变更控制系统，一旦发生变更，各方应遵循事先建立的变更程序，及时审核和批准变更。建立激励机制，对采购工程师在采购过程中进行的有效进度控制工作进行考核，利用激励手段（奖励、惩罚、表扬、批评等方式）督促其进行进度控制。

(2)经济措施。

经济措施指用经济手段对采购的进度控制进行影响和制约。如制定材料、设备采购对外付款程序，对供应商的预付款及尾款支付与供应商的交货进度挂钩。

(3)管理技术措施。

管理技术措施指运用各种项目管理技术，通过各种计划的编制、优化实施、调整而实现对采购进度有效控制的措施，如建立实用和完善的采购进度控制的程序文件，采用横道图、网络计划技术等，编制材料、设备采购进度计划，利用计算机和各种应用软件辅助进度管理，包括进度数据的采集、整理、统计和分析。

(4)合同措施。

合同措施指采购进度计划须符合主合同进度计划要求，每一材料、设备的采购供应合同须严格规定供应商的交货时间。按照合同规定的进度控制目标，采用合同规定的进度控制方法，对采购进度进行控制。具体而言，应选择恰当的合同模式，制定科学、合理、严密、完善的合同进度条款，按当事方签订的合同进行管理。总之，在处理采购实施过程中遇到的任何进度问题，均应依据合同规定进行处理。

(5)信息管理措施。

信息管理措施指在采购进度控制过程中，通过对采购进度信息进行有效管理，掌握最新的信息，确保决策正确性。具体包括建立采购进度文档管理系统和信息沟通制度，保证信息渠道畅通，规定信息传递的方式和方法，建立信息管理组织。

(6)检查跟踪措施。

采购进度计划要进行定期跟踪检查。对重要物资要经常、定期进行检查，检查已供应的材料、设备和已完成的供货合同、加工图纸、制作过程以及实际供货状况。

(7)优化采购流程，组织和信息共享。

通畅的采购业务流程应具备优化、无冗余、平行作业的基本属性。合理的、扁平化的采购组织结构，以及建立对采购数据的唯一性录入、动态更新和维护的机制，可快速地寻找并评价供应商、询价、形成采购订单、审批、跟踪采购情况。

3.供应商交货期管理

交货期管理是国际工程项目货物采购管理的一个里程碑，其主要任务是督促供应商按合同规定的期限提供材料、设备和技术文件，以满足工程设计和现场施工安装的要求，故该过程的管理工作贯穿于合同签订后直到设备、材料制造完毕并具备出厂检验条件的全过程。

供应商交货期由六项前置时间构成，分别为行政作业前置时间、原料采购前置时间、生产制造前置时间、运送前置时间、验收检验前置时间和其他零星的前置时间，所有前置时间的总和又称为累积前置时间。承包商应掌握采购标的的生产特点，根据工程项目的工期要求以及物流等因素，合理确定请购时间和订单发出时间，通过加强与供应商及各有关方的有效沟通，缩短行政作业前置时间，实现采购进度控制目标。供应商则应注意控制原料采购前置时间、生产制造前置时间、运送前置时间等。

任何一个国际工程项目的材料、设备交货期管理都是必不可少的重要环节。国外工程公司对催交工作十分重视，为确保按时到货，保证工程顺利进行，不惜投入很多人工时，一般约占项目采购业务所用人工时总数的30%。交货期控制要点分为外部控制和内部控制，如图3.5所示。

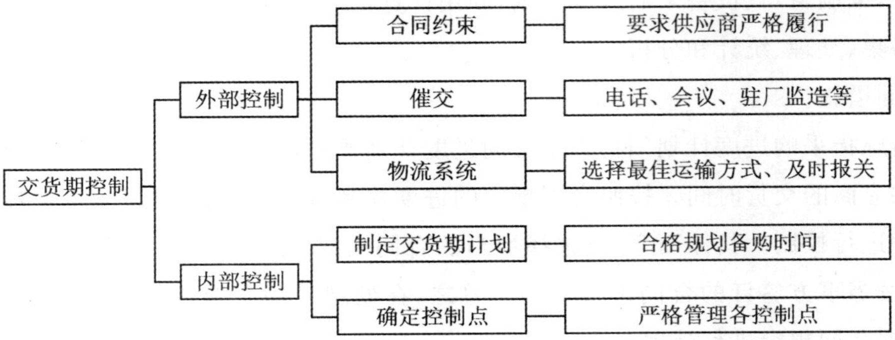

图 3.5 交货期控制

交货期控制基本程序如下：

(1)检查供应商是否接收到采购合同；

(2)制定交货期管理计划；

(3)催交供应商应提交的制造进度表、交货进度表等；

(4)催交供应商应提交的图纸和技术文件；

(5)检查供应商主要原材料采购进展情况；

(6)检查配套辅机和主要外协件的采购进展情况；

(7)最终确认中间检验、出厂检验试验的项目和时间；

(8)检查设备、材料的制造、组装、检验、试验和装运的准备情况。

为避免由于供应商交货延误而导致工期延误，采购工程师要对供应商交货期进行有效控制，做到交货期管理的计划、执行与处理，如表 3.7 所示。

表 3.7 交货期管理计划

计划内容	执行	处理
1.确定交货日期和数量，确定合理备购时间和各部门提交请购单时间	了解供应商备料情况	对交货延迟进行分析
2.了解供应商生产设备、生产效率	承包商提供必要技术支持	考虑是否有必要更换供应商
3.供应商提供生产计划或交货日程表	了解供应商生产进度；检验其提交的生产进度计划；了解供应商生产瓶颈，协助处理	执行供应商奖惩办法，适时考虑向替代供应商发订单的必要性
4.给予供应商合理的供货时间	承包商加强交货前的催交工作	完成交易后图纸资料等收回工作
5.了解供应商物管及生产能力	交货期及数量变更的通知，妥善处理遗留问题	选择优秀供应商
6.准备替代来源	承包商尽量减少规格变更	对滞期交货的供应商进行经济处罚或提出滞期索赔

3.4.3 采购成本控制

1.采购成本控制体系

采购成本控制体系是工程项目成本控制体系的子系统，和其他控制体系一样，其成功与否不但取决于体系本身是否具有可靠性、先进性、完备性，更取决于其是否能正常运转。承包商采购成本控制是连续性的微观控制，在成本控制体系的构筑和实施过程中，应贯彻全员化、规范化、细化、量化、动态化的采购过程控制原则。国际工程项目采购成本包括材料、设备、咨询服务价格和与采购有关的全部成本支出。因此，采购成本控制对象不局限于采购标的物价格，还包括作业成本、质量成本、物流成本等。采购成本控制既包括采购价格，也包括对引起采购成本发生变化的因素进行控制。

国际工程项目采购成本控制体系是一个集计划管理、采购管理、价格管理、优化设计、合同管理、采购资金管理于一体的综合管理体系。具体内容如下。

(1)计划管理。

第一，编制采购预算。采购预算以工程预算为编制依据，是工程预算在物资采购方面的细化。在采购工程项目物资之前，对采购成本进行估计和预测，是对整个项目资金的理性规划。采购预算既对项目采购资金进行合理配置和分发，又要求建立资金的使用标准，以便对采购过程中的资金使用情况随时进行检测与控制，确保项目资金的使用在合理范围内浮动。在采购预算的约束下，提高项目资金的使用效率，优化项目采购中的资源调配，查找资金使用过程中的一些例外情况，有效地控制项目资金的流向和流量，从而达到控制项目采购成本的目的。同时，采购预算使物资采购的目标得到细化，落实到最基本的单元，使总目标的实现建立在可行的基础之上，降低采购的成本风险。因此运用采购预算管理可对工程物资采购成本进行事前预测、事中控制、事后考核。采购预算的起点按合同、作业项目等，将耗费细化到最直接的作用单元上，是最准确的支出。

采购预算的编制主要有以下几个步骤。

① 确定工程项目的总体目标。采购部门作为项目的一个部门，在编制采购预算时要从项目的目标出发，确定项目总体目标和采购目标的一致性，确保两者之间相互协调。

② 制定明确的工作计划。采购部经理必须了解本部门的业务活动，明确其特性和范围，制定详细的工作计划表。

③ 确定所需的资源。采购部经理要对业务支出做出切合实际的估计，确定为实现目标所需要的人力、物力和财力资源。

④ 确定较准确的预算数据。确定预算数据是采购预算的难点之一，主要基于材料的计划采购量、设备实际需要量，基于市场调查和对供应商询价的结果。

⑤ 修改预算。由于国际工程项目货物采购各业务环节不确定因素较多，预算的偏差值与实际有所差异，应根据实际情况选定一个偏差范围。偏差范围的确定可根据承包商经验数据、项目东道国市场情况等设定。采购经理应比较实际支出和预算的差距以便控制采购成本。

第二，确定物资需求计划。物资供应计划是对工程项目施工安装所需材料、设备的预测和安排，是指导和组织采购的依据。该计划一般由项目的技术人员编制，依据工程量清单、设计文件、施工工艺、施工方案等计算各分部、分项工程的需求量以及整个工程的估算使用量。在确定计划需求量的基础上，经过数量、时间综合平衡，提出经济采购量，即工程项目一定期间材料存货相关总成本达到最低的一批采购数量。根据施工项目的一般情况，由于订货成本和储存成本相对较小，重点考虑购买成本和缺货成本之和的最小化，最终得出一定期间的经济采购量。

(2)采购管理。

国际工程物资采购工作涉及面广、环节多、不确定因素多，采购成本受到采购业务各环节、各层面、各项要素与各项活动的影响，任何单项措施或单方努力，都难以使成本控制起到实效。因此，有必要建立一个完善的采购制度，确保采购工作有章可循，规范采购人员的操作程序，保证最终的产品质量和降低采购成本。

(3)价格管理。

材料、设备价格是国际工程成本控制的重要内容，也是物资采购成本控制的源头和核心。采购价格管理是依据工程项目的总目标、物资采购的总原则和外部市场情况，通过对物资采购价格的审核、认证，对价格在采购过程中的运行情况实施管理。

(4)优化设计。

在国际工程项目招投标机制下，技术决定经济，经济制约技术，工程设计是成本控制的源头，该阶段是形成工程价格、影响采购成本的首要阶段。设计方案决定了材料、配件、设备及工艺的选择和使用，对工程项目造价做出预算，包括材料、设备的直接成本和间接成本。因此该阶段减少采购成本的机会多、金额大、代价小。总承包商与设计单位应进行充分沟通，利用设计单位对工程系统性有比较全面的认识，对各环节的重点把握，对工艺设备的参数要求和技术条件均能熟练掌握的技术优势，要求其尽可能对整个工程进行设计优化。

(5)合同管理。

建立合同签订标准和审批程序，确定合同审查机制，避免合同陷阱，对合同执行的时间、成本、质量情况进行追踪管理，对合同变更和变化进行有效控制。及时总结合同完成后的执行效率和供货商的总体表现，为以后的采购决策提供依据。建立合同履约金制度，保证从招标投标到合同履行的全过程控制。

(6)采购资金管理。

其一，建立采购资金管理制度，如建立一套各部门、各专业合理分工又相互制约的付款审批程序，从不同角度审批对外付款文件，既满足供应商的合理付款要求，又严格把关，杜绝提前、超额对外付款。其二，严格执行用款计划申报制度，对材料、设备采购的用款计划，采购资金的申请、划拨，采购货款的支付方式、支付时间结算要进行全过程监督。

2.采购直接成本控制

材料、设备价格是国际工程项目采购成本控制的源头和核心，也是承包商和供应商的利益焦点。

(1)供应商报价分析。

由于国际工程项目建设物资需求具有不定时间、不定地点的特点，为维持与供应商长期的业务关系，以及在保证稳定供货基础上的公平、合理价格，有必要对供应商的材料、设备成本进行分析和研究，明确其成本的各种组成，尤其是对于非标准材料、设备的成本构成，承包商应做到心中有数，一方面确定供应商报价的合理性与真实性，另一方面与供应商竞争对手进行比较。但是，供应商报价过程中都会尽可能地隐瞒自己的成本结构和定价方法。因此，承包商在采购业务活动中，第一个基本任务就是对供应商报价进行产品成本、定价方法和定价因素分析。

材料、设备的成本构成主要包括三大部分：直接成本、间接成本和其他成本。直接成本指能够被具体而准确地归入某一特定生产部件的成本，即直接消耗的材料及直接花费的人工。间接成本指在建筑企业日常运营或生产中发生的，不能直接归入任何一种生产部件的成本，包括管理费用、知识产权成本、间接制造成本、间接材料和其他费用。其他成本主要包括材料、设备的运费，备品备件的费用，供应商的合理利润，增值税和设备移交给买方之前的保险金。

供应商定价方法主要有五类。

① 成本加成定价法。该方法是供应商最常用的方法，它以成本为依据在产品单位成本基础上加上一定比例的利润，其特点是成本与价格直接挂钩，一般在卖方市场条件下使用。

② 目标利润定价法。以利润为依据制定价格，供应商依据直接成本和间接成本以及预期价格，通过盈亏平衡分析出保本产量或销售量，根据目标利润算出保本量以外的销售量，然后分析在此预计的销售价格下销售量能否达到。如果销售量不能达到要求，则调整价格进行重新计算，直到在制定的销售价格下实现的销售量能够满足利润目标为止。

③ 理解价值定价法。这是以市场承受力以及对产品价值的理解程度作为定价的方法，经常用于对品牌产品、备品、备件的定价。

④ 竞争定价法。该方法依产品的市场竞争环境和竞争地位而定。

⑤ 投标定价法。由各供应商根据对手可能提出的价格以及自身预期利润而定。

影响供应商报价的因素除生产成本外，还有承包商因素、市场条件等，如供应商的定价策略、行业地位，采购标的物的核心技术、知识产权，经济环境，产品在市场上的稀缺程度、品牌积累，承包商采购数量，承包商交货时间要求，采购标的特性，产品的设计水平、制造标准与检验水平、生产周期和供应商的生产负荷能力等。影响承包商采购价格的因素有时是承包商自身原因所致，比如承包商采购工程师的专业技术能力、采购技巧、综合分析判断能力等。综合分析判断能力的不足，容易将复杂问题简单化，可能会失去一些事实上是至关重要的价格影响因素，造成价格判断的失误。

(2)采购价格管理。

① 建立价格管理体系。价格管理体系是采购成本控制的核心，通过承包商内部各有关部门(如采购部、控制部、设计部、财务部、合同部、施工部等)处理从外部市场环境输入的各种价格信息，并以该信息为基础，进行决策和协调体系的各项活动。这一体系是具有体现价格管理

分工、协作以及相应权责关系的结构模式，通过该体系成员的共同努力，最大限度提高采购资金使用效率、优化价格、降低成本，通过职能、责任的划分，进行采购各阶段的分段价格管理工作，价格管理体系职责规定如表 3.8 所示。该体系应以文件形式规定价格管理办法，明确体系的层次、职能部门、分工关系、沟通关系以及控制范围等。通过建立价格管理框架，制定规章制度，规范操作规程，约束经营活动，统一管理口径，达到价格管理的目的。

表 3.8　价格管理体系职责规定

部门	价格管理职责
项目经理	控制工程成本，批准采购预算，对战略物资、重要物资的采购价格行使决策权
采购部	汇集物资需求，负责市场调查、询价、制定初步价格，协调与供应商关系，负责物资采购全过程管理
控制部	工程成本控制，大宗材料、设备价格审核
合同部	审核采购合同条款
财务部	审核采购部用款计划、用款申请、结算方式等
设计/技术	编制材料表、提供采购标的技术文件和数据，参与供应商选择
施工部	提出用货需求、用货时间

② 建立价格管理信息系统。目前物资采购价格已成为国际工程项目效益的焦点，建立物资价格数据库，是进行价格管理、科学决策的必要手段，也是物资采购价格管理体系的重要组成部分。价格管理信息系统运用价格动态信号、价格情报资料等，是承包商分析供应商报价和采购价格决策的基础。采购价格信息主要有以往国际工程项目物资采购价格的历史数据、实时更新数据和主要供应商所在国市场条件、经济环境或经济政策等。同一材料、设备既要有横向数据，又要有纵向数据，便于承包商比价。材料、设备价格的具体数据应包括生产成本、税收、利润、租金、采购合同价款、运杂费、经营管理费、仓储保管费、利息、损耗等变化情况，以及引起这些变化的各种因素。

(3)确定采购价格。

第一，应关注国际、国内建筑材料市场供求变化和价格走势。市场价格受供求变化而上下波动，有时甚至瞬息万变，因此在确定材料、设备成交价格时，必须对其在国际市场价格走势做出正确判断，避免定价上的盲目性。第二，做好价格分析。对价格进行纵向和横向分析比较，如将采购标的物的历史价格与现行价格进行比较、与替代品的价格进行比较等。第三，必要时进行成本分析。成本分析考察价格的方式与价格分析不同，成本分析只考虑价格和成本的关系。当需要进行大量成本分析时，由设计、技术部门或专职成本分析师进行。采购方可要求供应商提供包括成本账目的报价单，逐项检查供应商成本细目和自己成本分析之间的差异，分析供应商报价的合理性和真实性。

(4)降低采购价格的措施。

① 运用功能成本分析方法。在设计阶段，设计人员往往从技术角度出发，追求技术先进

性，忽视产品的功能成本及价值分析，从而带来了诸多的材料成本问题，如材料的系列化、通用化、标准化程度不高，非标准件过多，采用不成熟的新材料和新工艺等导致材料成本过高。单纯依靠控制管理费用、改进工艺，成本下降的空间有限。在满足业主需求条件下，运用功能成本分析，改变设计方案中材料的选用，科学地选择既满足功能要求，同时费用又相对低廉的材料，充分发挥这些材料的内在作用，减少材料的功能过剩和成本浪费，降低建筑工程材料的采购成本。在采购阶段，通过对材料、设备功能成本的比较分析，选择最优而不是最贵的材料、设备，在保证质量的同时又不一味地追求高价，降低高价物资和最优物资之间的差价，控制采购的成本。

② 招标时的价格控制。在项目投标时，即应着手确定潜在供应商，这是控制材料、设备采购价格的重要环节之一。一般情况下，业主在招标文件中对本项目材料、设备，尤其是关键部位的设备和重要材料都会列出指定供应商名单，规定投标人须在名单中选择。指定供应商一般都处于卖方市场，即使承包商项目中标后，以竞争性招标方式采购，其材料、设备价格难有下调的空间。承包商在项目投标时要认真研究业主的招标文件，分析业主提出的供应商名单，以询价方式与一些材料、设备供应商先行沟通，再以投标差异的方式，根据掌握的信息，在项目投标文件的材料、设备指定供应商名单内增加若干数量供应商，以期在未来项目中标后，能够在材料、设备的招标投标采购中形成竞争优势，从而达到控制采购价格的目的。

③ 承包商在项目中标后进行材料设备招标采购时，对投标人的报价分析和评审是控制材料、设备采购价格的另一重要环节。一般而言，在材料、设备采购的招标文件中都会为投标人设计通用格式的投标报价表供其填报，同时要求提供细化的分项报价以便评审。根据一般惯例，当总价与分项价格不符时，以分项价格为准。因此在价格评审时，主要审核其分项报价。通过分析投标人的分项报价，找出其报价的不合理之处和隐含的价格上调因素，是评标阶段控制材料、设备采购价格的关键，即分析投标人的分项报价中是否隐含价格上调的因素，比如有意缩短报价有效期，或为获得差价利润更改配套零部件规格、数量或者生产厂家。

④ 灵活运用采购合同条款。一般而言，材料、设备供应商总是希望尽早、尽快得到合同款，以便减轻资金压力。而采购方为能更好地控制合同的执行，同时也为有计划地控制资金支付，对货款支付也有一定的要求。材料、设备订货合同中有关付款计划、履约保函/保证金、货款支付方式、质保期、违约金等条款的灵活应用，会对材料、设备订货合同最终价格的形成产生直接影响。一般在招标文件所附合同条款中规定了付款进度比例（预付款、到货验收付款、质保金等）。在采购方资金支付计划可以调整的情况下，增加一期进度款比例，可减轻供应商前期资金投入的压力，采购方可借此要求供应商对合同总价给予一定优惠。

此外，对于那些有长期良好合作关系的供应商，在确保材料、设备订货合同顺利执行的前提下，减少履约保函/保证金比例，也会减轻供应商资金负担，以此可要求供应商在总价上给予优惠。

① 合理选择采购方式。国际工程项目面临物资专业多、品种多的特点，对于可从国内采购的材料、设备，框架协议采购能做到既经济合理，又能满足使用。由于参加协议供货招投标

的供应商均是生产厂商，没有中间经销渠道，厂商的投标让利往往能“一步到位”，因而协议供货的价格优惠幅度较大。

② 实施多项目联合采购，集中各项目同类材料，化零为整，在考虑运费后也可采用集中采购方式。不同承包企业在同一国家或地区的不同项目之间，或同一承包企业在不同国家或地区的不同项目上的同类物资亦可采用联合采购，即由承包商企业总部统一采购。以集体谈判替代个体谈判，避免被供应商各个击破，达到“以量制价”的目的，争取供应商的数量折扣。

③ 内外兼顾策略。掌握人民币升值的机会，加强外购的活动能力，通过国内外询价、比价，获取较低采购成本的物资。

④ 实施财税导向策略。熟悉投资抵减、优惠关税等政府法规并加以运用，以降低购入成本；学习外汇交易方式，合理管理外汇风险；争取以软币计价结算，并选用延期付款方式支付货款。

(5)价格条款。

价格条款是国际工程项目货物采购合同的核心条款，其内容会对合同其他内容产生重大影响，是承包商采购成本控制的重要途径，因此订立合同价格条款对采购成本控制和合同顺利履行都具有十分重要的意义。市场价格波动、数量变动是采购过程中经常遇到的问题，承包商在订立合同时应注意下列问题。

① 国际工程项目的不确定性使得部分材料的名称、规格及数量具有不确定性，需要根据施工变化情况随时调整，应将供应商应满足承包商材料的调剂要求作为重要条款列入合同。

② 对属于框架协议采购范畴的，在协议中订立最高限价条款，价格向下浮动，由承包商自主采购，最终采购价由采购方决定。采购方实际采购时应对不同品牌相同配置的货物进行比较，以满足采购需求、质量和服务相等为前提，与价格低者成交。

③ 谨慎订立价格调整条款。价格调整条款的基本内容是按原料价格和工资的变动计算合同的最后价格。对于生产周期较长、金额较高的设备采购合同，供应商为防止因通货膨胀导致的原材料价格上涨，而要求在合同中订立价格调整条款。合同订立时，只规定初步价格，同时规定若原料价格、工资发生变化，供应商保留价格调整的权利。

价格调整公式如下：

$$P_1 = P_0\left(a + b\frac{L_1}{L_0} + c\frac{M_1}{M_0}\right) - P_0 \tag{3.1}$$

式中，P_1——应付给供应方的调价金额；

P_0——合同价(基本价)；

a——包括在合同价中的不变部分，即利润和管理费，一般为5%～15%；

b——估算的合同价中的劳务费所占的比例；

c——估算的合同价中的材料费所占的比例；

L_0、L_1——基期和调整日期的来源国有关产业的劳务价格指数；

M_0、M_1——基期和调整日期的来源国主要原材料的价格指数。

采购方应在合同中规定系数 a、b、c 的值。价格调整条款实质上是供应商转嫁国内通货膨胀、确保利润的一种手段。对于大宗材料的采购合同，若采用非固定价格时，为减少非固定价格条款给合同履行带来的不稳定因素，消除双方在作价方面的矛盾，应明确规定具体作价标准、作价时间和方法。

3.采购间接成本控制

(1)采购作业成本控制。

① 采购方式的选择。采购方式的选择既影响采购价格的高低，也影响采购成本的增减，如竞争性招标采购，通过比价的方式可能会使采购价格最低化，但采购成本不一定最低，招标前期承包商投入大量人力、物力、财力编制招标文件、组织投标、评标，其费用支出也是很可观的。从降低采购作业成本的角度分析，采用框架协议采购、集中采购、电子商务采购等能达到减少成本的目的。

② 完善采购制度。由于国际工程项目的材料、设备采购金额巨大，横向关系复杂，如果没有一套严密而周全的程序和制度，可能会出现浪费，甚至贪污、受贿等腐败现象。而严格周密的采购程序与管理可以从制度上最大限度地抑制此类不良现象的发生，因此建立严格的采购制度、规范采购活动、提高效率、杜绝部门之间扯皮与采购人员的不良行为，可以有效降低采购作业成本。完善的采购制度，包括采购工作流程、供货商的准入制度、采购的流程审批制度、价格评价体系、采购激励制度等几个主要方面。

③ 严格执行材料采购计划。如果材料采购计划制定得较为科学严密，就必须严格执行，切忌在材料采购中随心所欲或冲动行事，尤其是经济采购量一旦确定，就必须遵守。

④ 价格与质量的平衡。有时使用高质量产品会节省用料，使用低质量产品耗用材料多，反而会增加开支。此外，低质量材料还易造成损耗和返工，额外增加成本。

⑤ 恰当的提货和运输方式。及时提货会产生仓储成本，推迟提货会产生供应风险；直接运输到工地会因环境恶劣而增加材料损耗，先运输到现场则会增加运输成本和仓储成本，这些都需要恰当地评估。

(2)物流成本控制。

物流成本，一般指采购过程中将货物从生产地/储存地移动至现场使用、安装前发生的费用，包括运费、存储、装卸、配送、报关等方面发生的费用。物流成本是国际工程项目采购成本项中所占比例较高的一项成本支出，其中运费支出占较大份额。

降低物流成本的途径包括物流合理化，加强物流质量管理，确定经济合理的库存量，选择最佳的物流服务供应商等。

(3)采购质量成本控制。

采购质量成本，即在货物供应过程中由于质量不良而造成的成本损失。它包括采购过程中出现的任何风险所造成的相关损失，以及为避免这些风险所进行的前期投入，比如为处理所购物资的缺陷而花费的工作时间、支出的费用等。因此采购质量成本大致可划分为预防成本和故障成本(主要是内部损失成本)。

采购质量成本控制要从预防成本入手，建立货物验收标准，制定一系列工作规范，从而降低所购货物的故障成本。比如建立分工明确的组织机构、执行清晰的供应商认证程序、定期评估供应商的绩效、制定明确的质量标准；对采购合同进行审查，审查所购物资的规格、型号、等级等内容是否详细具体，审查所购货物的质量要求和包装要求、标准及有关检验事项，以及是否符合有关法律和规定等；建立严格的货物入库验收制度，防止不合格物资进库，验收时严格按合同标准进行；严格遵守付款制度，把付款与质量检验结合起来，货到付款的物资要审查、核实所购物资是否符合合同规定的品质要求，按验收结果付款，而凭信用证支付的货物应在信用证中合理使用软条款，严格审核供应商提交的装运单据。

4.外汇风险管理

外汇风险指以外币计价的资产或负债由于外汇汇率变动所引起的价值上升或下降的可能性或不确定性。外汇风险有三种类型：交易风险、会计风险和经济风险。其中国际工程项目物资采购所涉及的主要是外汇风险类型中的交易风险，即以外币计价结算的应付债务或应收账款由于外汇汇率变动引起其价值变化的可能性或不确定性。具体而言，主要是指在工程项目业主支付币种和进口材料、设备支付币种不一致的情况下，当汇率发生变化时负责采购的承包商实际采购成本发生变化的可能性，如果业主所支付币种正好是进口材料设备所支付的币种，则承包商在这次具体的材料设备采购中没有外汇风险。

外汇风险衡量的一般步骤：首先确定一定期间外币流入量和流出量净额，即净现金流量，然后对期间内的汇率变动范围进行预测，最后确定各种外币的不确定现金流。对于国际工程物资采购来说，外汇风险衡量的期间是从采购合同签订到采购合同结算的过程，净现金流量是净流出量，即采购合同价款额。由于国际工程进度款支付时，对于进口材料设备所支付的非业主支付币种一般是按照投标截止日前28天的汇率进行折算支付的，如果采购合同结算时材料设备支付货币相对于业主支付货币贬值，则承包商会从中受益；相反，如果采购合同结算时材料设备支付货币相对于业主支付货币升值，则承包商会有损失。外汇风险是一种投机风险，既可能给当事人带来损失，也可能带来收益，稳健的经营者看重的是外汇风险一旦发生可能带来的损失。因此，在对外汇风险进行衡量之后，需要有一个风险评价，如果认为风险发生可能带来的损失小于对风险进行管理所需花费的成本，则不必采取措施，反之则必须对面临的外汇风险采取有效手段。

外汇风险产生的三要素是货币、时间和汇率，即对外资产或负债是以外币计价结算、交易从成交到交割有时间间隔、时间间隔内外汇汇率发生变化，因此可以从材料设备进口的计价结算货币选择和防止汇率变化对采购不力的角度对国际工程物资采购外汇风险进行管理。

(1)选择货币法与合理利用调价公式。

在外汇风险中，以外币计价结算是外汇风险产生的根源，具体到国际工程项目采购外汇风险，其产生的根源在于采购支付币种与业主支付币种不一致。因此，在可能的情况下，应根据实际需要的外币种类和数量，要求业主支付多种外币，以尽量减少采购支付币种与业主支付币种的不一致带来的风险。如果在采购中能够以业主支付币种作为计价结算货币，则可彻底消除该采购的外汇风险。如果不能以业主支付币种作为计价结算货币，在承包合同中没加入含有汇率因子的调价公式的情况下，可尽量选择相对业主支付货币有贬值趋势的货币作为采购的计价结算货币；如果在承包合同中加入了含有汇率调整因子的调价公式，则采购中应尽量选择相对业主支付货币有升值趋势的货币作为采购的计价结算货币。

(2)利用外汇交易方式。

在国际工程项目物资采购外汇风险管理中，可用的外汇交易方式有即期外汇交易、远期外汇交易、外币期权交易和外币期货交易。即期外汇交易的一种形式是利用现有流动资金在即期外汇市场上买入将来要支付的应付账款外币，由于付款未到期，先存入银行或购买货币发行国的国库券进行投资获益，投资到期日与将来应付账款到期日一致，投资到期收回，支付外币应付账款。远期外汇交易用于防范外汇风险的主要原因在于其在成交时就把将来外汇买卖的汇率给固定了，在成交时就可以确定将来买卖外汇的成本或收入，从而防范将来汇率变动可能带来的损失。外币期权交易指交易双方达成货币买卖的协定汇率，期权买方支付期权保险费后获得在交易到期日或到期日前以协定汇率向期权卖方买卖一定数量货币的权利，这一权利可以放弃。期权买方利用外币期权交易防范外汇风险，其最大的损失是期权保险费，如果交易到期日的即期汇率对期权买方更为有利，则其会放弃权利的执行，从即期外汇市场买卖外汇。

3.5 国际工程项目采购绩效评价

采购部在按照工程项目的总体目标制定和实施采购计划、采购策略和采购作业后，须对采购过程进行检查控制，并在一定阶段对工作进行评价，以期总结教训，改进工作。国际工程项目采购绩效评价主要包括对采购部、采购工程师工作的绩效评价和对材料、设备供应商、物流服务供应商的绩效评价。

3.5.1 采购绩效评价的基本内容

国际工程项目采购的绩效评价，就是运用一定的方法，采用特定的指标体系，对照统一的评价标准，按照一定的程序，通过定量、定性分析，对物资采购部门、采购工程师和供应商在一定期间内的采购供应活动的业绩做出客观、公正和准确的考核与综合评判。

对采购绩效进行评价，首先应建立一个完整、科学、客观的评价体系。该体系主要包括评价目的、评价内容、评价人员、评价时机、评价指标、评价方法与指标等要素。

(1)评价目的。

① 决策支持和确保采购目标的实现。

② 提供持续改进采购绩效的依据。

③ 促进部门关系。

④ 个人或部门奖惩的参考。

⑤ 展示采购工作成绩，提高采购工程师的成就感。

⑥ 量化采购工作，便于采购管理。

(2)评价内容。

采购绩效评价的内容主要有三个方面，即采购部工作情况(采购任务完成的总体情况、采购货物的质量情况、采购部门的服务表现等)、采购工程师的工作业绩和供应商表现。这些评价内容可通过相应的评价指标反映出来。

(3)评价人员。

从采购绩效评价的目的和内容出发，为保证评价结论的客观性和公正性，由采购主管部门、采购部门的业务人员、物资使用部门、供应商、外聘采购专家等选择评价人员。

(4)评价时机。

国际工程项目采购活动的绩效总是要经过一段时间才能表现出来，选择合适的评价时机，做到既客观地反映采购绩效，又能及时地纠正采购活动中出现的偏差。

(5)评价方法与指标。

采购成本效益、时间效益等属于定量指标，采购部门的服务质量属于定性指标，因此，选择定量与定性相结合的评价方法；在适当情况下，将某些定性指标转化成定量指标。评价指标是采购绩效评价的核心部分。评价指标根据需要同样采取定性与定量分析相结合，以定量评价为主。

采购绩效评价指标是评价采购部门工作成果的尺度和标准，是准确、客观、全面、科学地进行采购绩效评价的前提和基础。一项评价指标往往只能从某个侧面反映采购绩效的某个特征，因此要全面、综合、准确地考察和评价采购部门在一定时期内的采购工作绩效，就必须把一系列相互联系的指标进行系统组合，加以量化，形成相应的评价指标体系。国际工程项目采购的绩效评价指标体系主要由三类指标组成，即货物采购总量指标、符合性指标、工作效率指标。这三类指标经科学组合基本上可以完整地反映国际工程项目货物采购活动绩效。建立指标体系的基本原则为科学性原则、全面性原则、系统性原则、客观性原则、协调性原则、相关性原则、可操作性原则、可比性原则和开放原则。

下面介绍三种主要绩效评价指标体系。

(1)关键业绩指标法(Key Process Indication，KPI)。

该指标法的基本思想是通过对组织内部流程的输入端、输出端的关键参数进行设置、取样、计算、分析，衡量流程绩效的目标式量化管理指标，是自上而下分解的关键绩效指标，即在对企业价值链进行分析的基础上，根据企业战略目标，针对每一个关键领域制定流程级 KPI，对每一个流程级 KPI 设计下一层 KPI，直至岗位 KPI，从而保证公司战略的层层分解和层层落实。该指标法应着重分析和构建指标之间的逻辑关系，并对指标进行属性测试，建立相应的指标辞典。

KPI 一般由财务、运营和组织三大类可量化的指标构成，并要求部门主管明确部门的主要责任，以此为基础，明确部门人员的业绩衡量指标，使业绩评价建立在量化基础之上。在确定关键绩效指标时，要遵循 SMART 原则，即具体化（specific）、可度量（measurable）、可实现（attainable）、相关性（relevent）以及时限性（time-bound）原则。

（2）平衡计分卡法（Balanced Score Card，BSC）。

该方法的基本思想是将企业战略目标逐层分解转化为各种具体的相互平衡的绩效考核指标，并对这些指标的实现状况进行不同时段的考核，从而为战略目标的实现建立可靠的执行基础。平衡记分卡包括维度、战略目标、绩效指标、目标值、行动方案和具体任务六个要素，并且把对企业业绩的评价划分为财务角度、客户、经营过程、学习与成长四个部分。平衡记分卡法反映了财务与非财务衡量方法之间的平衡、长期目标与短期目标之间的平衡、外部和内部的平衡、结果和过程的平衡、管理业绩和经营业绩的平衡等多个方面，所以能反映企业综合经营状况，使业绩评价趋于平衡和完善，利于企业的长期发展。

（3）目标管理法（Management by Objective，MBO）。

该方法指企业管理层根据企业面临的形势和社会需要，制定出一定时期内企业经营活动所要达到的总目标，然后层层落实，要求下属各部门主管人员以至每个员工根据上级制定的目标和保证措施，制定相应目标，从而形成统一的目标体系，并以目标完成情况作为考核的依据。目标管理法是根据注重结果的思想，先由企业最高管理层提出在一定时期的总目标，然后由组织内各部门和员工根据总目标确定各自的分目标，并在获得适当资源配置和授权的前提下，积极主动为各自的分目标而奋斗，从而使企业的总目标得以实现的一种管理模式。

采购绩效评价应以国际工程项目或承包商企业的战略目标为核心，以 BSC 基本思想为基础，吸收 KPI 和 MBO 的基本思想，将采购的投入与产出相结合，将采购过程与结果相结合，将采购现实业绩与承包商企业发展相结合，建立适合于国际工程项目采购的绩效评价体系，实现对货物采购绩效的全面综合评价。

3.5.2 采购部工作绩效评价

采购部工作绩效评价是对部门工作的绩效评价，既是项目绩效的重要组成部分，又是连接项目绩效和员工绩效的关键环节；既体现了项目目标分解的中间环节，又体现了部门员工的创造合力；既强调部门内部的合作与协同，又关注部门之间的协作与配合。对采购部绩效评价是对采购部的组织机构、采购作业体系与工作结果进行绩效评价。由于物资采购在国际工程项目中的地位特殊，在其他条件一定的情况下，采购部绩效水平越高，国际工程项目整体绩效水平也越高。

1.采购部工作效率评价

（1）采购计划过程评价。

这是评价采购预测、目标、策略、方案、程序、规则以及预算等计划的有效性，主要包括以下内容：

① 采购计划与总施工进度计划、成本控制计划、质量控制计划的符合性评价；

② 采购数量需求预测的准确性；

③ 采购手册的可执行性、系统性、完整性评价，包括对采购部的政策、职责、人员编制、作业程序、表单使用等均有详细的说明；

④ 针对可能出现的缺货以及价格波动、紧急采购等拟订的采购策略或方案评价；

⑤ 对采购部门人员与费用比例合理性评价，如采购预算的准确性等。

(2)采购流程执行过程评价。

这包括请购、询价、订购、交货、付款、验收等作业过程，具体包括以下内容：

① 在 DBB 承包模式下，采购标的物的送审样品是否做到一次性合格、由于工程变更所致货物采购的管理制度的执行情况、所有采购的提出是否均以请购单的方式提出、采购人员对请购单是否可以质疑或请求用料部门变更条件、购备时间是否满足物资采购周期的要求、是否经常发生紧急采购等；

② 采购部制定的供应商选择标准、方法、制度的合理性、客观性和科学性；

③ 对采购价格的审核程序、方法和制度，对报价最低的供应商未给予订单的理由说明情况，对供应商提供的价格优惠条件利用程度，重大施工设备采购或租赁决策分析，与供应商进行商务谈判时的准备工作内容等；

④ 交货进度与质量评价。

2.采购部工作结果评价

(1)采购总量指标。

采购总量指标主要用来评价采购部在一定时期内采购任务完成的总体情况，包括采购任务总量、采购资金节约量、采购费用等，即采购任务的完成与采购成本控制情况。

采购任务总量指项目实施期内采购部承担和完成的采购任务的总量，可以用采购任务量、采购任务完成率等指标来反映。采购任务完成率是指采购计划完成量占采购计划量的比例。

采购成本控制可从两个方面衡量，即采购资金节约情况和采购费用节约情况。具体指标如基于预算的采购成本节约率，即采购资金节约量占采购预算资金的比例。采购预算是估计价格，在国际工程项目采购过程中，由于供应市场变化、价格波动和时间等原因，在进行绩效评价时，预算资金与实际发生的采购成本失去了比较的基础、缺乏准确性或不符合实际。因此，可用供应商平均报价替代预算价格计算采购成本节约率，得到基于供应商报价的采购成本节约率。此外还有重要设备采购成本节约率，国际工程项目采购中，设备采购是项目的主要支出之一，因此可通过计算采购重要设备节约资金的金额占重要设备采购总额的比例得到重要设备采购成本节约率。

(2)采购符合性指标。

采购符合性指标主要用来评价实际采购的货物在数量、质量、进度等方面对国际工程项目需求的满足程度，具体如下：

① 数量符合性，指实际采购的货物在数量上能否满足工程需求量，用采购数量符合率来表示；

② 质量符合性，指实际采购的材料、设备能否满足工程项目对物资的类别、品种、规格型号等方面的需求，满足合同的技术规范要求，满足检验标准要求，满足调试、运营等要求，因此质量符合性分别由采购批次质量符合率、采购数量质量符合率、采购金额质量符合率等表示；

③ 技术性能符合性，指实际采购的货物在质量、性能、使用寿命、技术要求等方面满足工程需求的程度，可以用技术性能符合率来表示；

④ 采购进度符合性，指实际采购的材料、设备在时间上满足现场需求的程度，其指标同样可按采购批次、采购数量、采购金额等区分；

⑤ 库存绩效指标，对库存绩效的评价应该是库存管理成本最小，库存量持续满足施工生产要求，资金占用最低。

(3)采购效率指标。

① 采购管理：采购部的管理方式，包括采购人员纪律的执行情况、采购行政管理的完整性，如合同管理、权限规定、行为规范、供应商管理程序的完整性、采购策略的执行和有效性、报告程序、接口管理程序等。

② 采购程序和采购计划：指采购程序的有效性，对采购人员、供应商的工作指令的有效性等能否保证采购工作以最有效的方式进行。

③ 采购信息系统：采购信息的日常管理与维护。

④ 采购柔性指标：国际工程项目实施过程中会经常发生承包商无法控制的不确定性事件，面临与国内不同的采购环境以及环境变化，这就需要采购部的组织设置、工作程序、采购流程等均具有一定的柔性，以便能对外界变化做出迅速反应。采购柔性指标是评价采购活动对施工生产适应性程度，评价采购部对采购环境的变化和不确定性事件的响应能力、评价采购部的决策速度和灵活性。在采购过程中，采购部能否根据现场、供应市场、供应商、业主等发生的不确定事件进行分析，做出科学、准确的采购决策，合理实施采购活动是整个采购工作科学高效进行的前提和基础，是采购效率方面的首要指标。

3.5.3　采购工程师工作绩效评价

国际工程项目采购工程师和一般的行政管理、工程管理人员不同，对其绩效的评价不能简单地以工作能力、专业知识、工作量、合作等一般性的指标来考察，这样的考察也说明采购工程师的专业能力与取得成果未能得到应有的尊重与公正的评价。完善的绩效考核应达到的效果是：采购工程师为项目利益着想，为项目利益服务，没有为个人谋利的空间，同时采购工程师在其工作职责上，必须达到适时、适量、适质、适价及适地的基本要求。

对采购工程师工作绩效评估应根据国际工程项目的实际情况，制定符合项目目标要求的评价指标，如采购工程师为现场服务的质量和效率、与现场其他部门工作的配合程度、项目各部门对采购结果的满意程度、采购成本控制的实现程度、对项目目标的影响、对项目里程碑进度的影响等。这些指标可通过问卷调查的方式得到，其中有些指标是定性的，难以量化，但凡可以量化的指标应予以量化。

(1)采购质量指标。

采购质量绩效可由货物验收记录、咨询工程师对已完成区段工程的验收结果或对采购货物的抽样检验结果来判断。进货验收指标比率或订货差错率越高，说明采购人员的质量绩效越差，可能原因是未能找到合格的供应商。

(2)采购数量指标。

当采购工程师为达到降低价格的目的而争取数量折扣时，可能会导致由于现场存货过多，发生呆废料的情况，或未能按照施工计划采购足够数量而导致停工待料。具体指标如下：储存费用指标，指现有存储物资利息及保管费与正常存储水平利息及保管费之差；呆废料处理损失指标，指处理呆废料的收入与其采购成本的差额；停工待料延误工期，指施工机械、人员闲置带来的损失。

(3)采购时间指标。

该指标用来衡量采购工程师处理订单的效率，以及对于供应商交货时间的控制。延迟交货固然可能出现停工待料，但提早交货也可能导致承包商负担不必要的存货成本或提前付款的利息费用。具体指标有：紧急采购费用指标，即紧急运输方式(如空运)的费用与正常运输费用的差额；停工待料损失指标，应按工期停滞的实际天数计算此间施工机械、人员闲置的费用；由于物资采购数量不足而产生的紧急采购、零星采购的费用，以及可能发生的赶工费用。

(4)采购价格指标。

这是国际工程项目采购最重视、最常见的绩效衡量指标。该指标衡量采购人员的议价能力以及对降低工程成本的贡献，包括投标报价与实际采购价格的差额、预期价格与实际采购价格的差额、使用期价格与采购期价格的差额等。

3.5.4 供应商绩效评价

本节涉及的供应商有两类：一是材料、设备供应商；二是物流服务供应商。供应商绩效评价是指对现有供应商从报价开始直至其全部履行完合同职责为止时的全过程表现进行评价。建立供应商绩效评价体系，关系到工程材料、设备采购的质量和执行状况，是采购部门极为重要的日常工作。

1. 材料、设备供应商绩效评价

(1)评价步骤。

① 划分评价层次，对于国际工程物资供应商的绩效评价根据项目采购周期的长短以及频度进行划分。

② 对不同材料、设备供应商建立绩效评价指标和评分标准，对供应商进行分类，进一步建立评价细分准则。

③ 划分供应商绩效等级并进行绩效分析。

④ 根据供应商绩效表现，结合材料、设备采购的难易和复杂程度，建立供应商绩效矩阵，便于承包商根据供应商在矩阵中的位置调整采购策略。

⑤ 根据供应商矩阵分析结果，对于表现欠佳但又希望继续合作的供应商应尽快将评价结果反馈给供应商，督促其制定改善目标和措施；而对不符合要求的供应商应列入“黑名单”。

(2)评价指标。

在采购活动中，战略物资、重要物资和瓶颈物资采购的复杂程度高于一般物资，同时，在承包商的供应商关系管理中，一般将这类物资的供应商作为关系管理的重点。因此，在对供应商绩效进行评价时，应按照物资分类对不同类别物资的供应商制定不同的绩效评价指标。对于一般物资采购，可用简单标准对供应商进行评价。

① 质量指标。

a. 退货率。退货率＝供应商被退货批次/该供应商总交货次数×100％。

b. 材料抽检缺陷率。材料抽检缺陷率＝抽检缺陷总数/抽检样品总数×100％。

c. 材料生产使用缺陷率。材料生产使用缺陷率＝材料生产使用时发现缺陷数/供应商交货总数×100％。

② 交货指标。

供应商交货指标包括准时交货和交货数量的准确性。

a. 准时交货率。准时交货率＝准时交货次数/总交货次数×100％。

b. 数量准确率。数量准确率＝准确数量的总交货次数/总交货次数×100％。

c. 总供货满足率。总供货满足率＝供应期内实际完成供货量/期内应当完成供货总量×100％。

d. 交货差错率。交货差错率＝供应期内交货差错量/期内交货总量×100％。

e. 交货破损率。交货破损率＝供应期内交货破损量/期内交货总量×100％。

③ 售后服务指标。

国际工程项目售后服务指承包商采购的材料、设备在交付、使用过程中，供应商提供的检验、安装、调试、维护、操作、升级、技术支持或使用方法培训、运输及退货等方面的服务。其评价指标包括处理咨询问题的速度、售后服务满意度、供应商配合度、供应商信用度和发票准确性等。

④ 价格指标。

供应商报价竞争性的比较可通过报价时的市场价格、承包商招标底价或承包商从其他供应商处所获得的同类货物报价进行。

一般物资供应商绩效评价指标确定之后，根据物资、供应商的情况以及项目实施目标，对供应商供应绩效指标有必要权衡每一指标对项目的重要性程度，给予一定的权重。

2. 战略物资、重要物资和瓶颈物资供应商绩效评价

此类供应商的绩效评价主要包括资格、能力、质量、柔性、承诺、控制、成本、一致性等。

(1)资格。

资格指对供应商相关重要职员的资格考察，如供应商的管理人员、技术人员和专业人员等的资格等。

(2)能力。

能力指对供应商在技术、专业、生产、研发、设计和财务等方面满足承包商需求的能力,还包括供应商对设备的维修能力以及消除原材料涨价影响的成本控制能力。

(3)质量。

① 最佳性价比。一般是指满足采购要求的功能(目标成本)与所花费成本(实际成本)的比例。比值接近1,表明产品性能与价格是匹配的;比值小于1,说明产品在满足功能的条件下所耗成本相对较大,或在所耗成本相当的情况下,功能得不到满足;比值大于1,说明产品功能重要性较高,而所耗成本比例相对较小。

② 产品质量零缺陷。

③ 制造系统性能。供应商产品生产系统效率和品种的适应能力。

④ 产品平均等级。对于生产等级产品的供应商,产品等级构成的变化,反映产品质量的高低。

(4)柔性。

① 数量柔性,指承包商采购数量发生变化时供应商的适应能力,即增加和削减采购数量的调整能力。

② 交货柔性,指供应商对承包商交货时间变更的反应能力,体现了供应商满足承包商时间需求的速度。交货柔性可用交货期缩短时间占合同交货期长度的百分比,即交货期冗余度来衡量,或用缩短单位交货时间所需要增加的成本来衡量。

(5)承诺。

供应商履行自己口头或书面承诺的程度。

(6)控制。

评价供应商在整个合同履行期间内对合同标的的供应进度、质量的符合性控制。

(7)成本。

供应商供应成本评价指标不仅是价格,而且应是成本的综合指标,包括采购价格、运输成本、库存成本以及由于各种原因产生的供应损失成本。对于设备采购,供应损失成本还包括维修成本、设备调试不合格等产生的,包括索赔在内的全部费用。在对供应商成本绩效测量时,应甄别损失产生的原因,分清是由于供应商还是承包商的原因所致,比如供应商交货进度的偏差是否由于承包商采购计划的不合理或不科学所致。

(8)一致性。

测量供应商供货过程中各个方面之间,以及某一方面前后的一致性,如质量、数量、时间、成本、售后服务以及持续改进表现等。

(9)协调配合。

协调配合包括供应商对承包商文件的回复速度、回复响应性,双方协商问题时的诚意,工程或设计变更发生后供应商的反应速度,与承包商工作接口的可靠性等。这实际上反映了供应商的供应柔性。

(10)供应商等级评定。

供应商等级评定是在对供应商绩效评价基础上，根据国际工程项目目标实现程度，对供应商划分等级。下面是一项可供参考的一般物资供应商绩效考核表（表 3.9）和供应商等级评定表（表 3.10）。

表 3.9　一般物资供应商绩效考核表

供应商名称：			
指标	权重	测量标准	得分
质量指标	30%	以材料抽检缺陷率考核 材料抽检缺陷率＝抽检缺陷总数/抽检样品总数×100% 得分＝30×（1－材料抽检缺陷率）	
交货指标	30%	以准时交货率(20%)和交货数量准确率(10%)考核 准时交货率＝准时交货次数/总交货次数×100% 得分＝20 ×准时交货率 数量准确率＝准确数量的总交货次数/总交货次数×100% 得分＝10 ×数量准确率	
价格指标	20%	(1)根据现行市场价格、招标价等数据制定标准价，标准分为总权重 20% (2)每高于标准价 1%，扣 1%～2%；低于标准价，加 1%～2%	
售后服务指标	15%	售后服务完成情况与合同规定内容比较，定性评价给分	
供应商的配合度	5%	主观评价定性给分	

注：① 得分在 85～100 分者为 A 级，优秀供应商，可进入供应商档案，优先考虑；

② 得分在 70～84 为 B 级，合格供应商，可进入供应商档案；

③ 得分在 60～69 分者，应改进供应商，可暂停采购，或进入供应商另册档案；

④ 得分在 59 分及以下者，进入供应商"黑名单"。

表 3.10　供应商等级评定表

等级	含义	评价
A 级	优秀	供应商完全符合评价标准，在进度、成本、质量、技术服务等完全满足承包商期望要求
B 级	合格	满足承包商期望要求，评价中存在少量问题，改进措施有效
C 级	需改进	满足承包商期望要求，合同执行过程中存在一些问题，但改进措施有效
D 级	列入黑名单	明显不满足承包商期望要求，通过评价，存在严重问题，无有效纠正措施

3.物流服务供应商绩效评价

(1)评价指标。

对物流服务供应商绩效评价的指标,除服务价格、时间、交货等定量指标外,更多是定性评价,比如物流服务供应商能否依靠先进的信息技术为承包商提供无缝隙服务,或主动为承包商设计满足国际工程项目具体要求的物流服务等。绩效评价可考虑使用下列指标:

① 质量管理系统,指物流服务供应商用来评价、报告和改善其质量绩效的体系和工具,此指标用来明确物流服务供应商的质量管理程度;

② 准时交货率,评价物流服务供应商交付物流服务的准确性、及时性,即交付服务的日期和承包商服务订单需求日期的匹配程度,该指标从数量上反映物流服务供应商保证承包商所需材料、设备准时到达需求地的水平;

③ 订单履行准确率,评价物流服务供应商对服务订单的执行能力,即履行的订单全部良好的比例,包括准时、无破损、短缺等;

④ 交货完好率,承包商采购材料、设备在进行搬运、运输、存储、装卸的过程中,不可避免地会发生碰撞、挤压、变形等情况,从而导致货物的损坏,可用交货完好率来描述物流服务供应商作业时保障物资质量的能力;

⑤ 业务范围,评价物流服务供应商提供业务范围的广度;

⑥ 服务价格,评价物流服务供应商为所提供的物流服务而收取的费用,衡量物流服务供应商提供服务的价格水平;

⑦ 付款周期,承包商支付供应商的服务款项的时间周期;

⑧ 支付的灵活性,承包商在向供应商付款时的灵活性;

⑨ 服务订单响应时间,服务订单响应时间是指承包商发出订单时点与订货到达时点的间隔时间,它反映了物流服务供应商对服务需求的响应速度;

⑩ 交货柔性,该指标评价物流服务供应商应对需求变化的响应能力,如在发生紧急情况时,启动紧急预案或增加服务内容等;

⑪ 客户支持服务,评价物流服务供货商的客户支持服务水平,如提供全方位帮助及其可靠性;

⑫ 信息系统兼容性,评价物流服务供应商和承包商的信息系统之间的兼容性,良好的兼容性是提高工作效率和信息准确性的基本保证;

⑬ 实时数据传递,物流服务供应商为承包商提供数据的实时传递影响承包商对当前情况的分析;

⑭ 提供个性化服务的能力,即根据项目特点制定物流计划的能力。

(2)评价结果。

根据绩效评价结果,对不同物流服务供应商采取不同策略:

① 若物流服务供应商不仅很好地满足了承包商企业工程物流的需要,而且不断改进和完善服务过程中发现的质量问题,提高运作效率,并与承包商密切配合,则其成为承包商企业经

营中不可分割的组成部分，可考虑与之建立更长期的合作关系；

② 在合同条款合理的条件下，若供应商绩效未达到基本合同要求或评价指标，则合同期满后，或某一具体服务完成后，更换供应商；

③ 由于更换供应商的成本高、风险大，若合同要求过高，承包商应与供应商充分沟通，根据实际需要修订合同，以便在合同期内继续保持合作关系。

4 国际工程项目成本计划与控制

4.1 概　　述

从不同的角度分析工程项目成本计划，其含义也有所不同。从投资者的角度出发一般为投资或投资计划，从承包商的角度出发，习惯上称为成本或成本计划；各种对象广泛使用的概念为费用或费用计划。成本概念虽有不同的名称，但都是以工程价值上的消耗为依据的，实质上是统一的。无论从业主角度还是从承包商的角度，其计划和控制的原理和方法都是相同的。本章编写中采用成本和成本计划这一术语，但有时也会用到投资和费用等术语，以区别不同的对象和角度。

4.1.1 成本的含义

工程成本指的是施工单位在整个项目建设中所消耗的费用，包括人工费、材料费、机械费、工程间接费以及其他相关的费用。工程成本的大小与工程项目的收益息息相关，成本越高，企业的利润就越低。

(1)成本按生产费用和工程量关系可划分为固定成本、变动成本和混合成本。

① 固定成本。

固定成本是指在一定期间和一定的工程量范围内，其发生的成本不受工程量增减变动的影响而相对固定的成本。如管理人员的工资、办公费、固定资产折旧费等。固定成本不是固定不变的费用，所谓固定，指其总额而言，至于分配到每个项目单位工程量上的固定费则是变动的。

② 变动成本。

变动成本是指发生总额随着工程量的增减而成正比例变动的成本。如直接用于工程的材料费、实行计件工资制的人工费等。变动是就其总额而言的，分配到每个项目单位工程量上的变动费则是固定的。

③ 混合成本。

混合成本是指随工程量的增减而变化但不成正比例变化的成本。它介于固定成本和变动成本之间，同时兼有固定成本和变动成本的特性。

(2)成本按生产费用计入成本的方法不同可划分直接成本和间接成本。

① 直接成本。

直接成本是指直接消耗并能直接计入工程对象的费用。它包括人工费、材料费、施工机械使用费和措施费四个成本项目。

② 间接成本。

间接成本是指非直接用于也无法直接计入工程对象,但为进行工程施工所必须发生的费用,通常按照直接成本的比例进行计算。它包括规费和企业管理费两个成本项目。

(3)工程成本按成本发生的时间可划分为预算成本、计划成本和实际成本。

① 预算成本。

预算成本又称承包成本,指建筑企业与建设单位在施工合同中所确定的工程造价减去计划利润后的成本。它反映各地区建筑业的平均成本水平,是建筑企业组织施工、进行材料物资供应准备和经济核算的基础。

② 计划成本。

计划成本是根据工程的具体情况,考虑如果实现各项技术组织措施的经济效果所应达到的预期成本,也是建筑企业考虑降低成本措施后的成本计划数。它反映建筑企业在计划期内应达到的成本水平,是建筑企业成本控制的基础。

③ 实际成本。

实际成本是指在建筑安装工程施工中实际发生的费用总和。它是反映建筑企业经营活动效果的综合性指标。用实际成本与计划成本比较,可揭示成本的节约和超支情况,考核企业施工技术水平及技术组织措施的贯彻执行情况和企业的经营效果。实际成本与预算成本比较,则可以反映工程的盈亏情况。

这三个成本既有关联又有区别。其中预算成本指的是业主承诺在工程结束时付给施工单位的金额,即两者所约定的合同价。预算成本是依据施工单位认真核算施工期间所有活动需要花费的金额加上自己需要从施工过程中获得的收益确定的。它是施工单位在进行竞标时所制定的金额,是中标的基础。计划成本是在预算成本的基础上,牢记资源节约的原则,综合考虑项目施工全过程中所要花费的金额,如施工现场的实际自然环境、当地的社会风气、近年来的政策法规以及相关管理人员的专业水平等制定的成本计划。它是施工单位在施工过程中所要控制的成本,计划成本与预算成本的差额代表着企业的实际水平和管理能力。实际成本是施工单位在实际施工过程中所消耗的金额,是工程项目企业实际建设中的总投资,直接决定着企业能否盈利。实际成本与计划成本差额大小反映了企业实际成本管理水平的高低,与预算成本差额的大小反映企业利润的高低。实际成本相对于预算成本和计划成本,更能反映工程施工企业成本控制与施工水平的情况。

4.1.2 成本计划的过程

在项目全寿命周期中,成本计划经历了从项目目标设计、可行性研究、设计、施工、最终结算至实施的若干阶段，每个阶段都会产生成本计划。它们形成一个不断修改、补充、调整、控制和反馈的过程。成本计划工作与项目各阶段的其他管理工作融为一体，从总体上看，成本计划通常是经过确定项目总成本目标、成本目标逐层分解、项目单元成本估算，再由下至上逐层汇总，并进行对比分析的过程。

在项目目标设计阶段提出总投资目标。可行性研究对总投资目标进行进一步的分析论证，一般投资估算的精确度在项目建议书阶段为±30%，初步可行性研究阶段为±20%，详细可行性研究阶段为±10%。项目被批准立项后则该项目的计划总成本就已确定下来。这个成本对项目的功能、规模、使用性能、标准等起决定性作用。这一阶段的工作主要由业主负责，业主可自行组织项目部负责，也可委托咨询公司、设计单位具体完成。为了使投资估算真正起到控制作用，必须维护投资估算的严肃性。投资估算详见 4.2 节相关内容。

设计阶段的投资计划编制要在投资估算的基础上进行限额设计，不能突破投资估算所允许的精确范围，这是业主赋予设计单位的责任。设计部门按照批准的设计任务书及投资估算控制初步设计，按照批准的初步设计总概算控制施工图设计。在施工图设计阶段，工程项目结构分解可以对工作成本进行比较精确的计算，形成施工图阶段成本计划。设计阶段不能确定具体的实施方案，一般按照常规做法进行成本计算，所以施工图阶段的成本计划与后期承包商施工成本计划可能存在比较明显的差别。一旦施工图阶段的成本计划得到确认，工程项目的成本计划就相对固定下来了。

施工阶段业主一般通过招投标根据投标报价较低原则选择承包商及材料设备供应商，并根据投标报价签订合同。这时承包商或供应商的合同价就成为各自的成本责任，以此控制其内部成本，并分解落实形成内部的计划成本。目前在我国投标报价的编制方法一般采用定额单价法或实物法编制，国际工程中采用工程量清单及综合单价形成的工程量清单计价方法，也有采用定额估价法、作业估价法及匡算法编制。施工阶段通常是承包商控制成本的关键阶段，本章以施工阶段成本计划编制与控制为主介绍。

4.2 建设项目成本估算

4.2.1 建设项目总投资估算

社会的进步和发展总是与投资密切相连的，在人类所有的经济活动中，投资是最重要的活动之一。广义的投资是指一切为了将来的所得而事先垫付的资金及经济行为，狭义的投资是指为建造和购置固定资产、购买和储备流动资产而事先垫付的资金及其经济行为。工程经济学中所说的投资通常是指基本建设投资，属狭义的投资，它是指在工程建设活动过程中为实现预定的生产、经营目标而预先垫付的资金及其经济行为。

建设项目总投资是指为完成工程项目建设并达到使用要求或生产条件，在建设期内预计或实际投入的总费用。生产性建设项目总投资包含固定资产投资（含建设投资、固定资产投资方向调节税、资金筹措费)和流动资金两部分,而非生产性建设项目总投资则只包括固定资产投资(含建设投资、固定资产投资方向调节税、资金筹措费)。

建设项目总投资费用内容和费用标准随社会的发展和收费政策的变化而变化,其内容构成较为繁杂。我国现阶段建设项目总投资费用构成如表 4.1 所示。

表 4.1 建设项目总投资费用构成

<table>
<tr><th colspan="5">费用名称及组成主要内容</th></tr>
<tr><td rowspan="9">建设项目
总投资</td><td rowspan="8">固定资产
投资</td><td rowspan="6">建设投资</td><td rowspan="2">工程费</td><td>建筑安装工程费</td></tr>
<tr><td>设备、工器具及生产家具购置费</td></tr>
<tr><td rowspan="3">工程建设
其他费</td><td>与土地使用有关的费用</td></tr>
<tr><td>与工程建设有关的其他费用</td></tr>
<tr><td>与未来企业生产经营有关的其他费用</td></tr>
<tr><td>预备费</td><td>基本预备费
涨价预备费</td></tr>
<tr><td colspan="2">固定资产投资方向调节税</td><td>2000 年 1 月 1 日暂停征收</td></tr>
<tr><td colspan="2">资金筹措费</td><td>—</td></tr>
<tr><td colspan="3">流动资产投资——流动资金</td><td>用于购买原材料、燃料、动力,支付职工工资和其他有关费用</td></tr>
</table>

固定资产投资包含建设投资、固定资产投资方向调节税、资金筹措费,其中建设投资由工程费、工程建设其他费和预备费三部分组成。建设投资估算的方法很多,采用哪种方法取决于要求达到的精确度,而投资精确度又是由投资项目研究和设计所处的不同阶段及数据资料的可靠性决定的。建设投资常用的估算方法有指标估算法、生产能力指数法、资会周转率法、系数估算法、比例估算法等。

指标估算方法是根据拟建投资项目的初步设计和相关资料,按单项工程和费用测算投资,最后汇总估算项目建设投资总额的一种方法,主要依据建筑安装工程定额指标、取费标准、设备材料价格以及国家有关规定等资料进行建设投资额估算。

1. 工程费

工程费是指设计范围内的建筑安装工程费和设备及工器具购置费等组成工程造价的直接费用。

(1)建筑安装工程费。

建筑安装工程费是指各类房屋建筑、一般建筑安装工程、室内外装饰装修、各类设备基础、室外构筑物、道路、绿化、铁路专用线、码头、围护等产生的工程费。一般建筑安装工程是指建筑物(构筑物)附属的室内供水、供热、卫生、电气、燃气、通风孔、弱电设备的管道安装及线路敷设工程。

建筑安装工程费包括专业设备安装工程费和管线安装工程费。专业设备安装工程费是指在主要生产、辅助生产、公用等单项工程中需安装的工艺、电气、自动控制、运输、供热、制冷等设备、装置及各种工艺管道安装及衬里、防腐、保温等工程费。管线安装工程费是指供电、通信、自控等管线安装工程费。

建筑安装工程费估算一般可采用以下 3 种方法。

① 单位建筑工程投资估算法，是以单位建筑工程量投资乘以建筑工程总量来估算建筑工程投资费用的方法。

② 单位实物工程量投资估算法，是以单位实物工程量的投资乘以实物工程总量来计算建筑工程投资费用的方法。

③ 概算指标投资估算法。在估算建筑工程费时，对于没有上述估算指标，或者建筑工程费占建设投资比例较大的项目，可采用概算指标估算法。

建筑安装工程费通常按行业有关安装工程定额、取费标准和指标估算投资。具体计算可按安装费率、每吨设备安装费或者每单位安装实物工程量的费用估算，即

$$\text{建筑安装工程费} = \text{设备原价} \times \text{安装费率} \tag{4.1}$$

或

$$\text{建筑安装工程费} = \text{设备吨位} \times \text{每吨设备安装费} \tag{4.2}$$

或

$$\text{建筑安装工程费} = \text{安装工程实物量} \times \text{每单位安装实物工程量费用指标} \tag{4.3}$$

(2)设备、工器具费用构成与计算。

设备购置费是指为工程建设项目购置或自制的达到固定资产设备标准的设备、工器具的费用。新建项目和扩建项目的新建车间购置或自制的全部设备、工器具，不论是否达到固定资产标准，均计入设备、工器具购置费用中。设备购置费由设备原价与设备运杂费组成。设备原价是指国产标准设备、国产非标准设备、进口设备的原价。设备运杂费是指除设备原价之外的关于设备采购、运输、途中包装及仓库保管等方面支出的费用。如果设备是由设备成套公司供应的，成套公司的服务费也应计入设备运杂费之中。

① 国产设备原价。

国产标准设备原价是指设备制造厂的交货价，即出厂价，或设备成套供应公司的订货合同价。它一般根据生产厂或供应商的询价、报价或合同价确定，或采用一定的方法计算确定。

② 进口设备原价。

进口设备有内陆交货价、目的地交货价和装运港交货价三种交货方式。其中，装运港交货方式是我国进口设备采用较多的一种方式，它有三种交货价：装运港船上交货价(FOB，习惯称为离岸价)；运费在内价(C&F)；运费、保险费在内价(CIF，习惯称到岸价)。

$$\begin{aligned}\text{进口设备原价} = {} & \text{货价(FOB)} + \text{国际运费} + \text{运输保险费} + \text{银行财务费} + \text{外贸手续费} + \text{关税} \\ & + \text{增值税} + \text{消费税} + \text{海关监管手续费} + \text{车辆购置税}\end{aligned} \tag{4.4}$$

③ 设备运杂费。

设备运杂费由运费和装卸费、包装费、设备供销部门的手续费、采购与仓库保管费等构成。

设备运杂费的计算公式为

$$设备运杂费=设备原价\times设备运杂费率 \tag{4.5}$$

其中,设备运杂费率按有关规定计取。

④ 工器具及生产家具购置费。

工器具及生产家具购置费是指新建项目初步设计规定所必须购置的不够固定资产的设备、仪器、工卡模具、器具、生产家具和备品备件等的费用,其一般计算公式为

$$工器具及生产家具购置费=设备购置费\times定额费率 \tag{4.6}$$

2.工程建设其他费用

工程建设其他费用是指上述费用以外的,根据设计文件要求和国家有关规定应在工程建设投资中支付的并列入建设项目总概算或单项工程综合概(预)算的一些费用。它的特点是不属于建设项目中的任何一个工程项目,而是属于建设项目范围内的工程费用。工程建设其他费用一般由下列内容组成。

(1)与土地使用有关的费用。

土地使用费是指建设项目通过土地使用权出让或划拨方式取得土地使用权,所需土地使用权出让金及土地征用及拆迁补偿费。

土地使用权出让金是指建设项目通过土地使用权出让方式取得有限期的土地使用权,依照《中华人民共和国城市房地产管理法》《中华人民共和国土地管理法》等法规的规定,支付的土地使用权出让金。

土地征用及拆迁补偿费是指建设项目通过划拨方式取得无限期的土地使用权,依照《中华人民共和国土地管理法》等规定所支付的费用,包括土地补偿费、征用耕地安置补助费、征地动迁费、水利水电工程库区淹没处理补偿费。

土地使用费的计算应根据授权单位批准的建设用地、临时用地面积,按国家、省、自治区、直辖市人民政府制定颁发的各项补偿费、安置补助费标准计算。大中型水利水电工程建设移民安置办法,按有关规定执行。此项费用除预备费外,不作其他费用计取的基础。

(2)与工程建设有关的其他费用。

① 建设单位管理费。

建设单位管理费是指建设项目从项目筹建之日起至办理竣工财务决算之日止发生的管理性质的支出。内容包括:不在原单位发工资的工作人员工资及相关费用、办公费、办公场地租用费、差旅交通费、劳动保护费、工具用具使用费、固定资产使用费、招募生产工人费、技术图书资料费(含软件)、业务招待费、竣工验收费和其他管理性质开支。实行代建制管理的项目,计列代建管理费等同建设单位管理费,不得同时计列建设单位管理费。委托第三方行使部分管理职能的,其技术服务费列入技术服务费项目。

建设单位管理费按照单项工程费之和(包括设备、工器具购置费和建筑安装工程费用)乘以建设单位管理费费率计算。

② 研究试验费。

它指为本建设项目提供或验证设计数据、资料进行必要的研究试验，按照设计规定在施工过程中必须进行试验所需的费用，以及支付科技成果、先进技术和一次性技术转让费。它不包括：应由科技三项费用（即新产品试制费、中间试验费和重要科学研究补助费）开支的项目，应由其他直接费开支的施工企业对建筑材料、构件和建筑物进行一般鉴定、检查所发生的费用及技术革新的研究试验费，应由勘察设计费、勘察设计单位的事业费或工程建设投资中开支的项目。该项费用按照设计单位根据本工程项目的需要提出的研究试验内容和要求计算。

③ 勘察设计费。

勘察设计费是指委托勘察设计单位进行勘察设计时，按规定应支付的工程勘察设计费，为本建设项目进行可行性研究而支付的费用，以及在规定范围内由建设单位自行勘察、设计工作所需的费用。勘察设计费按国家计划委员会颁发的工程勘察设计收费标准和有关规定计算。

④ 场地准备及临时设施费。

场地准备及临时设施费是指建设场地准备费和建设单位临时设施费。场地准备费是指建设工程项目为达到工程开工条件所发生的场地平整和对建设场地遗留的有碍于施工建设的设施进行拆除清理的费用。临时设施费是指为满足施工建设需要而供到场地界区的，未列入工程费用的临时水、电、路、信、气等其他工程费用和建设单位的现场临时建（构）筑物的搭设、维修、拆除、摊销或建设期间租赁费用，以及施工期间专用公路或桥梁的加固、养护、维修等费用。此项费用不包括已列入建筑安装工程费用中的施工单位临时设施费用。

场地准备及临时设施应尽量与永久性工程统一考虑。建设场地的大型土石方工程应计入工程费用中的总图运输费用中。新建项目的场地准备费和临时设施费应根据实际工程量估算，或按工程费用的比例计算。改扩建项目一般只计拆除清理费。发生拆除清理费时可按新建同类工程造价或主材费、设备费的比例计算。凡产生可回收材料的拆除工程采用以料抵工方式冲抵拆除清理费。

⑤ 市政公用配套设施费。

市政公用配套设施费是指使用市政公用设施的工程项目，按照项目所在地政府有关规定建设或缴纳的市政公用设施建设配套费用。

⑥ 特殊设备安全监督检验费。

特殊设备安全监督检验费是指在施工现场组装的锅炉及压力容器、压力管道、消防设备、燃气设备、电梯等特殊设备和设施，由安全监察部门按照有关安全监察条例和实施细则以及设计技术要求进行安全检验，应由建设工程项目支付的，向安全监察部门缴纳的费用。

特殊设备安全监督检验费按照建设工程项目所在省（市、自治区）安全监察部门的规定标准计算。无具体规定的，在编制投资估算和概算时可按受检设备现场安装费的比例估算。

⑦ 引进技术和进口设备其他费用。

引进技术和进口设备其他费用是指本建设项目因引进技术和进口设备而发生的相关费用，主要包括以下费用。

a. 出国人员费用：指为引进技术和进口设备派出人员在国外培训和进行设计联系，以及材料、设备检验等的差旅费、服装费、生活费等，一般按照设计规定的出国培训和工作的人数、时间、派往的国家，按财政部和外交部规定的临时出国人员费用开支标准进行计算。

b. 国外工程技术人员来华费用：指为引进国外技术和安装进口设备等聘用国外工程技术人员进行技术指导工作所发生的技术服务费、工资、生活补贴、差旅费、住宿费、招待费等，一般按照签订合同所规定的人数、期限和有关标准进行计算。

c. 技术引进费：指引进国外先进技术而支付的专利费、专有技术费、国外设计及技术资料费等，一般按照合同规定的价格计算。

d. 担保费：指国内金融机构为买方出具保函的担保费，一般按照有关金融机构规定的担保费率进行计算。

e. 分期或延期付款利息：指利用出口信贷引进技术或进口设备采取分期或延期付款的办法所支付的利息。

f. 进口设备检验鉴定费：指进口设备按规定必须缴纳的商品检验部门的进口设备检验鉴定费，一般按照进口设备货价的百分比计算。

g. 工程监理费：指委托工程监理单位对工程实施监理工作所需的费用。按国家物价局、建设部《关于发布工程建设监理费用有关规定的通知》等文件的规定计算。

h. 工程保险费：指建设项目在建设期间根据需要实施工程保险所需的费用，包括工程一切险、施工机械险、第三者责任险、机动车辆保险、人身意外险等。根据不同的工程类别，分别以建筑、安装工程费乘以建筑、安装工程保险费率计算。

i. 专利及专有技术使用费：专利及专有技术使用费内容包括国外设计及技术资料费，引进有效专利、专有技术使用费和技术保密费；国内有效专利、专有技术使用费；商标权、商誉和特许经营权费等。

建设投资中只估算需在建设期支付的专利及专有技术使用费。在专利及专有技术使用费计算时应注意：按专利使用许可协议和专有技术使用合同的规定计列；专有技术的界定应以省、部级鉴定批准为依据；协议或合同规定在生产期支付的使用费应在生产成本中核算；一次性支付的商标权、商誉及特许经营权费按协议或合同规定计列，协议或合同规定在生产期支付的商标权或特许经营权费应在生产成本中核算；为项目配套的专用设施投资，包括专用铁路线、专用公路、专用通信设施、送变电站、地下管道、专用码头等，如由项目建设单位负责投资但产权不归属本单位的，应作无形资产处理。

(3)与未来企业生产经营有关的其他费用。

① 联合试运转费。

联合试运转费指新建项目或新增加生产能力的工程在竣工验收前，按照设计文件所规定的工程质量标准和技术要求，进行整个生产线或装置的负荷联合试运转或局部联动试车所发生的费用净支出。当试运转有收入时，则计列收入与支出相抵后的亏损部分。试运转费用包括以下内容：试运转所需的原料、燃料、油料和动力的消耗费用，机械使用费用，低值易耗品及其他物品的费用，施工单位参加联合试运转人员的工资以及专家指导费等。试运转费用不包括应由设备安装费用开支的试车调试费用，以及在试运转中暴露出来的因施工原因或设备缺陷等发生的处理费用。试运转收入包括试运转产品销售和其他收入。不发生试运转费的工程或者试运转收入和支出相抵销的工程，不列此费用项目。

② 生产准备费。

生产准备费是指新建企业或新增生产能力的企业，为保证竣工交付使用进行必要的生产准备所发生的费用，具体费用如下。

a. 生产人员培训费，包括自行培训、委托其他单位培训的人员的工资、工资性补贴、职工福利费、差旅交通费、学习资料费、学习费、劳动保护费等。

b. 生产单位提前进场参加施工、设备安装、调试等以及熟悉工艺流程及设备性能等人员的工资、工资性补贴、职工福利费、差旅交通费、劳动保护费等。

生产准备费一般根据需要培训和提前进场人员的人数及培训时间按生产准备费指标进行估算。

③ 办公和生活家具购置费。

办公和生活家具购置费是指为保证新建、改建、扩建项目初期正常生产、使用和管理所必须购置的办公和生活家具、用具的费用。改建、扩建项目所需的办公和生活用具购置费，应低于新建项目。其范围包括办公室、会议室、资料档案室、阅览室、文娱室、食堂、浴室、理发室和单身宿舍等。这项费用按照设计定员人数乘以综合指标计算。

3. 预备费

预备费又称不可预见费，我国现行规定的预备费包括基本预备费和涨价预备费。

(1)基本预备费。

基本预备费是指初步设计概算内难以预料的工程费用。其内容包括：在批准的初步设计范围内，技术设计、施工图设计以及施工过程中所增加的工程产生的相应费用；设计变更、局部地基处理等增加的费用；一般自然灾害造成的损失和为了预防自然灾害所采取措施的产生费用；竣工验收时为鉴定工程质量对隐蔽工程进行必要的破损检测或挖掘的费用和修复费用。办理了工程保险的项目，基本预备费可适当降低。

$$\text{基本预备费}=(\text{工程费}+\text{工程建设其他费})\times\text{基本预备费费率} \tag{4.7}$$

(2)涨价预备费。

涨价预备费，是指建设项目在建设期间，对由于各种资源价格等变化引起工程造价变化的预测预留费用。其内容包括人工、设备、材料、施工机械价差，建筑安装工程量、工程建设其他费用调整，利率、汇率调整等增加的费用。

① 复利法。

涨价预备费的测算，一般根据国家规定的投资综合价格指数，依估算年份价格水平的投资额为基数，采用复利方法计算。计算公式为

$$PF=\sum_{t=1}^{n} I_t\left[(1+f)^m(1+f)^{0.5}(1+f)^{t-1}-1\right] \tag{4.8}$$

式中，PF——涨价预备费；

n——建设期年份数；

I_t——建设期中第 t 年的投资计划额，包括工程费用、工程建设其他费用及基本预备费，即第 t 年的静态投资；

f——年均投资价格上涨率；

m——建设前期年限(从编制估算到开工建设，单位：年)。

② 生产能力指数法。

该法根据性质类似的已建成建设项目或生产装置的投资额和生产能力、拟建项目或生产装置的能力估算拟建项目的投资额。计算公式为

$$I_2=I_1\left(\frac{C_2}{C_1}\right)^n f \tag{4.9}$$

式中，I_1，I_2——分别为已建项目和拟建工程或生产装置的投资额；

C_1，C_2——分别为已建和拟建工程或生产装置的生产能力；

n——生产能力指数，根据不同类型企业的统计资料确定：采用增加相同设备(装置)容量扩大生产规模时，n 取 0.6～0.7；采用增加相同设备(装置)数量扩大生产规模时，n 取 0.8～1.0；高温高压的工业生产项目，n 取 0.3～0.5。

f——不同时期、不同地点的定额和单价费用变更等的调整系数。

采用这种方法，计算简单、速度快，但要求类似工程的资料可靠，条件基本相同，否则误差就会加大。

③ 资金周转率法。

这是一种用资金周转率来推测投资的简便方法。其公式为

$$I=\frac{QP}{t_r} \tag{4.10}$$

式中，I——拟建项目投资额；

Q——产品的年产量；

P——产品的单价；

t_r——资金周转率，t_r＝年销售总额/总投资＝(产品的年产量×产品单价)/总投资。

拟建项目的资金周转率可以根据已建相似项目的有关数据进行估计，然后再根据拟建项目的预计产品的年产量单价，估算拟建项目的投资额。这种方法比较简便，计算速度快，但精度较低，可用于第一阶段的估算。

④ 朗格系数法。

朗格系数法是以设备费用为基础，乘以适当的系数来估算建设项目的费用的方法，公式为

$$I=E\left(1+\sum K_i\right)K_n \tag{4.11}$$

式中，I——拟建项目的总投资；

E——拟建项目的主要设备费用；

K_i——管线、仪表、建筑物等工程费用的估算系数；

K_n——包括管理费、合同费、应急费等间接费在内的总估算系数。

总建设费用 I 与主要设备费用 E 之比称为朗格系数 K_L，即

$$K_L = (1 + \sum K_i) K_n \tag{4.12}$$

此法比较简单，但没有考虑设备规格及材质的差异，不同地区自然条件和经济条件的差异等，所以精确度不高，估算误差在10%～15%。

⑤ 设备系数法。

以拟建项目的设备费为基数，根据已建成的同类项目的建筑安装费和其他工程费等占设备价值的百分比，求出拟建项目建筑安装工程费和其他工程费，进而求出建设项目总投资。其计算公式如下

$$C = E(1 + f_1 p_1 + f_2 p_2 + f_3 p_3 + \cdots) + I \tag{4.13}$$

式中，C——拟建项目投资额；

E——拟建项目设备费；

$p_1, p_2, p_3, \cdots$——已建项目中建筑安装费及其他工程费等占设备费的比重；

$f_1, f_2, f_3, \cdots$——由于时间因素引起的定额、价格、费用标准等变化的综合调整系数；

I——拟建项目的其他费用。

⑥ 比例估算法。

以拟建项目中投资比重较大，并与生产能力直接相关的工艺设备投资为基数，根据已建同类项目的有关统计资料，计算出拟建项目各专业工程（总图、土建、采暖、给排水、管道、电气、自控等）占工艺设备投资的百分比，求出拟建项目各专业投资，然后加和即为项目总投资。其计算公式为

$$C = E(1 + f_1 p_1 + f_2 p_2 + f_3 p_3 + \cdots) + I \tag{4.14}$$

式中，$p_1, p_2, p_3, \cdots$——已建项目中各专业工程费用占设备费的比重；其他符号同前。

4.固定资产投资方向调节税

为贯彻国家产业政策，控制投资规模，引导投资方向，调整投资结构，加强重点建设，促进国民经济持续稳定协调发展，对在我国境内进行固定资产投资的单位和个人（不含中外合资经营企业、中外合作经营企业和外商独资企业）征收固定资产投资方向调节税（简称投资方向调节税）。

投资方向调节税以固定资产投资项目实际完成投资额（包括设备及工器具购置费、建筑安装工程费、工程建设其他费用及预备费）为计税依据。但更新改造项目是以建筑工程实际完成的投资额为计税依据。根据国家产业政策和项目经济规模实行差别税率，税率分为0、5%、10%、15%、30%五个档次。差别税率按两大类设计：一类是基本建设项目投资；另一类是更新改造项目投资。前者设计了0、5%、15%、30%四档税率；后者设计了0、10%两档税率。对于国家亟须发展的基础产业和薄弱环节的部门项目投资，适用零税率；对国家鼓励发展，但受能

源、交通等制约的项目投资，实行5%的税率；对城乡个人修建、购买住宅的投资实行零税率；对单位修建、购买一般性住宅投资，实行5%的低税率；对单位用公款修建、购买高标准独门独院、别墅式住宅投资，实行30%的高税率；对楼、堂、馆、所以及国家严格限制发展的项目投资，课以重税，税率为30%；对不属以上的其他项目投资，实行中等税负政策，税率为15%。对于更新改造项目、亟须发展的项目、对单纯工艺改造和设备更新的项目投资，适用零税率；对不属于上述内容的更新改造项目投资，一律按建筑工程投资，适用10%的税率。

固定资产投资方向调节税于2000年暂停征收，目前国际税率为0。但税法里只是暂停征收，并没有废除，所以建议读者也要了解掌握。

4.2.2 资金筹措费估算

资金筹措费包括各类借款利息、债券利息、贷款评估费、国外借款手续费及承诺费、汇兑损益、债券发行费及其他债务利息支出或融资费用。自有资金额度应符合国家或行业有关规定，其他方式资金筹措费用按照发生额度或相关规定计算。

建设期利息包括向国内银行和其他非银行金融机构贷款、出口信贷、外国政府贷款、国际商业银行贷款以及在境内外发行的债券等在建设期间内应偿还的借款利息。国外贷款利息的计算，还应包括国外贷款银行根据贷款协议向贷款方以年利率的方式收取的手续费、管理费、承诺费，以及国内代理机构经国家主管部门批准的以年利率的方式向贷款单位收取的转贷费、担保费、管理费等。建设期利息实行复利计算。当总贷款是分年均衡发放时，建设期利息的计算可按当年借款在年中支用考虑，即当年借款按半年计息，上年借款按全年计息。每年的建设期利息计算公式为

$$q_j=\left(P_{j-1}+\frac{1}{2}A_j\right)i \tag{4.15}$$

式中，q_j——建设期第 j 年应计利息；

P_{j-1}——建设期第$(j-1)$年末借款累计金额与利息累计金额之和；

A_j——建设期第 j 年借款金额；

i——年利率。

4.3 项目成本计划编制

4.3.1 成本计划的内容

成本计划是以货币形式综合反映企业在计划内的成本水平和成本降低程度的计划，是企业施工技术财务计划的组成部分。编制成本计划就是确定计划期的计划成本，它是成本管理的重要环节。

建筑企业成本计划包括工程成本计划、产品成本计划、作业成本计划、企业管理费用计划。

(1)工程成本计划,综合反映企业及其所属施工项目部在计划期内按成本项目及主要单位工程划分的预算成本、计划成本、计划降低额、计划降低率和降低成本措施计划。

(2)产品成本计划,综合反映企业所属工业企业在计划期内按成本项目划分的产品预算成本、计划成本、计划降低额和计划降低率,以及主要产品单位成本及总成本的降低情况。

(3)作业成本计划,综合反映企业及附属机械作业及运输单位在计划期,按成本项目及作业项目划分的预算成本、计划成本、计划降低额及计划降低率。

(4)企业管理费用计划,反映企业管理费用的收入和支出计划,并附企业管理费用归口管理及开支标准表。

4.3.2 成本计划的编制准则

成本计划的编制准则如下。

(1)制定合理的降低成本目标,即按企业工程任务的实际情况制定出企业和工程的降低成本目标。

(2)挖掘企业内部潜力,采用积极可靠的方式降低成本。

(3)针对工程任务,采用先进可行的技术组织措施以达到降低成本的目的。

(4)从改善生产经营管理着手,降低各项管理费用。

(5)参照上期实际完成的情况编制本期成本计划,使计划具有连续性。

4.3.3 成本计划编制的步骤

成本计划的编制建立在成本预测和一定资料的基础之上。编制成本计划的具体方法随项目不同而不完全相同,但通常可分为以下几个阶段。

(1)收集、整理、分析资料,作为编制成本计划的依据。资料主要包括以下内容。

① 上年度成本计划完成情况及历史最好水平的资料(产量、成本、利润)。

② 企业的经营计划和计划期的生产计划、劳动工资计划、材料供应计划及技术组织措施计划等。

③ 上级主管部门下达的降低成本指标和要求。

④ 施工定额及其他有关的各项技术经济定额。

⑤ 施工图纸、施工图预算和施工组织设计。

(2)确定目标成本及目标成本降低率(额)。目标成本是指在对有关资料进行分析、预测,以及对项目可用资源(劳动力、材料、机械设备等)进行优化的基础上,经过努力可以实现的成本。确定目标成本是成本计划的核心,是成本管理所要达到的目的。

(3)进行成本指标的试算平衡。为了使初步制定的目标成本和目标成本降低率(额)能落到实处,必须进行反复的试算平衡,测算它们的经济效果,看其能否达到目标成本的要求。

(4)编制成本计划经过成本预测和成本指标试算平衡，结合企业的经营要求，就可以正式编制企业的成本计划。成本计划的最终表现形式为成本计划表，它通常包括责任成本计划表、降低成本措施表、降低成本计划表和成本计划分解表。

(5)成本计划的风险分析，就是对在本项目中可能影响目标实现的诸因素进行事先分析，分析其影响程度和确定消除其影响的对策。风险分析的目的是保证成本目标的顺利实现。在工程量清单计价方式下，由于承包合同价格事先确定，承包商项目成本管理的重点成为在既定收入的前提下控制成本支出，并通过加强成本的目标控制将工程量清单计价方式带来的风险降到最低，使收益最大化。

4.4　项目成本控制与优化

4.4.1　成本控制的含义和内容

成本控制是指为实现工程项目的成本目标，在工程项目成本形成的过程中，对所消耗的人力资源、物质资源和费用开支进行指导、监督、调节和限制，及时纠正即将发生和已经发生的偏差，把各项费用控制在规定的范围内。成本控制是降低产品成本的主要手段，是加强成本核算、提高经济效益的前提，是成本管理最核心的部分。

企业成本控制的基本制度是分级分口的成本控制责任制。分级分口成本控制是以公司为主体，把公司、分公司、项目部承包队、班组的成本控制结合起来，以财务部门为主，把生产、技术、劳动、物资、机械设备、质量等部门的成本控制结合起来。

分级控制是从纵的方面把成本计划指标按所属范围逐级分解到班组乃至个人；分口控制是从横的方面把成本计划指标按性质分解到各职能科室(组)，每个科室(组)又将指标分解到职能人员。

实行成本计划指标的分级分口管理，使企业的各级生产组织、各个职能部门以至每个职工都能明确自己在成本管理中应承担的责任，这样就形成全企业的成本控制网。

实行成本控制还要建立成本记录和报告制度以及成本指标考核制度。

根据 FIDIC 施工合同中涉及的成本控制内容，梳理出 FIDIC 施工合同条件下合同价款控制流程图如图 4.1 所示。

4.4.2　工程预付款

工程预付款是建设工程施工合同订立后由发包人按照合同约定，在正式开工前预先支付给承包人的工程款。它是施工准备和所需要材料、结构件等流动资金的主要来源，国内习惯上又称为预付备料款。工程预付款的具体事宜由发包方、承包方双方根据建设行政主管部门的规定，结合工程款、建设工期和包工包料情况在合同中约定。《建设工程施工合同(示范文本)》

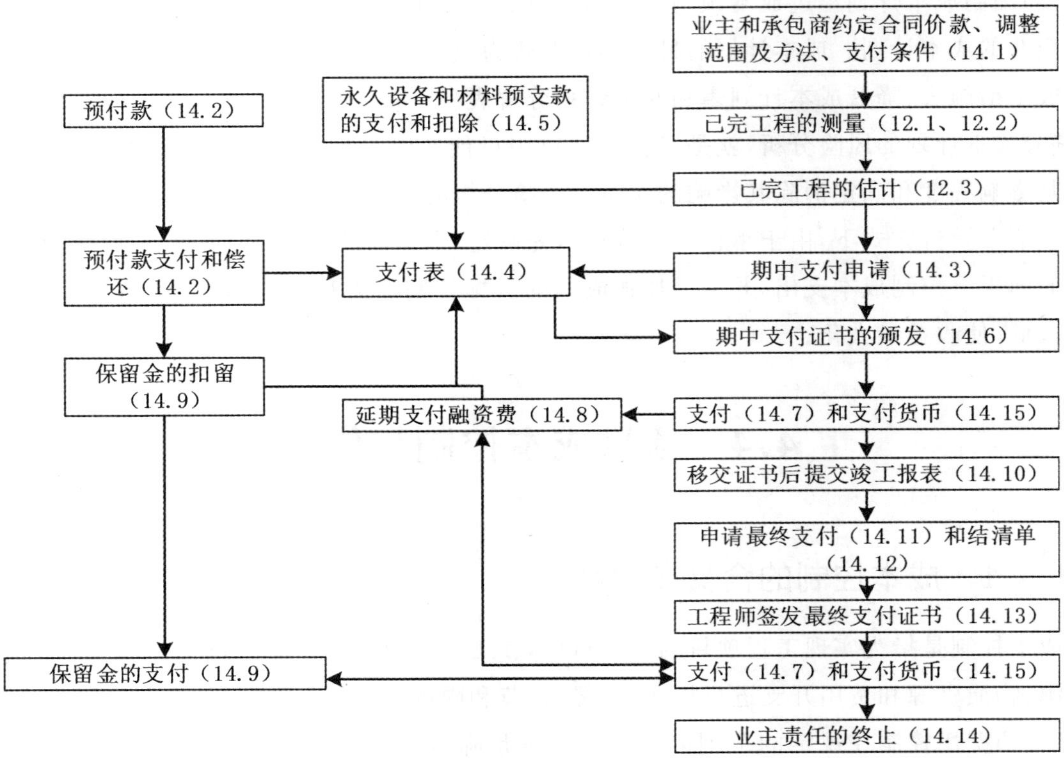

图 4.1　FIDIC 施工合同条件下合同价款控制流程图

中，有关工程预付款作了如下约定："实行工程预付款的，双方应当在专用条款内约定发包人向承包人预付工程款的时间和数额，开工后按约定的时间和比例逐次扣回。预付时间应不迟于约定的开工日期前 7 天。发包人不按约定预付，承包人在约定预付时间 7 天后向发包人发出要求预付的通知，发包人收到通知后仍不能按要求预付，承包人可在发出通知后 7 天停止施工，发包人应从约定应付之日起向承包人支付应付款的贷款利息，并承担违约责任。"

工程预付款额度，各地区、各部门的规定不完全相同，主要是保证施工所需材料和构件的正常储备。一般是根据施工工期、建安工作量、主要材料和构件费用占建安工作量的比例以及材料储备周期等因素经测算来确定。

(1)在合同条件中约定。发包人根据工程的特点、工期长短、市场行情、供求规律等因素，招标时在合同条件中约定工程预付款的百分比。

(2)公式计算法。公式计算法是根据主要材料(含结构件等)占年度承包工程总价的比例、材料储备定额天数和年度施工天数等因素，通过公式计算预付备料款额度的一种方法。其计算公式

$$工程预付款数额 = \frac{工程总价 \times 材料比例(\%)}{年度施工天数} \times 材料储备定额天数 \tag{4.16}$$

$$工程预付款比率 = \frac{工程预付款数额}{工程总价} \times 100\% \tag{4.17}$$

式中:年度施工天数按 365 天日历天计算;材料储备定额天数由当地材料供应的在途天数、加工天数、整理天数、供应间隔天数、保险天数等因素决定。

发包人支付给承包人的工程预付款性质是预支。随着工程进度的推进,拨付的工程进度款数额不断增加,工程所需主要材料、构件的用量逐渐减少,原已支付的预付款应以抵扣的方式陆续扣回。扣款的方法如下。

① 由发包人和承包人通过洽商用合同的形式予以确定,采用等比率或等额扣款的方式。也可针对工程实际情况具体处理,如有些工程工期较短、造价较低,就无须分期扣还;有些工期较长,如跨年度工程,其备料款的占用时间很长,根据需要可以少扣或不扣。

② 未施工工程所需的主要材料及构件的价值相当于工程预付款数额时扣起,从每次中间结算工程价款中,按材料及构件比重扣抵工程价款,至竣工之前全部扣清。因此确定起扣点是工程预付款起扣的关键。确定工程预付款起扣点的依据:未完施工工程所需主要材料和构件的费用,等于工程预付款的数额。

工程预付款起扣点可按下式计算:

$$T = P - M/N \tag{4.18}$$

式中,T——起扣点,即工程预付款开始扣回的累计完成工程金额;

P——承包工程合同总额;

M——工程预付款数额;

N——主要材料、构件所占比重。

4.4.3 工程施工计量

工程施工计量是指根据设计文件及承包合同中关于工程量计算的规定,项目管理机构对承包商申报的已完成工程的工程量进行的核验。合同条件中明确规定工程量表中开列的工程量是该工程的估算工程量,不能作为承包商应予完成的实际和确切的工程量。因为工程量表中的工程量是在编制招标文件时在图纸和规范的基础上估算的工作量,不能作为结算工程价款的依据,而必须通过项目管理机构对已完的工程进行计量。经过项目管理机构计量所确定的数量是向承包商支付款项的凭证。FIDIC 合同条件规定,业主对承包商的付款,是以工程师批准的付款证书为凭据的,工程师对计量支付有充分的批准权和否决权。对于不合格的工作和工程,工程师可以拒绝计量。同时,工程师通过按时计量,可以及时掌握承包商工作的进展情况和工程进度。当工程师发现工程进度严重偏离计划目标时,可要求承包商及时分析原因、采取措施、加快进度。因此,在施工过程中,项目管理机构可以通过计量支付手段,控制工程按合同进行。

1.FIDIC 施工合同约定的工程计量程序

按照 FIDIC 施工合同约定,当工程师要求测量工程的任何部分时,应向承包商代表发出合理通知,承包商代表应及时亲自或另派合格代表,协助工程师进行测量,并提供工程师要求的任何具体材料。

如果承包商未能到场或派代表，工程师（或其代表）所做测量应予以认可。除合同另有规定外，凡须根据记录进行测量的任何永久工程，此类记录应由工程师准备。承包商应到场与工程师对记录进行检查和协商，达成一致后应在记录上签字。如承包商未到场，应认为该记录准确，予以认可。如果承包商检查后不同意该记录，和（或）不签字表示同意，承包商应向工程师发出通知，说明认为该记录不准确的部分。工程师收到通知后，应审查该记录，进行确认或更改。如果承包商被要求检查记录 14 天内，没有发出此类通知，该记录应予以认可。

2. 工程计量的依据

工程计量依据一般有质量合格证书、工程量清单前言和技术规范、设计图纸。

（1）质量合格证书。

对于承包商已完的工程，并不是全部进行计量，只是对质量达到合同标准的已完工程才予以计量。所以工程计量必须与质量管理紧密配合，经过专业工程师检验，工程质量达到合同规定的标准后，由专业工程师签署报验申请表（质量合格证书），只有质量合格的工程才予以计量。

（2）工程量清单前言和技术规范。

工程量清单前言和技术规范是确定计量方法的依据。因为工程量清单前言和技术规范的“计量支付”条款规定了清单中每一项工程的计量方法，同时还规定了计量方法确定的单价所包括的工作内容和范围。

（3）设计图纸。

单价合同以实际完成的工程量进行结算，但被工程师计量的工程数量并不一定是承包商实际施工的数量。计量的几何尺寸要以设计图纸为依据，工程师对承包商超出设计图纸要求增加的工程量和自身原因造成返工的工程量，不予计量。

3. 工程计量的方法

工程师一般只对以下三方面的工程项目进行计量：工程量清单中的全部项目、合同文件中规定的项目和工程变更项目。

根据 FIDIC 合同条件的规定，一般可按照以下方法进行计量。

（1）均摊法。

均摊法，就是对清单中某些项目的合同价款，按合同工期平均计量。例如：保养气象记录设备，每月发生的费用是相同的，如本项合同款额为 2000 元，合同工期为 20 个月，则每月计量、支付的款额为 2000 元/20 月＝100 元/月。

（2）凭据法。

凭据法，就是按照承包商提供的凭据进行计量支付。如建筑工程险保险费、第三方责任险保险费、履约保证金等项目，一般按凭据法进行计量支付。

（3）估价法。

估价法，就是按合同文件的规定，根据工程师估算的已完成的工程价值支付。如为工程师提供办公设施和生活设施，为工程师提供用车，为工程师提供测量设备、天气记录设备、通信设备等项目。这类清单项目往往要购买几种仪器设备，当承包商对于某一项清单项目中规定购买的仪器设备不能一次购进时，则需采用估价法进行计量支付。其计量过程如下：

① 按照市场的物价情况，对清单中规定购置的仪器设备分别进行估价；

② 按下式计量支付金额：

$$F = A \cdot \frac{B}{D} \tag{4.19}$$

式中，F——计算支付的金额；

A——清单所列该项的合同金额；

B——该项实际完成的金额（按估算价格计算）；

D——该项全部仪器设备的总估算价格。

从上式可知：

① 该项实际完成金额 B 必须按各种设备的估算价格计算，它与承包商购进的价格无关；

② 估算的总价与合同工程量清单的款额无关。当然，估价的款额与最终支付的款额无关，最终支付的款额总是合同清单中的款额。

(4)断面法。

断面法主要用于取土坑或填筑路堤土方的计量。对于填筑土方工程，一般规定计量的体积为原地面线与设计断面所构成的体积。采用这种方法计量，在开工前承包商需测绘出原地形的断面，并须经工程师检查，作为计量的依据。

(5)图纸法。

在工程量清单中，许多项目按照设计图纸的尺寸进行计量。如混凝土构筑物的体积、钻孔桩的桩长等。

(6)分解计量法。

分解计量法，就是将一个项目根据工序或部位分解为若干子项。对完成的各子项进行计量支付。这种计量方法主要是为了解决一些包干项目或较大的工程项目的支付时间过长，影响承包商的资金流动等问题。

4.4.4 工程变更价款的确定

在工程项目的实施过程中，由于多方面的情况变更，经常出现工程量变化、施工进度变化，以及发包方与承包方在执行合同中的争执等许多问题。这些问题的产生有两方面原因：一方面是勘察设计工作不细，以致在施工过程中发现许多招标文件中没有考虑或估算不准确的工程量，因而不得不改变施工项目或增减工程量；另一方面是由于发生不可预见的事件，如自然或社会原因引起的停工或工期拖延等。由于工程变更引起的工程量变化、承包商的索赔等，都有可能使项目成本超出原来的预算成本，成本管理者必须严格予以控制，密切注意其对未完工程成本支出的影响及对工期的影响。

1. FIDIC 合同条件下工程的变更

(1)变更权。

根据 FIDIC 施工合同条件(1999 年第一版)的约定,在颁发工程接收证书前的任何时间,工程师可通过发布指示或要求承包商提交建议书的方式,提出变更。承包商应遵守并执行每项变更,除非承包商立即向工程师发出通知,说明(附详细根据)承包商难以取得变更所需的货物。工程师接到此类通知后,应取消、确认或改变原指示。每项变更可包括以下内容:

① 合同中包括的任何工作内容的数量的改变(但此类改变不一定构成变更);

② 任何工作内容的质量或其他特性的改变;

③ 任何部分工程的标高、位置和(或)尺寸的改变;

④ 任何工作的删减,但要交他人实施的工作除外;

⑤ 永久工程所需的任何附加工作、生产设备、材料或服务,包括任何有关的竣工试验、钻孔和其他试验和勘探工作;

⑥ 实施工程的顺序或时间安排的改变。

除非并直到工程师指示或批准了变更,承包商不得对永久工程作任何改变和(或)修改。

(2)变更程序。

如果工程师在发出变更指示前要求承包商提出一份建议书,承包商应尽快做出书面回应,或提出不能照办的理由(如果情况如此),或提交:① 对建议要完成的工作的说明,以及实施的进度计划;② 根据进度计划和竣工时间的要求,承包商对进度计划做出必要修改的建议书;③ 承包商对变更估价的建议书。

工程师收到此类建议书后,应尽快给予批准、不批准或提出意见的回复。在等待答复期间,承包商不应延误任何工作。应由工程师向承包商发出执行每项变更并附做好各项费用记录的任何要求的指示,承包商应确认收到该指示。

2. FIDIC 合同条件下工程变更的估价

除非合同中另有规定,工程师应通过 FIDIC(1999 年第一版)第 12.1 款和第 12.2 款商定或确定的测量方法和适宜的费率和价格,对各项工作的内容进行估价,再按照 FIDIC 第 3.5 款商定或确定合同价格。各项工作内容的适宜费率或价格,应为合同对此类工作内容规定的费率或价格,如合同中无某项内容,应取类似工作的费率或价格。但在以下情况下,宜对有关工作内容采用新的费率或价格。

(1)第一种情况。

① 如果此项工作实际测量的工程量比工程量表或其他报表中规定的工程量的变动大于 10%。

② 工程量的变化与该项工作规定的费率的乘积超过了中标合同金额的 0.01%。

③ 由此工程量的变化直接造成该项工作单位成本的变动超过 1%。

④ 这项工作不是合同中规定的“固定费率项目”。

(2)第二种情况。

① 此工作是根据变更与调整的指示进行的。

② 合同没有规定此项工作的费率或价格。

③ 由于该项工作与合同中的任何工作没有类似的性质或不在类似的条件下进行，故没有一个规定的费率或价格适用。

每种新的费率或价格应考虑上述有关事项对合同中相关费率或价格，并加以合理调整后得出。如果没有相关的费率或价格可供推算新的费率或价格，应根据实施该工作的合理成本和合理利润，并考虑其他相关事项后得出。工程师应在商定或确定适宜费率或价格前，确定用于期中付款证书的临时费率或价格。

4.4.5 工程价款的结算

1.工程价款的主要结算方式

按现行规定，工程价款结算可以根据不同情况采取多种方式。

(1)按月结算。即先预付工程备料款，在施工过程中按月结算工程进度款，竣工后进行竣工结算。

(2)竣工后一次结算。建设项目或单项工程全部建筑安装工程建设期在12个月以内，或者工程承包合同价值在100万元以下的，可以实行工程价款每月月中预支，竣工后一次结算。

(3)分段结算。即当年开工、当年不能竣工的单项工程或单位工程按照工程进度，划分不同阶段进行结算。分段结算可以按月预支工程款。

实行竣工后一次结算和分段结算的工程，当年结算的工程款应与分年度的工作量一致，年终不另清算。

2.FIDIC合同条件下的工程费用支付

(1)工程费用支付的范围和条件。

① 工程费用支付的范围。

FIDIC合同条件所规定的工程费用支付的范围主要包括两部分，如图4.2所示。

一部分工程费用是工程量清单费用，这部分费用是承包商在投标时根据合同条件的有关规定提出的报价，并经业主认可的费用。另一部分工程费用是工程量清单以外的费用，这部分费用虽然在工程量清单中没有规定，但是在合同条件中却有明确的规定。因此它也是工程支付的一部分。

② 工程费用支付的条件。

a.质量合格是工程费用支付的必要条件。支付以工程计量为基础，计量必须以质量合格为前提。所以，工程费用支付并不是对承包商已完的工程全部费用支付，而只支付其中质量合格部分的费用，对于工程质量不合格的部分一律不予支付。

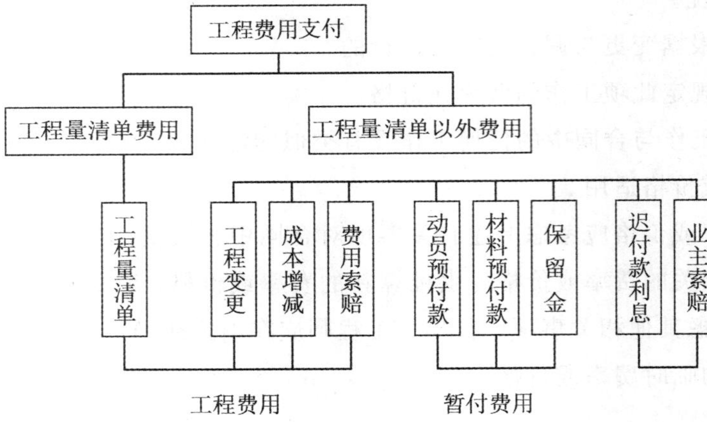

图 4.2　工程支付的范围

b. 符合合同条件。一切支付均须符合合同约定的要求，例如：动员预付款的支付款额要符合标书附录中规定的数量，支付的条件应符合合同条件的规定，即承包商提供履约保函和动员预付款保函之后才予以支付动员预付款。

c. 变更项目必须有工程师的变更通知。没有工程师的指示，承包商不得作任何变更。如果承包商没有收到指示就进行变更的话，他无理由就此类变更的费用要求补偿。

d. 支付金额必须大于期中支付证书规定的最小限额。合同条件约定，如果在扣除保留金和其他金额之后的净额少于投标书附录中规定的期中支付证书的最小限额时，工程师没有义务开具任何支付证书。不予支付的金额将按月结转，直到达到或超过最低限额时才予以支付。

e. 承包商的工作使工程师满意。为了确保工程师在工程管理中的核心地位，并通过经济手段约束承包商履行合同中规定的各项责任和义务，合同条件充分赋予了工程师有关支付方面的权利。对于承包商申请支付的项目，即使达到以上所述的支付条件，但承包商其他方面的工作未能使工程师满意，工程师可通过任何期中支付证书对他所签发过的任何原有的证书进行任何修正或更改，也有权在任何期中支付证书中删去或减少该工作的价值。

(2)工程费用支付。

① 工程量清单项目费用。

工程量清单项目费用分为一般项目费用、暂列金额和计日工作费用三种。

一般项目费用是指工程量清单中除暂列金额和计日工作费用以外的全部项目费用。这类项目的费用支付以经过造价管理者计量的工程数量为依据，乘以工程量清单中的单价，其单价一般是不变的。这类项目的费用占了工程费用的绝大部分，工程师应给予足够的重视。但这类支付的程序比较简单，一般通过签发期中支付证书支付进度款。

暂列金额是指包括在合同中，供工程任何部分的施工，或提供货物、材料、设备、服务，或提供不可预料事件的费用。这项金额按照工程师的指示可能全部或部分使用，或根本不予动用。没有工程师的指示，承包商不能进行暂列金额项目的任何工作。承包商按照工程师的指示完成的暂列金额项目的费用若能按工程量表中开列的费率和价格估价，则按此估价，否则承包商应向工程师出示与暂列金额开支有关的所有报价单、发票、凭证、账单或收据。工程师根据上述资料，按照合同的约定，确定支付金额。

计日工作费用是指承包商在工程量清单的附件中，按工种或设备填报单价的日工劳务费和机械台班费，一般用于工程量清单中没有合适项目且不能安排大批量流水施工的零星附加工作。只有当工程师根据施工进展的实际情况，指示承包商实施以日工计价的工作时，承包商才有权获得用日工计价的付款。使用计日工费用的计算一般采用下述方法：按合同中包括的计日工作计划表中所定项目和承包商在其投标书中所确定的费率和价格计算。对于清单中没有定价的项目，应按实际发生的费用加上合同中规定的费率计算有关的费用。承包商应向工程师提供可能需要的证实所付款额的收据或其他凭证，并且在订购材料之前，向工程师提交订货报价单供批准。对这类按计日工作制实施的工程，承包商应在该工程持续进行过程中，每天向工程师提交从事该工作的承包人员的姓名、职业和工时的确切清单，一式两份，以及表明所有该项工程所用的承包商设备和临时工程的标识、型号、使用时间及所用的生产设备和材料的数量、型号。

② 工程量清单以外项目费用。

工程量清单以外项目费用包括以下几项。

a. 动员预付款。当承包商按照合同约定提交一份保函后，业主应支付一笔预付款作为动员的无息贷款。预付款总额、分期预付的次数和时间安排（如次数多于一次）及使用的货币和比例，应按投标书附录中的规定。

工程师收到承包商期中付款证书申请规定的报表，以及业主收到按照履约担保要求提交的履约担保，由业主批准的国家（或其他司法管辖区）的实体，以专用条款所附格式或业主批准的其他格式签发的，金额和货币种类与预付款一致的保函后，应发出期中付款证书，作为首次分期预付款。

在还清预付款前，承包商应确保此保函一直有效并可执行，但其总额可根据付款证书列明的承包商付还的金额逐渐减少。如果保函条款中规定了期满日期，而在期满日期前 28 天预付款未还清时，承包商应将保函有效期延至预付款还清为止。

预付款应通过付款证书中按百分比扣减的方式付还。除非投标书附录中规定其他百分比。扣减应从确认的期中付款（不包括预付款、扣减款和保留金的付还）累计额超过中标合同金额减去暂列金额后余额的 10%时的付款证书开始；扣减应按每次付款证书中的金额（不包括预付款、扣减额和保留金的付还）的 25%的摊还比例，并按预付款的货币和比例计算，直到预付款还清为止。如果在颁发工程接收证书前，或按照由业主终止、由承包商暂停和终止，或不可抗力的规定终止前，预付款尚未还清，则全部余额应立即成为承包商对业主的到期付款。

b. 材料、设备预付款。材料、设备预付款一般是指运至工地尚未用于工程的材料设备预付款。对承包商买进并运至工地的材料、设备，业主应支付无息预付款，预付款按材料、设备的某一比例（通常为发票价的 80%）支付。在支付材料、设备预付款时，承包商需提交材料、设备供应合同或订货合同的影印件，要注明所供应材料的性质和金额等主要情况；材料已运到工地并经工程师认可其质量和储存方式。

材料、设备预付款按合同中的规定从承包商应得的工程款中分批扣除。扣除次数和各次扣除金额随工程性质不同而异，一般要求在合同规定的完工日期前至少三个月扣清，最好是材料、设备一用完，该材料、设备的预付款即扣还完毕。

c. 保留金。保留金是为了确保在施工阶段，或在缺陷责任期间，由于承包商未能履行合同义务，由业主(或工程师)指定他人完成应由承包商承担的工作所发生的费用。保留金的限额一般为合同总价的 5%，从第一次付款证书开始，按投标函附录中标明的保留金百分率乘以当月末已实施工程的价值加上工程变更、法律改变和成本改变应增加的任何款额，直到累计扣留达到保留金的限额为止。

根据 FIDIC 施工合同条件(1999 年第一版)第 14.9 条规定，当已颁发工程接收证书时，工程师应确认将保留金的前一半支付给承包商。如果某分项工程或部分工程颁发了接收证书，保留金应按一定比例予以确认和支付。此比例应是该分项工程或部分工程估算的合同价值，除以估算的最终合同价格所得比例的 40%。在各缺陷通知期限的最末一个期满日期后，工程师应立即对未付给承包商的保留金余额加以确认。如对某分项工程颁发了接收证书，保留金后一半的比例在该分项工程的缺陷通知期限满日期后，应立即予以确认和支付。此比例应是该分项工程的估算合同价值，除以估算的最终合同价格所得比例的 40%。但如果在此时尚有任何工作要做，工程师应有权在这些工作完成前暂不颁发这些工作估算费用的证书。在计算上述的各百分比时，无须考虑法规改变和成本改变所进行的任何调整。

d. 工程变更的费用。工程变更也是工程费用支付中的一个重要项目。工程变更费用支付的依据是工程变更令和工程师对变更项目所确定的变更费用，支付时间和支付方式列入期中支付证书予以支付。

e. 索赔费用。索赔费用的支付依据是工程师批准的索赔审批书及其计算的款额；支付时间随工程月进度款一并支付。

f. 价格调整费用。价格调整费用按照合同条件规定的计算方法计算调整的款额，包括因法律改变和成本改变的调整。

g. 迟付款利息。如果承包商没有在合同规定的时间收到付款，承包商应有权就未付款额按月计算复利，收取延误期的融资费用。该延误期应认为从合同规定的支付日期算起，而不考虑颁发任何期中付款证书的日期。除非专用条件中另有规定，上述融资费用应以高出支付货币所在国中央银行的贴现率加三个百分点的年利率进行计算，并应用同种货币支付。承包商应有权得到上述付款，无须正式通知或证明，且不损害承包商的任何其他权利或补偿。

h. 业主索赔。业主索赔主要包括拖延工期的误期损害赔偿费和缺陷工程损失等。这类费用可从承包商的保留金中扣除，也可从支付给承包商的款项中扣除。

3. 工程费用支付的程序

工程费用支付的程序一般包括如下几个步骤。

1)承包商提出付款申请

工程费用支付的一般程序是首先由承包商提出付款申请，填报一系列工程师指定格式的月报表，说明承包商认为这个月自己应得的有关款项。

2)工程师审核，编制期中付款证书

工程师在28天内对承包商提交的付款申请进行全面审核，修正或删除不合理的部分，计算付款净金额。计算付款净金额时，应扣除该月的保留金、动员预付款、材料设备预付款、违约金等。若净金额小于合同规定的期中支付的最小限额时，则工程师无须开具任何付款证书。

3)业主支付

业主收到工程师签发的付款证书后，按合同规定的时间支付给承包商。

4)工程支付的报表与证书

(1)月报表。

月报表是指对每月完成工程量的核算、结算和支付的报表。承包商应在每个月末，按工程师批准的格式向工程师递交一式六份月报表，详细说明承包商自己认为有权得到的款额，以及包括按照进度报告的规定编制的相关进度报告在内的证明文件。该报表应包括下列项目：

① 截止到月末已实施的工程和已提出的承包商文件的估算合同价值(包括各项变更，但不包括以下项目)；

② 按照合同中因法律改变的调整和因成本改变的调整的有关规定，应增减的任何款额；

③ 至业主提取的保留金额达到投标书附录中规定的保留金限额(如果有)以前，用投标书附录中规定的保留金百分比计算的，对上述款项总额应减少的任何保留金额，即：保留金＝(①＋⑤)×保留金百分率；

④ 按照合同中预付款的规定，因预付款的支付和付还应增加和减少的任何款额；

⑤ 按照合同中拟用于工程的生产设备和材料的规定，因生产设备和材料应增减的任何款额；

⑥ 根据合同或包括索赔、争端与仲裁等其他规定，应付的任何其他增加或减少款额；

⑦ 所有以前付款证书中确认的减少额。

工程师应在收到上述月报表28天内向业主递交一份期中付款证书，并附详细说明。但是在颁发工程接收证书前，工程师无须签发金额(扣减保留金和其他应扣款项后)低于投标书附录中期中付款证书的最低额(如果有)的期中付款证书。在此情况下，工程师应通知承包商。工程师可在任一次付款证书中，对以前任何付款证书做出应有的任何改正或修改。付款证书不应被视为工程师接收、批准、同意或满意的表示。

(2)竣工报表。

承包商在收到工程接收证书后84天内，应向工程师送交竣工报表(一式六份)，该报表应附有按工程师批准的格式所编写的证明文件，并应详细说明以下几点。

① 截至工程接收证书载明的日期，按合同要求完成的所有工作的价值。

② 承包商认为应支付的任何其他款项，如所要求的索赔款等。

③ 承包商认为根据合同规定将应付给他的任何其他款项的估计款额，估计款额在竣工报表中应单独列出。

④ 工程师应根据对竣工工程量的核算、对承包商其他支付要求的审核，确定应支付而尚未支付的金额，上报业主批准支付。

(3)最终报表和结清单。

承包商在收到履约证书后 56 天内，应向工程师提交按照工程师批准的格式编制的最终报表草案并附证明文件，一式六份，详细列出：① 根据合同应完成的所有工作的价值；② 承包商认为根据合同或其他规定应支付给自己的任何其他款额。

如承包商和工程师之间达成一致意见，则承包商可向工程师提交正式的最终报表，承包商同时向业主提交一份书面结清单，进一步证实最终报表中按照合同应支付给承包商的总金额。如承包商和工程师未能达成一致，则工程师可对最终报表草案中没有争议的部分向业主签发期中支付证书。争议留待裁决委员会裁决。

(4)最终付款证书。

工程师在收到正式最终报表及结清单之后 28 天内，工程师应向业主递交一份最终付款证书，说明：① 工程师认为按照合同最终应支付给承包商的款额；② 业主以前所有应支付和应得到的款额的收支差额。

如果承包商未申请最终付款证书，工程师应要求承包商提出申请。如果承包商未能在 28 天期限内提交此类申请，工程师应按其公正决定的应支付的此类款额颁发最终付款证书。

在最终付款证书送交业主 56 天内，业主应向承包商进行支付，否则应按投标书附录中的规定支付利息。如果 56 天期满之后再超过 28 天不支付，就构成业主违规。承包商递交最终付款证书后，就不能再要求任何索赔了。

(5)履约证书。

履约证书应由工程师在整个工程的最后一个区段缺陷通知期限期满之后 28 天内颁发，这说明承包商已尽其义务完成施工和竣工并修补了其中的缺陷，达到了使工程师满意的程度。至此，承包商与合同有关的实际业务业已完成，但如业主或承包商任一方有未履行的合同义务时，合同仍然有效。履约证书发出后 14 天内业主应将履约保证退还给承包商。

5)工程价款的动态结算

工程价款的动态结算就是要把各种动态因素渗透到结算过程中，使结算大体能反映实际的消耗费用。下面介绍几种常用的动态结算办法。

(1)按实际价格结算法。

建筑材料市场采购的范围越来越大，有些地区规定对钢材、木材、水泥三大材料的价格采取按实际价格结算的办法。工程承包商可凭发票按实报销。

(2)按主材计算价差。

发包人在招标文件中列出需要调整价差的主要材料表及其基期价格(一般采用当时当地工程价格管理机构公布的信息价或结算价)，工程竣工结算时按竣工当时当地工程价格管理机构公布的材料信息价或结算价，与招标文件中列出的基期价比较计算材料差价。

(3)主料按抽料计算价差。

其他材料按系数计算价差。主要材料按施工图预算计算的用量和竣工当月当地工程价格管理机构公布的材料结算价或信息价与基价对比计算差价。其他材料按当地工程价格管理机构公布的竣工调价系数计算差价。

(4)竣工调价系数法。

按工程价格管理机构公布的竣工调价系数及调价计算方法计算差价。

(5)调值公式法(又称动态结算公式法)。

根据国际惯例，对建设工程已完成投资费用的结算，一般采用此法。事实上，绝大多数情况是发包方和承包方在签订的合同中就明确规定了调值公式。

调值公式一般为

$$P=P_0\left(a_0+a_1\frac{A}{A_0}+a_2\frac{B}{B_0}+a_3\frac{C}{C_0}+a_4\frac{D}{D_0}\right) \tag{4.20}$$

式中，P——调值后合同价款或工程实际结算款；

P_0——合同价款中工程预算进度款；

a_0——固定要素，代表合同支付中不能调整的部分；

a_1、a_2、a_3、a_4——代表有关成本要素(如人工费用、钢材费用、水泥费用、运输费用等)在合同总价中所占的比重，$a_0+a_1+a_2+a_3+a_4=1$；

A_0、B_0、C_0、D_0——基准日期与 a_1、a_2、a_3、a_4 对应的各项费用的基期价格指数或价格；

A、B、C、D——与特定付款证书有关期间最后一天的 49 天前与 a_1、a_2、a_3、a_4 对应的各成本要素的现行价格指数或价格。

利用调值公式进行价格调整的工作程序如下。

首先，确定计算物价指数的品种，一般地说，品种不宜太多，只确立那些对项目成本影响较大的因素，如设备、水泥、钢材、木材和工资等。这样便于计算。

其次，要明确以下两个问题。一是合同价格条款中，应写明经双方商定的调整因素，在签订合同时要写明几种物价波动到何种程度才进行调整。一般都在±30%。二是考核的地点和时点，地点一般是工程所在地，或指定的某地市场价格，时点指的是某月某日的市场价格。这里要确定两个时点价格，即基准日期的市场价格(基础价格)和与特定付款证书有关的期间最后一天的 49 天前的时点价格。这两个时点就是计算调值的依据。

最后，确定各成本要素的系数和固定系数，各成本要素的系数要根据各成本要素对总造价的影响程度而定。各成本要素系数之和加上固定系数应该等于 1。

在实行国际招标的大型合同中，成本管理者应负责按下述步骤编制价格调值公式：

(1)分析施工中必需的投入，并决定选用一个公式还是选用几个公式；

(2)估计各项投入占工程总成本的相对比重，以及国内投入和国外投入的分配，并决定对国内成本与国外成本是否分别采用单独的公式；

(3)选择能代表主要投入的物价指数；

(4)确定合同价中固定部分和不同投入因素的物价指数的变化范围；

(5)规定公式的应用范围和用法；

(6)如有必要，规定外汇汇率的调整。

4.4.6 施工阶段成本的控制方法

施工阶段成本控制指的是运用系统工程的思想使控制主体对控制对象产生的各种花费实施计算、监督、核对和调节的一种控制过程。它也是工程项目企业在施工过程中对将要发生的成本进行认真观察与思考后，及时发现降低项目成本手段的一种过程。

成本管理者在施工阶段进行成本控制的基本原理是把计划成本额作为成本控制的目标值，在工程施工过程中定期进行成本实际值与目标值的比较，通过比较发现实际支出额与成本控制目标值之间的偏差，分析产生偏差的原因，并采取有效措施加以控制，以保证成本控制目标的实现。

1.预算成本法

预算成本是项目在进行成本管理时依据预算期的施工情况所制定的预定成本，它属于一种未来成本。简单来说，预算成本就是对项目所消耗成本的预计，在确定项目预算成本时，将其与目标成本管理方法相结合，即在对项目成本进行管理时，用目标成本管理方法设置目标成本，将此目标成本作为预算成本。

2.责任成本法

责任成本是以所在单位的部门、单位或者个人为对象，将其承担的责任进行归集所形成的成本，责任成本是一种可控成本。责任成本管理在实施过程中要在项目企业中建立责任中心，然后要对每部分责任中心的任务进行划分与管理，并且要求大家严格按照划分的责任中心进行成本控制。在工程项目组织里，如财务部、资料室、安全部、材料部等是一个成本中心。成本中心的建立对一个工程项目达到预期成本管理的目标至关重要，在工程项目签订责任成本时，首先要明确不同阶段的责任预算，而责任预算的确定是由成本中心依据责任中心进行确定的。责任成本法对于项目企业来说，它的管理思想是运筹学、系统论与控制论的巧妙结合。

3.挣得值法

工程项目在建设过程中，主要的管理要素就是项目质量、成本与进度，在对项目成本与进度进行监控的过程中，每周、每月或者每季度定期与成本进度基准相对照，对于偏离基准的部分，及时分析原因。依据发生的成本与进度预测项目完成时的项目成本与工期，以此判断工程项目完工时成本是否超支以及进度是否落后。工程项目建设过程中管理的目标是，在保证工程项目质量的前提下，使工程项目的成本与进度得到有效控制，挣得值法可以帮助工程项目企业实现这一目标。挣得值法是将工程项目成本与工期联合进行监督和度量的有效方法。

在工程项目建设过程中，项目成本与进度相辅相成，进度的提前或者落后会引起成本支出的变化。一般来说，在实际的项目施工过程中，费用支出越多，工程项目进行的速度越快。事实上，仅仅依靠费用的多少来估计成本和进度是不科学的。预算成本超过计划成本，既可能是进度提前引起的，又可能是因为成本确实超支了，那么究竟是什么原因引起的，就需要挣得值法帮助分析。挣得值法可以解决人们将成本与进度分开考虑从而得出错误结论的问题。挣得值法引入工程项目实际工作量的预算成本这个指标，将项目成本与进度巧妙结合起来对工程项目进行成本监控。近年来挣得值法在工程项目中应用越来越多，是一种有效的工程项目成本监控指标和方法。

挣得值法是通过对数值差异的比较来评价项目的实际执行情况，主要是用项目已完成作业量的预算成本与项目计划作业量的预算成本进行比较得出进度差异；用已完成作业量的预算成本与项目已完成作业量的实际成本进行比较得出成本差异。通过对项目进度差异与项目成本差异的分析，就可以得出工程项目实际的执行情况。所以挣得值法又称作偏差分析法，是一种对项目进行综合分析与控制的方法。

(1)挣得值法的三个参数。

挣得值法原理中有三个参数，分别如下。

① 项目计划完成工作量的预算(Budgeted Cost of Word Scheduled，BCWS)，即到报告日期时项目某部分的计划成本价值，此费用形成的曲线称为 BCWS 曲线。

$$\text{BCWS} = \text{计划工作量} \times \text{预算单价} \tag{4.21}$$

② 项目已完成工作量的实际成本(Actual Cost of Word Performed，ACWP)，即项目某部分的总费用支出，它是实际发生的成本，与项目计划价值无关，此费用形成的曲线称为 ACWP 曲线。

$$\text{ACWP} = \text{已完工程量} \times \text{实际单价} \tag{4.22}$$

③ 项目已完成工作量的预算(Budgeted Cost of Word Performed，BCWP)，这项费用就是挣得值，是业主与承包商之间协定的合同价，此费用形成的曲线称为 BCWP 曲线。

$$\text{BCWP} = \text{初始预算} \times \text{完成百分比} \tag{4.23}$$

这三项参数共同反映项目的实际情况，即独立又有联系。

(2)挣得值法的评价指标。

以上三个参数可以得出以下几个项目成本与工期的评价指标。

① 两个差异评价指标。

a.项目成本差异(CV)。

$$\text{CV} = \text{BCWP} - \text{ACWP} \tag{4.24}$$

当 $\text{CV}<0$ 时，表示成本超支，即实际费用大于预算费用，表明工程项目运行状况不好，需要引起项目经理注意。

当 $\text{CV}>0$ 时，表示成本节约，即实际费用小于预算费用，表明工程项目运行状况良好。

b. 项目进度差异(SV)。

$$SV = BCWP - BCWS \tag{4.25}$$

当 $SV<0$ 时,表示项目实际进度落后于计划进度。

当 $SV>0$ 时,表示项目实际进度较计划进度有所提前,说明项目进行良好。

② 两个指数评价指标。

a. 进度绩效指数(SPI)。

$$SPI = BCWP/BCWS \tag{4.26}$$

b. 成本绩效指数(CPI)。

$$CPI = BCWP/ACWP \tag{4.27}$$

(3)挣得值法中的两个预测变量。

根据上述基本参数及评价指标,可对工程项目完工时的成本与工期进行初步预测。假定工程项目保持目前施工状态,项目结束时的预计完工成本可由以下公式计算得出。

① 预计完工成本(EAC)。

$$EAC = ACWP + (BAC - BCWP)/CPI \tag{4.28}$$

假设未完工部分按照目前的效率进行,其中设定 BAC 为项目的总预算成本。经过对以上公式用代数方法简化得到 $EAC=BAC/CPI$,即项目完工时的预测成本等于项目总预算成本除以项目成本绩效指数。

② 预计竣工时间(ETTC)。

$$ETTC = ATE + (OD - ATE \times SPI)/SPI \tag{4.29}$$

假设 ATE 是项目实际所花时间,OD 是项目最初估算工期。

经过对以上公式用代数方法简化得到:

$$ETTC = OD/SPI \tag{4.30}$$

(4)挣得值法的评价曲线。

由挣得值法进行分析后可以得到工程项目的评价曲线图。三条曲线分别是为 BCWP 曲线、ACWP 曲线和 BCWS 曲线,如图 4.3 所示。

(5)挣值理论分析的六种情况。

① $BCWP>BCWS>ACWP$,$CV>0$,$SV>0$ 时,表示成本控制良好,进度较快。

② $BCWP>ACWP>BCWS$,$CV>0$,$SV>0$ 时,表示成本控制较好,进度快。

上述两种状态表明,已完成工程的预算成本超过了计划预算成本和已完实际成本,项目即能保证在原定工期内完成,且能保证项目盈利。

③ $BCWS>BCWP>ACWP$,$CV>0$,$SV<0$ 时,表示成本控制较好,进度较慢,项目的完成日期将延后。

④ $ACWP>BCWP>BCWS$,$CV<0$,$SV>0$ 时,表示成本控制较差,成本超支,进度较快,项目将在规定的工期内完成,但实际成本将超过预算成本。

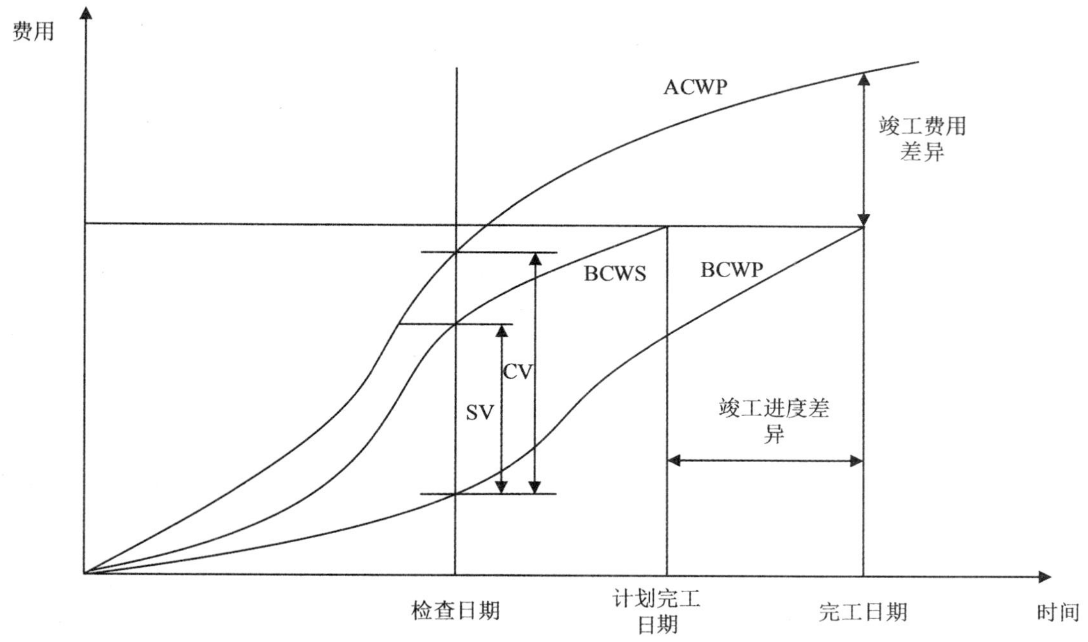

图 4.3 挣得值法的评价曲线图

⑤ BCWS＞ACWP＞BCWP，CV＜0，SV＜0 时，表示成本控制较差，成本超支，进度慢。

⑥ ACWP＞BCWS＞BCWP，CV＜0，SV＜0 时，表示成本控制差，成本超支，进度较慢。

其中，⑤、⑥两种情况表明计划预算成本和已完成实际成本均高于已完成工程的预算成本；项目不但在规定的工期内不能完成，而且完成的实际成本也将超过预算成本。这两种情况是项目最不利的状态，若项目管理人员能够提前发现这两种情况中出现的问题，必须尽早采取纠偏措施，争取降低成本，赶上工期。

在工程项目实际运用挣得值法时，最理想的状态是 BCWP、ACWP、BCWS 这三条曲线保持平稳上升并且靠得很紧密，这种状态表示工程项目的实际情况和人们预测的情况相差不多，代表工程项目成本向着良好的方向发展。如果这三条曲线相离很远，则表示工程项目在实际施工过程中发生了较严重的问题，或者可能将要发生严重的问题，应该引起项目经理重视并寻求解决方案。由此我们可以看出，挣得值法是一种利用一些指标作为预测的手段，进而对项目未来的发展进行评价。它是一种较先进和准确的事后评价方法。

(6)挣得值法的工作流程。

① 建立项目工作分解结构。

项目工作分解结构是一种合理识别和区分项目工作内容的方法，目的是界定项目各类工作的工作量。项目工作分解结构一般要分为两个层次。第一个层次仅仅把项目任务分为可识别的几个部分，这些部分之间存在内在联系。第二层次是在第一层次的基础上分解成更为详细的项目构成要素，主要起到支持项目活动计划和控制的作用。如果需要继续分解，也可在第二层次的基础上进一步分解，但是项目工作的分解要遵循一定的划分方法，因为每个业主都明白,特定工作的分配需要特定的划分方法。但是要想使项目工作分解结构在工程项目实际应用中起到作用,还必须满足以下三项标准。

a. 分解的项目形成的数据是合乎常理的,分解的项目结构也应该遵循一定的逻辑并且能够被大多数人理解。

b. 项目分解结构需要有层级式的编码结构,更低层次的数据应该能够合并到上一个层次。目前应用最多的是十进制编号系统。使用这些数字编码可以表现项目工作分解结构的逻辑结构与层次关系。

c. 在设置项目工作分解结构数据时,应该适合现有的数据采集系统,所用的数据必须是可得的。这样做会使工程项目的实际控制过程变得简单。

② 制定项目成本计划。

一般情况下,在工程项目刚开始的时候,项目经理就需要对所要完成的工作有一个清晰的认识和理解,并且需要充分理解工程项目在施工过程中的工作内容和完成各项工作的先后顺序。在制定项目成本计划的时候需要按照项目建设的生命周期进行,主要有以下几个步骤。

a. 在项目的开始阶段,首先是识别问题。项目经理需要清晰认识到每个工程项目在实施时,都有一个相同的目标:项目的业主期望在工程项目结束时,从该工程项目中获取一定程度的好处。无论什么时候,项目都有其存在的理由,同时也包含实现项目目标的可能性与可行性的各种限制。

b. 识别项目所要完成的工作。虽然在项目初始阶段不能识别出项目全部的工作,但也要大致对项目工作进行识别,且最好是将项目工作合理分解成可识别的主要项目工作模块。

c. 界定项目的工作范围。界定工程项目的工作范围,就可以在此范围内找到实施该项目所要进行的所有项目活动,但此项目的工作范围不能超过实现项目目标需要的范围。

d. 指明各项活动的完成顺序。一般的工程项目在建设的过程中都是按照一定的顺序来完成的,确定项目各项活动之间的相互关系,进而合理地安排各项活动进行的顺序,对于项目计划的制定和编制是必不可少的,这同时也是进行项目挣得值管理的基础工作。

e. 资源进度安排。任何项目活动的实施都需要资源的支持,如人力、物料、设备或服务等。当在计划中发现资源配置中的资源是有限的,就必须变更项目计划以适应资源的限制条件。此外,项目不可避免地会出现不确定性,因此项目成本还应包括由于不可预见的工作所造成的不可预见费。根据项目计划识别出项目成本,加上项目不可预见费就构成了项目的预算,即项目总成本。项目总成本通常称为基线,是项目进行度量的基础。

③ 运用偏差控制分析法分析。

在对工程项目进行挣得值管理的时候,工程项目消耗的实际成本总会围绕项目计划成本上下波动,有时会高于预算成本,有时会低于预算成本。这时要采用偏差控制分析法对产生的差异进行分析。

偏差控制分析法需要在项目建设过程中定期、连续地计算三种偏差,并以目标偏差为基础进行成本控制管理。找出偏差后可采用一定的方法对产生的偏差进行分析,如可采用因素分析法或图像分析法。在发现项目成本存在偏差的时候，要利用一定的方法对偏差进行分析，然后依据分析的原因找到相应的办法来控制偏差，最终实现成本控制的目标。偏差分析可采用不同的方法，常用的有横道图法、表格法和曲线法。

a. 横道图法。

用横道图法进行投资偏差分析，是用不同的横道标识已完工程计划投资、拟完工程计划投资和已完工程实际投资，横道的长度与其金额成正比例，如图 4.4 所示。

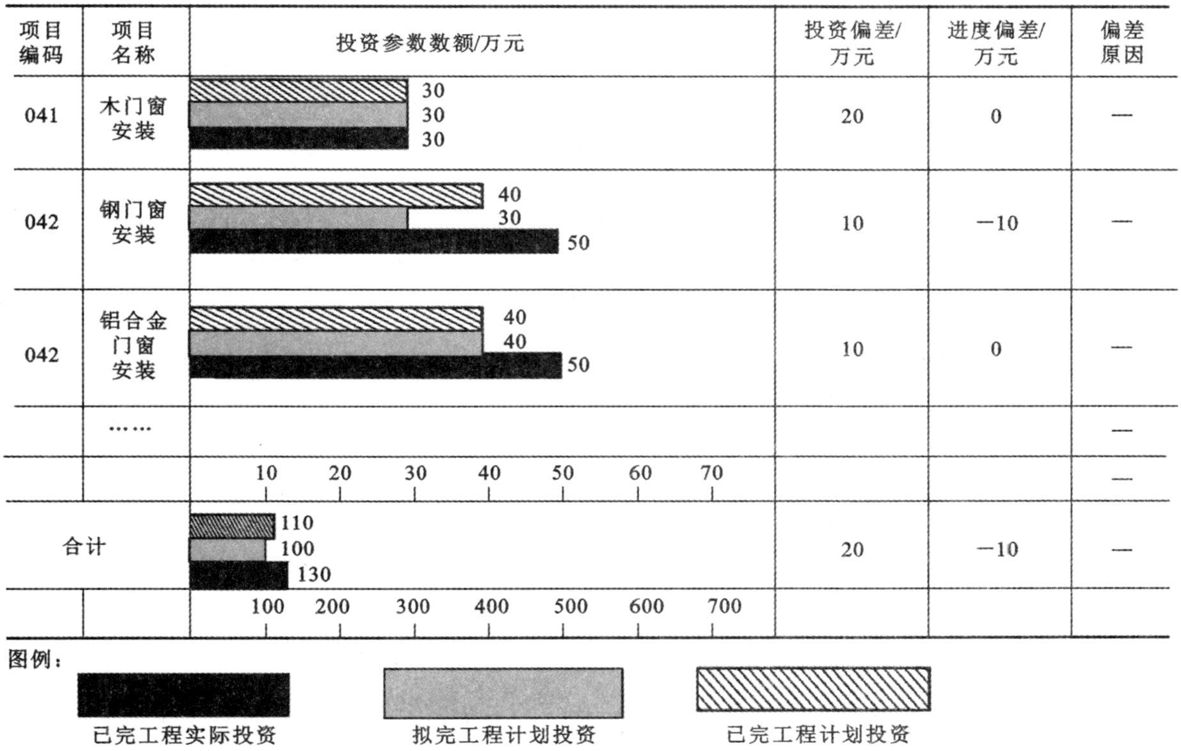

图 4.4 横道图法的投资偏差分析

横道图法具有形象、直观、一目了然等优点，它能够准确表达出投资的绝对偏差，而且能一眼感受到偏差的严重性。但是，这种方法反映的信息量少，一般在项目的较高管理层应用。

b. 表格法。

表格法是进行偏差分析最常用的一种方法。它将项目编号、名称、各投资参数以及投资偏差数综合纳入一张表格中，并且直接在表格中进行比较。由于各偏差参数都在表中列出，使得投资管理者能够综合了解并处理这些数据。

表格法进行偏差分析优点如下：灵活、适用性强，可根据实际需要设计表格，进行增减项；信息量大，可以反映偏差分析所需的资料，从而有利于投资控制人员及时采取针对性措施，加强控制；另外表格处理可借助于计算机，从而节约大量数据处理所需的人力，并大大提高速度。表格法示例如表 4.2 所示。

表 4.2　表格法

单位:万元

项目	投资数据								
	1	2	3	4	5	6	7	8	9
每月拟完工程计划投资									
累计拟完工程计划投资									
每月已完工程计划投资									
累计已完工程计划投资									
每月已完工程实际投资									
累计已完工程实际投资									
投资偏差									
进度偏差									

c. 曲线法(赢得值法或挣得值法)。

曲线法是用投资累计曲线(S 形曲线)来进行投资偏差分析的一种方法,如图 4.5 所示。其中 a 表示投资实际值曲线,p 表示投资计划值曲线,两条曲线之间的竖向距离表示投资偏差。

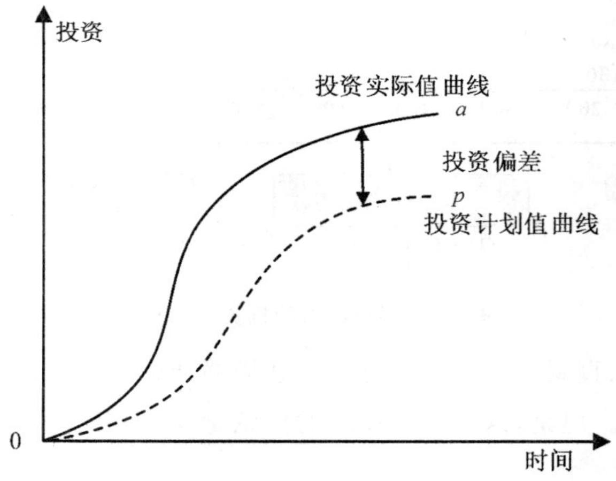

图 4.5　投资计划值与实际值曲线

在用曲线法进行投资偏差分析时,首先要确定投资计划值曲线。投资计划值曲线与确定的进度计划联系在一起。同时,也应考虑实际进度的影响,应当引入三条投资参数曲线,即已完工程实际投资曲线 a,已完工程计划投资曲线 b 和拟完工程计划投资曲线 p,如图 4.6 所示。曲线 a 与曲线 b 的竖向距离表示投资偏差,曲线 b 与曲线 p 的水平距离 P 表示进度偏差。图 4.6 反映的偏差为累计偏差。用曲线法进行偏差分析具有形象、直观的特点,但这种方法很难直接用于定量分析,只能对定量分析起一定的指导作用。

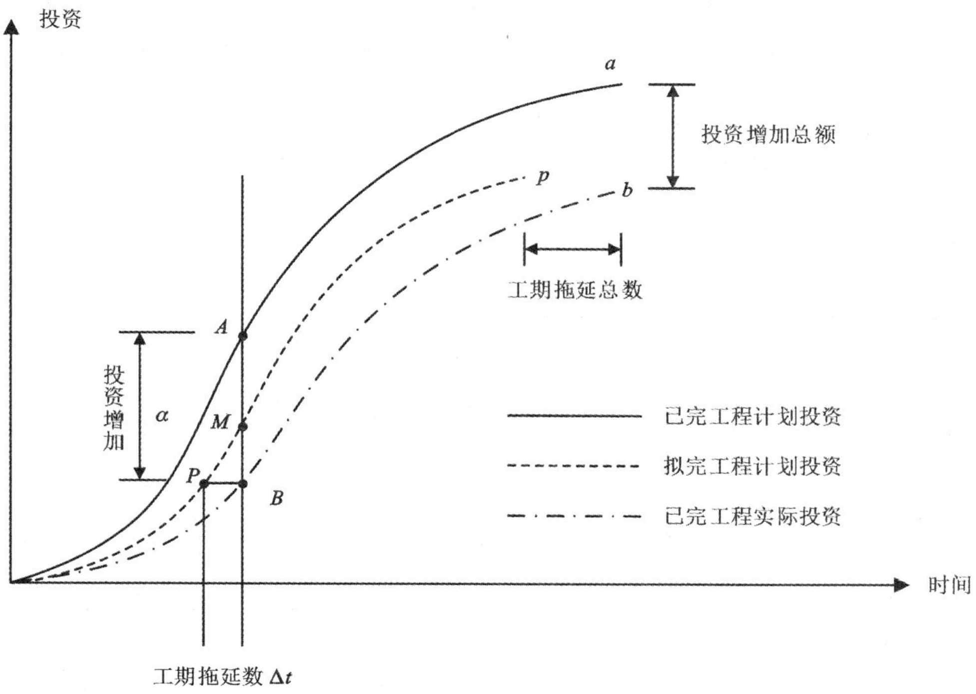

图 4.6 三条投资参数曲线

4.4.7 成本偏差原因分析

偏差分析的一个重要目的就是找出引起偏差的原因,从而有可能采取有针对性的措施,减少或避免由相同原因引起的问题再次发生。在进行偏差原因分析时,首先应当将已经导致和可能导致偏差的各种原因逐一列举出来。导致不同工程项目产生偏差的原因具有一定共性,因而可以通过对已建项目的偏差原因进行归纳、总结,为该项目采取预防措施提供依据。

一般来说,产生成本偏差的原因有以下几种,如图 4.7 所示。

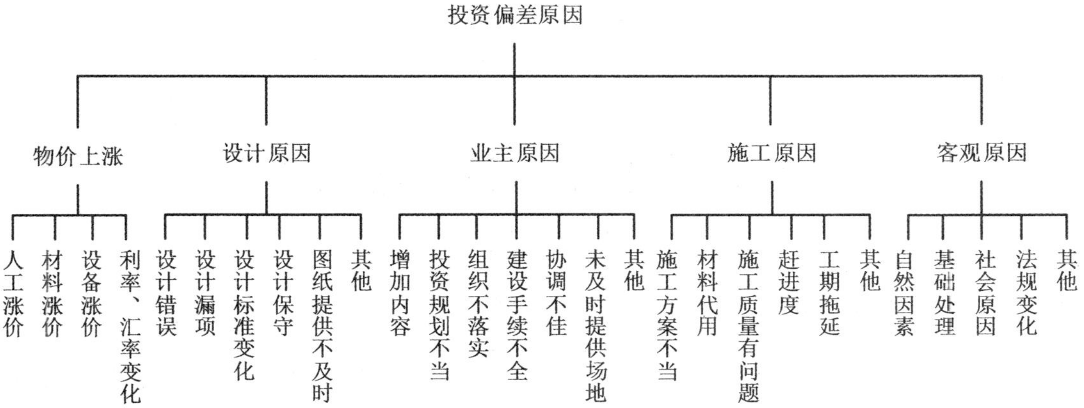

图 4.7 成本偏差原因

对偏差原因进行分析的目的是有针对性地采取纠偏措施，从而实现成本的动态控制和主动控制。

4.4.8 施工阶段成本控制的措施

1.组织措施

(1)在项目管理班子中落实从成本控制角度进行施工跟踪的人员、任务分工和职能分工。

(2)编制本阶段成本控制工作计划和详细的工作流程图。

2.经济措施

(1)编制资金使用计划，确定、分解成本控制目标。对工程项目成本目标进行风险分析，并制定防范性对策。

(2)进行工程计量。

(3)复核工程付款账单，签发付款证书。

(4)在施工过程中进行成本跟踪控制，定期进行成本实际支出值与计划目标值的比较；发现偏差，分析产生偏差的原因，采取纠偏措施。

(5)协商确定工程变更的价款；审核竣工结算。

(6)对工程施工过程中的费用支出做好分析与预测，经常或定期向建设单位提交项目成本控制及其存在问题的报告。

3.技术措施

(1)对设计变更进行技术经济性比较，严格控制设计变更。

(2)继续寻找通过设计挖潜节约成本的可能性。

(3)审核施工组织设计，对主要施工方案进行技术经济性分析。

4.合同措施

(1)做好工程施工记录，保存各种文件图纸，特别是注有实际施工变更情况的图纸，注意积累素材，为正确处理可能发生的索赔提供依据。参与处理索赔事宜。

(2)参与合同修改、补充工作，着重考虑它对成本控制的影响。

4.5 项目成本精细化管理

4.5.1 精细化管理与项目成本管理

精细化管理思想起源于泰勒的科学管理理论，结合戴明的为质量而管理，诞生了以精益生产为旗帜的丰田生产方式。而我们提出的精细化管理试图使以上理论贯穿企业管理的全部系统。精细化管理是一种理念和文化，其内涵就是在规范化、程序化和标准化的企业经营管理基础上，整合全部运行体系，对企业的生产工艺流程、管理实践流程进行科学分解和合理创新优化的系统过程，实现更高效率、更多效益和更强竞争力。它是建立在常规管理的基础上，并将常规管理引向深入的一种理念。企业实施精细化，必须把"精细"二字融入生产和经营管理的每一个环节，"精"就是更好、更优，精益求精，把文化、艺术和智慧精华化，管理制度和管理者精髓化，质量和品牌精品化，管理者和员工精通化，管理和生产关系精密化；"细"就是做细，把对象细分、职能和岗位细分、每一项具体工作细化、各个环节的管理制度细化。我国温德诚先生对于精细化管理的定义：精细化管理是以精细操作为基本特征，通过精细的管理制度，改造员工素质，控制企业漏洞，强化链接协作管理，从而提高企业整体效益的管理方法。从思想观念上看，精细化管理是企业管理的一种理念，一种方向；从操作层面上看，精细化管理是企业提高经营管理水平的一种手段、一种方法。

精细化管理的思想其实是由全面质量管理理论引申出来的。全面质量管理中最重要的一个原则就是三全的原则：全面、全方位、全过程。精细化管理最基本的特征可以概括为四个字：精、准、细、严。

(1)精：做精，精益求精，追求最好。做精、求精的过程既需要管理者做忠诚的执行者，更需开动脑筋、改良工艺、精打细算、精益求精。

(2)准：准确的信息与决策，准确的数据和计量，准确的时间衔接和正确的工作方法。

(3)细：操作细化、管理细化，特别是执行细化；做细、管细是精细化的保证。

(4)严：严格控制偏差，严格执行标准和管理制度。

精细化管理要求对于管理工作要做到制度化、格式化、程式化，强调执行力。精细化管理是一项系统工程，涉及方方面面。严格控制偏差，严格执行标准和管理制度，重细节、重过程、重基础、重具体、重落实、重质量、重效果。

随着建设企业市场化和企业集团化的不断发展，建设企业成本管理也面临新的挑战和要求，战略成本、责任成本、目标成本、质量成本管理等在建设企业中得到不同程度的推广和应用，并取得了相应的成效。为了顺应国内外市场环境以及建设企业生产环境的变化，保证企业持续经营和不断发展壮大，实施成本精细化管理已经成为建设企业不可回避的问题。

工程项目成本管理是建设企业结合本行业的特点，以建设过程中直接耗费为对象，以货币为主要计量单位，对项目从开工到竣工所发生的各项收支进行全面系统地管理，以实现项目成本最优化目的的过程。项目成本管理内容主要包括：成本预测、成本计划、成本控制、成本核算、成本分析和成本考核。项目成本管理程序是在项目承接后，从前期调查开始，编制成本预算，分解成本目标，进行成本控制，通过成本核算和分析，强化成本考核，提出改进措施的一系列管理工作。

工程项目成本精细化管理是指运用"精细化"管理理念，在项目成本管控过程中，精细化成本管理制度，明确每一名员工责任和目标，强化部门之间协作配合，突出成本预算和成本考核，从而达到成本控制、提高项目效益目的。简单来说，就是在成本形成的每一步骤，将成本管理各个方面工作分解到位，责任落实到个人，并强化预算考核，形成层层有预算、处处有控制、事事有考核的全员管理势态。成本管理精细化的实质是“细化制度、细化流程、细化节点、细化责任”，讲究专注地做好每一件事，在每一个细节上精益求精、力争最佳。

4.5.2 成本精细化管理工作体系

(1)精细化成本决策。成本决策是指依据掌握的各种决策成本及相关的数据，对各种备选方案进行分析比较，从中选出最佳方案的过程。成本决策与成本预测紧密相连，它以成本预测为基础，是成本管理不可缺少的一项重要职能，它对于正确地制定成本计划，促使项目降低成本、提高经济效益都具有十分重要的意义。

(2)精细化成本规划。精细化成本规划是用精细化管理的理念指导企业的成本规划，它要求项目所制定的目标成本和计划(预算)都是有依据且合理的，可操作并可量化考核的。

(3)精细化成本管理操作。精细化成本管理操作是指在项目生产运营中，为保证生产运营的正规化、规范化和标准化，事先为每一节点的工程、每一项工作制定相应的成本造价标准、控制流程、管理制度等，要求项目上每一个部门、每一位员工都必须严格遵守，做到事事有据、有规可依。

(4)精细化成本控制。精细化成本控制是指项目的所有业务都要有一个明确的成本管控流程，这个管控流程包括目标成本计划(预算)、目标成本分解、成本责任落实、成本执行反馈、成本动态监控与调整、成本核算与分析、成本考核与激励等，这对实现成本的精细化管理至关重要。良好的、严密的成本流程控制，可以有效地堵住成本管理的漏洞，减少或消除浪费，降低工程成本。

(5)精细化成本核算。通过作业成本法对项目所有生产运营活动精细化记账和核算的手段来做到精细化成本核算。精细化成本核算所提供的成本数据，是项目掌握自身生产运营状况、发现项目生产运营管理中的漏洞和缺陷的最主要方法。作业成本核算可以使经营管理人员减少或杜绝资金、消耗、成本、利润损失。

(6)精细化成本分析。精细化成本分析是指用现代化的成本分析手段从多个角度去展现项目生产运营活动中的问题，从多个层次去剖析，以查找成本产生的动因，问题的根源，采取有针对性的持续改善措施，来消除浪费、降低成本、提高利润的途径和方法。

4.5.3 项目成本精细化管理的组织与制度建设

(1)通过分工细化进行项目组织结构调整。

在传统的项目组织结构之中，一般采用“五部一室”(即工程部、技术质量部、商务部、物资部及综合办公室)来组成项目部，负责对工程项目的全过程进行管理。此种组织结构貌似能够涵盖工程管理的各个方面，但是其主要问题是管理责任不清晰，不能有效地逐层分解项目管理目标。为了便于将项目各项管理目标清晰、明确地逐层分解至各个部门乃至全体管理人员，需要建立一个完善的组织机构，保证项目朝着既定目标前进。

一个合理、完整的组织结构应该包括三个层次，从上至下分别为保障层、项目领导层、项目管理层。保障层是为了确保项目的顺利实施，在企业层面由某一企业领导亲自担任指挥长，对项目人力资源、资金、物资、技术等各方面有效调配的保障管理层级。项目领导层是指对项目不同的管理责任有明确的职责分工的项目主要管理人员，一般由项目班子成员担任。项目管理层指项目各部门管理及基层人员，在工程项目实施过程承担主要事务性工作的管理层级。当然，该组织机构优化的出发点是基于如何更好地进行项目成本控制而形成的，具体到工程项目实际操作的过程中，因人力资源配置同样需要考虑人力资源成本，因此还应结合工程项目的体量、规模、造价、施工技术复杂难度等综合情况具体进行人员配置。项目部机构设置应满足精细化管理要求，在保证工程项目生产经营需要的情况下，人员配备应鼓励一专多能、一岗多责、动态管理。

(2)针对项目成本控制目标建立目标责任制。

项目管理人员的个人素质及其工作职责和管理目标是决定项目各项目标能够圆满实现的关键因素。因此，在管理层面上需要对项目管理目标进行分解，不同的管理部门应当承担其应尽的管理责任，并将管理目标细化，采取量化的形式以便有针对性地进行考核。

针对工程项目成本而言，在大目标成本下控制小目标成本。单位工程由分部、分项工程组成，每一个分项工程、每一道工序都是目标成本研究的对象。因此，项目经理部从开工伊始，就应对单位工程的目标成本层层分解到每一个分项工程、每一道工序，建立一套以目标管理为导向的成本考核制度。

例如技术质量部要采用合理的施工方案优化控制主要施工材料和构配件的使用，降低生产成本，并制定相应的成本降低指标；深化设计部要结合工程实际情况对原有设计图纸、复杂施工节点等进行施工深化设计，从而加快施工进度，减少不必要的返工及浪费，并制定相应的创效指标；工程部要通过合理的施工组织降低周转物资的损耗，通过严格的劳务用工管理制度等方式降低间接费、人工费以及机械使用费的成本，合理地、有效地使用劳务队伍，降低材料消耗，提高机械使用效率，这是降低施工成本、提高经济效益的主要途径，并制定相应的成本降低指标；物资部要在材料采购中通过材料供货商招投标、价格比选，严格控制物资管理制度等方式降低物资成本，并制定相应指标；等等。

工程项目要建立成本管理责任矩阵。运用工作分解结构技术，全面梳理项目部成本管理和服务的具体工作，建立成本管理工作清单，形成管理责任矩阵的纵列；运用责任分配矩阵法，将成本管理工作清单中的每一项工作分配到每个部门、岗位，分配到每一个人，形成管理责任矩阵的横排；纵列与横排交叉部分是每一名员工对每项工作的责任关系(如主责、协助、参与、检查等)。这样才能将成本管理责任落实到每个岗位、每个人，杜绝管理死角和推诿扯皮等现象。项目管理层还应重点关注管理交叉部分。多个岗位共同完成一项工作的时候，应采用“交叉工作进度表”，即该工作中的子项目可以指定不同的责任人、完成时间、验收标准，员工应按这个表的规定时间完成，这样既有利于考核，又有利于形成一个有机的整体。

将成本管理责任及工程项目成本控制目标责任分解至项目部的各个部门，使项目的每一名管理人员都能够明确地知道自己在施工生产的各个阶段、各个环节的成本管理目标，并通过过程考核及奖惩措施，使成本管理责任落到实处。要用有效的方法激励员工，在设置目标完成奖励的同时，工程项目要建立超额完成奖励、技术创新奖励、合理化建议奖励、节约奖励等过程奖励制度，并且奖励要及时兑现，处罚也要能兑现。

4.5.4 项目各阶段精细化成本控制要点

(1)项目决策阶段精细化成本控制的要点。

项目决策能直接决定工程项目的基本实施方案、使用功能和总体的投资规划，可以说，项目决策的优化能直接影响到项目的成本控制效益。虽然在这一阶段发生的费用很少，但决策阶段工作仍是成本控制的关键环节，做好项目决策阶段的精细化成本控制工作非常重要。决策阶段的精细化成本控制的要点是做好工程项目可行性研究报告和投资估算。

(2)项目设计阶段精细化成本控制的要点。

设计阶段的最终工作结果就是项目的施工图设计文件，施工图设计文件不但决定建设费用的多少，其质量将影响施工工作和建设工期，直接决定项目资源的投入。设计工作对项目成本造价有着非常大的影响力，特别是扩初设计工作，其对项目的成本有着决定性的影响。选用优秀的设计方案、采用成熟的施工工艺，尽可能避免在施工阶段发生重大设计变更和方案变化，都对工程造价控制工作有着积极的影响。由此可见，设计阶段精细化成本控制是建设项目成本控制的重点。设计阶段精细化成本控制的要点如下：① 通过正规的招标形式来选用设计单位，择优选取最佳的设计方案；② 运用技术经济指标对设计总图方案和单项设计方案进行计算、分析与比较，选取最合理的方案；③ 在设计阶段积极推行限额设计的管理方式。

(3)项目招标阶段精细化成本控制的要点。

项目招标阶段精细化成本控制要点：① 重视工程量清单和标底的编制工作；② 严格按照现行法律、规程开展工程招投标工作；③ 重视合同条款的拟订、抓好合同的签订。

(4)项目施工阶段精细化成本控制的要点。

在工程施工阶段，工程设计意图最终将得以实现，工程实体也将形成，也是项目使用价值、成本费用和工程产品质量的最终形成阶段。这一阶段虽然节约投资的可能性已经较小，但此时需集中投入大量的资金和资源，一旦管理上出现漏洞，极易造成成本浪费，乃至投资超额，因此必须在管理上给予高度重视。

在施工阶段精细化成本控制的要点如下。

① 将工程造价成本控制的管理目标按照各施工阶段的不同时期、不同特点合理分解，并一一对照不同阶段对工程造价实际值与目标值，全方面、多角度进行科学合理的比较，如偏差超出可控范围，须找出原因，并采取有效的应对措施，保证整体工程造价控制目标的最终实现。

② 在保证实现工程质量目标、工期进度控制的前提下，着重把控经济效益的管理和监控，采用科学方法比较分析施工备选方案，选择最优方案，以便合理配置资源，有效控制工程造价。

③ 重视工程变更洽商管理工作，建立严密、完备的工程变更审批制度，做到负责人责、权、利明确，审批流程严谨可行，保证洽商在施工上的必要性和在成本上的可行性。

(5)项目竣工阶段精细化成本控制的要点。

竣工验收阶段是成本控制工作的最后阶段。此阶段精细化成本控制工作的重点就是工程结算及其审核和审计工作。

4.5.5　精细化成本控制主要要素控制

工程项目施工过程中的成本控制直接影响项目利润，是项目成本管理的核心环节，所以对成本费用要素的动态管控是精细化管理的重点要求。

1.人工成本控制

项目成本构成中，人工成本所占比重较大，也通常是难以压缩的费用，应本着既满足项目需要又厉行节约的原则进行控制。

(1)内部建立竞聘上岗、双向选择、能进能出的自主用工机制，严格控制非生产人员的数量比例，适时安排项目人员进退，压缩零散用工和辅助用工。

(2)转变用人机制，由于项目当地雇员的工资福利等待遇与中国员工相比低很多，尽量推进雇员当地化，以预算定额和当地平均工资标准作为控制依据，加大当地雇员的技术培训，提高其工作技能及效率；聘用当地人员来管理当地雇员，效果会比中国员工直接管理要好，从而达到提升工作效率、压缩人工成本的目的。

(3)在“人”这个要素中，重点还要强化项目全体员工成本控制意识，建立健全项目管理各项规章制度、完善成本控制责任机制等，这是保障成本精细核算全面实施的基础。

2.材料费控制

材料费占整体工程项目成本比重较大，材料管理对于成本控制意义重大，也是较难控制的要素。除了市场原材料涨价因素外，必须严把材料的采购、质量、运输、验收、领用及结算等环节。

(1)材料采购控制，材料采购要发挥集中采购优势，以集中采购为主要方式。实际操作中集中采购物资可根据企业特点，以区域招标采购、战略采购为主，竞争性谈判为辅。非集中采购物资应以电子商务采购为主、以询质比价为辅的形式进行，大力降低采购成本。

(2)合理组织运输，就近购料，选用最经济的运输方式，以降低运输成本。材料的运输要选择最经济、最便利的方式，做到材料运输一次到位，直接运到使用现场，避免二次倒运而增加材料运输成本。

(3)要考虑资金的时间价值，减少资金占用，合理确定进货批次和批量，最大限度降低材料储备。要根据项目组织安排和工程施工进度合理安排进料，既不能因为材料供应不足影响工程施工，也不能没有计划盲目备料，否则会造成材料积压从而加大资金占用，增加资金成本。同时为了减少资金占用，可以与供货方协商采取赊销的方式，这样既可以减少资金占用，又可以缓解资金紧张带来的压力。

(4)收方计量控制。为准确核算项目实际材料成本,在各种材料进场时,必须加强验收工作,明确各种材料进场验收方法,并建立完善的监督机制,确保进场数量准确。如发生数量不符的情况,要做好记录,查明原因,明确责任。

(5)材料消耗量的控制。对于有消耗定额的材料,项目部以消耗定额为依据,实行限额发料制度。无论是内部施工队还是分包商,下达施工任务时,必须明确材料消耗限额,过程中领发料限额内分批分期领用,确需超限额的,必须分析原因,经过项目部审批方可领料,属分包商领料的必须在月度约定结算中扣回。对于没有消耗定额的材料,则实行计划管理按指标控制,物资部门在收到此类材料采购计划时,制定发料控制指标,领料人领用时在指标内领用。超过指标的材料,必须经过分析报项目部审批方可领用。

(6)材料的节约、回收利用。项目现场人员要加强材料节约、修旧利废、余料回收利用工作,及时了解新材料、新工艺信息,做好材料的利用、改造、代替工作。

3.机械费控制

随着工程机械化施工的不断推进,项目成本中机械费所占比重逐步提高。实际机械费管理中,要考虑机器设备使用效率和经济效率,应严格以量承包,根据工程特点,合理配置设备,避免闲置。在机械的使用上优先考虑从内部调配,对外租赁机械应选用区域集中租赁的方式,降低租赁成本。对于零星工作使用机械或大型特殊机械,确实无法按量给施工队承包的,必须严格执行审批程序。强调正确选配和合理利用机械设备,加强租赁设备计划的管理,从不同角度降低机械台班价格;有效使用机械,提高单位时间的生产效率,降低单位能耗;健全机械设备维修保养制度,提高机械的完好率、利用率和使用效率,避免使用不当造成机械设备的非正常修理、损坏和闲置,从而加快项目进度,降低机械使用费。

4.实施性施工组织方案的精细化

实施性施工组织方案直接关系项目的成本支出,工程项目现场出现的大量停窝工,造成成本增加,关键原因还是生产组织能力不强、策划不到位。要牢固树立"施工组织决定成本,施工方案决定成本"的理念,加强项目的前期策划,科学编制施工组织,合理规划和优化资源配置,加强施工组的动态管理,平衡生产。要加强施工方案经济比选和优化,每项方案的确定至少要编制两套以上方案,在确保安全、质量的前提下,通过对方案的经济计算分析和评价,选取成本最低的施工方案,降低施工成本。对技术难度大、重难点工程,以及新专业领域要邀请业内专家进行方案优化,经济比选。要做到科技优先降本增效,研究部门要与项目部密切合作,将新的科研成果转变成生产力,优化项目施工流程,均衡安排工程进度,使项目施工成本的综合值降到最低。

5.分包工费控制

施工企业应制定自身分包工费限价,项目部要做好劳务合同的签订、过程控制、结算付款等。

(1)合同签订,分包商选用应严格执行准入制度,严格执行先签合同后进场原则,本着互利共赢、公平合作理念,在成本目标范围内签订合同,过程中应根据实际情况及时调整合同数量。

(2)分包结算,每月严格按收方工程数量及承包合同约定的工费单价进行结算,对于超合同的项目或数量,必须与分包方签订补充合同后再结算。

(3)严格控制零星用工支出,明确零星用工结算限额。

5　国际工程项目质量计划与控制

5.1　概　　述

工程项目质量管理是指在工程项目实施过程中相互协调的活动，是围绕着使工程项目满足质量要求而开展的策划、组织、计划、实施、检查、监督和审核等所有管理活动的总和。它是工程项目的业主和勘察、设计、施工、监理等参与者的共同职责，项目参与各方的项目经理必须调动与项目质量有关的所有人员的积极性，共同做好本职工作，才能完成项目质量管理的任务。

总之，工程质量管理过程包括保证项目满足业主原先规定的各项要求，所需实施组织的活动：决定项目的质量方针、目标与责任的所有活动，并通过项目质量策划或规划、计划，质量保证，质量精细化管理，质量控制和考核等方针、程序和过程来实施质量体系。项目质量管理过程如下：一是通过项目质量策划或规划、计划，判断哪些质量标准与本项目相关，并决定如何达到这些标准；二是通过实施质量保证，开展质量策划或规划，计划中确定的系统的质量活动、确保项目满足要求所需要的所有过程；三是通过实施质量控制，监控项目的具体结果，判断是否符合相关的质量标准，并找出消除不合格绩效的方法。上述过程不仅彼此交互作用，而且还与其他领域的过程交互作用。

5.1.1　质量管理的特点与方法

1. 重视建筑法规的立法及执法工作

世界各国都十分重视建筑法规的立法及执法工作，即通过法律手段实施建设工程的质量管理，确保建设工程质量。发达国家一般都有完善的法规体系，如规划法，建筑法，工程建设标准，建设工程从业人员专业资格管理制度，建筑材料、构配件、设备生产许可和监察制度以及与其相配套的一系列法规实施细则等。这些国家政府主管机构在工程项目建设的各个阶段都严格执行这些法规和制度，监督检查业主方、施工单位的守法情况，以确保工程建设市场的规范有序。

此外，在国际上，一些发达国家的行业协会、学会等组织十分发达，这些组织常年从事建筑法规的制定、修订，并参与国家相关法规的制定和组织各种行业规范的制定工作，因此这些国家的建筑法规专业性、适用性都很强，并具有很好的可操作性。在经济发达国家和一些发展中国家，建筑企业和从业人员的法律意识都比较强，他们都能自觉遵守法规要求，建筑市场运作基本能保证在正常的法规轨道上进行。

2. 全面贯彻 ISO 9000 质量管理体系标准

国际标准化组织(International Organization for Standardization ISO) 于 1987 年发布了 ISO 9000 质量管理体系标准，世界各国，特别是经济发达国家和较多的发展中国家都积极推行这一系列标准，将其作为规范施工单位乃至工程项目质量管理的基础标准。在工程项目建设全过程中，施工单位要始终按这一系列标准要求开展项目经理部的质量管理工作，业主方/监理工程师亦按这一系列标准要求进行工程建设全过程的质量监控工作。

例如：在工程项目正式开工前，施工单位要按 ISO 9001 标准(质量管理体系要求)、ISO 10005 标准(质量管理　质量计划指南)和 ISO 10006 标准 (质量管理体系　项目质量管理指南)，编制项目质量计划并报业主/监理工程师审批，而业主/监理工程师则将其作为对施工单位项目施工全过程监控管理的主要依据之一。

3. 对设计质量的监督控制力度大

与我国的设计体制不同，国际上多数国家的设计单位都是私营的设计事务所(或称咨询公司)，规模较小，人员较少(多数仅有几个人，二三十人则属于大型设计单位)。在一些经济发达国家也有一种联合设计事务所的组织模式，即由数家小规模的设计事务所组成联合事务所或咨询公司。仅由一个小型设计事务所来确保工程建设项目的工程设计质量和水平，有一定难度，而且也不能充分发挥国家的整体技术优势。因此，各个国家都加大了对设计的社会评议和监督力度。例如：许多国家规定，设计成果(施工图)须经当地政府的主管部门或授权的工程质量监督机构审批，甚至包括施工过程中的设计变更。这就要求施工单位对工程设计工作采取直接委托或联合设计等相关措施。

4. 项目工程质量控制完全纳入合同管理

通常，业主在招标文件的附件或技术规范说明书中，均明确了对工程质量的要求和工程质量标准，即质量管理内容成为合同的组成部分，它可以和国家的质量标准不一致，更多地体现业主/投资人的个性要求。因此，施工单位在每一设计阶段或施工阶段开始之前，应向业主/监理工程师提出相关程序和实施合同规定的技术、质量要求的文件，以使业主方面相信施工单位能够达到他的要求，而监理工程师的职责是代表业主行使职权，监督施工单位按合同要求施工。这与我国国内工程的质量控制与管理更多体现在国家或行业要求及施工单位的自律上，具有明显区别。

5. 严格实施过程质量监督

工程项目实施阶段的质量监督主要反映在 3 个层次的过程监控上：施工单位的自我监督检查、业主方/监理工程师的监督管理和政府质量监督部门的监督检查。除了施工单位的自我监督检查与国内工程相仿外，其余 2 个层次的监督与我国国内的做法相比有其自身的特点。

在国际上，特别是从一些发达国家的情况来看，业主方承担工程质量的首要责任，政府一旦发现工程质量有问题，首先追究业主的责任。另外业主是工程产品的购买者，最关心工程的使用价值，因此业主势必重视工程质量的监督管理。

业主方的监督管理主要是按合同附件或技术规范说明书的要求进行，并通过业主代表或委托的监理工程师，或业主授权的其他机构进行过程的质量监督检查。对于每次检查的情况及结果均要形成书面记录，并交施工单位签字确认。监理工程师或其他被委托的监督管理人员均要充分体现业主意志，严格实施过程监控。他们关注的重点是施工单位是否严格按设计施工，施工过程及其结果是否符合合同中所规定的技术规范、质量标准的要求。

政府的质量监督管理主要包括：制定质量法规，通过专业机构对设计进行评议/审核，颁发施工许可证，通过专业机构或人员对施工过程进行重点监督检查，颁发使用许可证等。国际上较多的国家规定了政府质量监督部门对工程实施过程的监督检查。不同国家的相关规定尽管不完全一致，但总的原则是从宏观上控制关键过程的工程质量。

政府质量监督关注的重点均是与建筑安全、人身安全直接相关的工程内容。例如：对工程设计监督关注的是地基与基础的安全性、主体结构的安全性、建筑防火、火灾人流紧急疏散措施等；对于工程施工则重点关注地基基础、混凝土结构、钢结构、回填土、防水等工程质量。

6. 关注过程证据性资料

ISO 9000 系列标准全面贯彻质量保证的思想，即为了取得相关方的信任，施工单位必须提供与质量相关过程活动及其结果符合要求的证据。这些证据对施工活动来说主要是以过程记录的形式来体现，它包括了与业主、监理单位、设计单位、质量监督部门、供应商、分包商间往来的信函、文件、会议纪要以及施工过程中的各种质量检查记录、试验记录、施工日志等。这些证据不仅仅是证实过程及其结果符合要求的证据，更重要的还是施工单位向业主进行索赔或规避业主索赔的证据，特别是当与业主方发生争议乃至诉讼时，它们更是必不可少的。

我国许多施工单位在国际工程承包中，因为不重视证据性资料的收集及管理，导致无法获得工程款，或索赔不成功，或是在诉讼案中败诉，这样的案例举不胜举，教训十分惨痛，这与国人长期以来证据意识观念不强是分不开的。

5.1.2 质量管理的指导思想

国际工程项目质量管理的指导思想是全面质量管理的思想，它贯穿于工程建设的全过程。

(1)全面质量管理的含义。

全面质量管理是指企业动员其所有层次、所有人员参与的以产品质量为核心，把专业技术、管理技术、数理统计技术集合在一起，控制生产过程中影响质量的因素，以优质的工作和最经济的办法提供满足顾客要求的产品的管理思想。

(2)全面质量管理的主要特点。

全面质量管理的特点：管理是全面的，即控制产品形成的全过程；质量与每一个人的工作有关，即需要企业全员参与；通过每一个岗位的工作质量来确保产品质量。

(3)全面质量管理的核心思想。

① 树立顾客至上的理念，提供产品和服务的组织要树立以顾客为中心、为用户服务的思想，以向顾客提供满意的产品和服务为管理目标。

② 质量是制造出来的，而不是检验出来的，产品质量的好坏主要在于产品的设计与制造，检验只是证实产品质量是否符合要求的手段。

③ 通过过程质量来保证结果质量，即只有过程质量符合要求，最终产品质量才能满足要求。

④ 用数据说话。数据是生产、管理过程活动的定量反映，过程活动只有用数据反映，才可以进行准确的分析、判断和控制。

⑤ 预防为主，要求相关管理者对可能导致产品不合格的原因进行分析，并针对原因采取有效的预防措施，以防止所预见到的不合格产品的产生。

全面质量管理的核心思想已全部反映在目前国际上最为先进的质量管理方法——ISO 9000 质量管理体系标准之中。

5.1.3 质量管理的流程

国际工程项目质量管理是建立在施工单位质量管理体系的基础上，以满足业主及其相关需求，建造符合合同规定的技术标准、工程产品为目的，建立以项目经理部为主体的工程项目质量管理团队，配置相应的资源，开展国际工程项目质量管理的工作。该流程依据“计划、实施、检查、改进”的工作方法，遵循质量管理的原则，持续策划、实施、检查、改进工程项目质量管理活动的过程与结果，从而对工程实施的过程进行有效控制，确保施工过程始终按照规定的程序在受控状态下运行，从而保证工程质量符合合同规定的要求。

国际工程项目质量管理工作的基本程序如下：

(1)明确项目的总体和各个阶段的质量目标；

(2)根据合同的规定和要求，编制项目质量计划，确定详细的质量标准；报经业主或监理工程师批准后实施；

(3)按照规定的质量标准，实施项目质量计划；

(4)分析、检查项目质量计划的实施情况；

(5)制定、实施预防和纠正措施。

国际工程项目质量管理流程如图 5.1 所示。

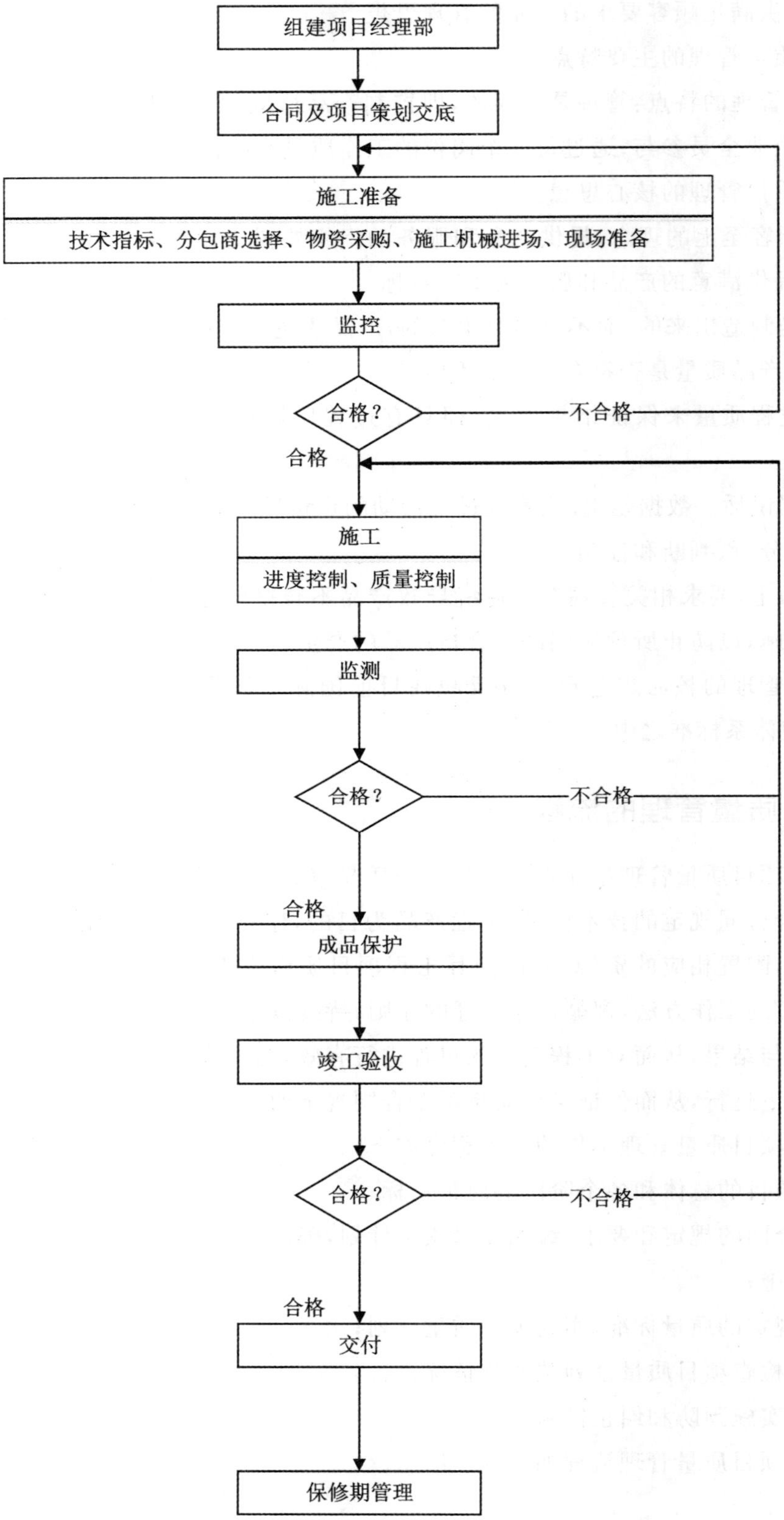

图 5.1　国际工程项目质量管理流程

5.2 国际工程项目质量管理体系

5.2.1 质量管理体系的概念、原则和基础

1. 质量管理体系概念

质量管理是组织各项管理工作的内容之一。为了成功地领导和运作一个组织，需要采用一种系统和透明的方式进行管理，针对所有相关方的需求，实施并持续改进其业绩的管理体系，是组织获得成功的保障。

质量管理体系是在质量方面指挥和控制组织的管理体系（建立方针和目标并实现这些目标的体系），是由组织架构、程序、过程、资源四部分组成的系统。

质量方针是由组织的最高管理者正式发布的该组织总的质量宗旨和方向。质量目标是组织在质量方面所追求的目的。上述标准共同构成了一组密切相关的质量管理体系标准。

国际标准化组织(ISO)制定了 ISO 9000 族质量管理体系标准，我国采用等同于 ISO 9000 族标准的国家标准是 GB/T 19000 族标准，包括 GB/T 19000—ISO 9000、GB/T 19001—ISO 9001、GB/T 19002—ISO 9002、GB/T 19003—ISO 9003、GB/T 19004—ISO 90C4。该系列标准可分为三种类型。

(1)指导性标准。

指导性标准即 ISO 9000 标准，它阐述了整个系列标准的结构和分类，阐明了质量方针、质量管理、质量体系、质量控制和质量保证这五个关键质量术语的概念及概念之间的相互关系，规定了使用和选择质量体系标准的原理、原则、程序和方法。该标准在系列标准中起指导作用，故被称为具有交通指南性质的标准。

(2)质量保证模式标准。

这是指 ISO 9002、ISO 9003、ISO 9004 连续三个标准。这类标准适用于合同环境下的外部质量保证，它为供需双方签订含有质量保证内容要求的合同提供了三种可选用的模式，而被选定的质量保证模式既可作为生产方（第一方）质量保证工作的依据，也可作为需方（第二方）对生产方或提供方进行质量体系评价的依据，以及企业申请由法定的质量认证机构（第三方）进行质量认证的认证标准。

(3)基础性标准。

基础性标准即 ISO 9004 标准。该标准从市场经济需要出发，提出并阐述了企业质量体系原理、原则和一般应包括的质量体系要素，它具有高度的普遍性和指导性作用，是不同行业企业质量管理与质量体系的实用参考模式。

2. 质量管理原则

多年来，基于质量管理的理论和实践经验，质量管理领域形成了一些有影响的质量管理基

本原则和思想。国际标准化组织(ISO)吸纳了国际上在质量管理方面的各种先进理念,结合实践经验及理论分析,总结为质量管理的八项原则。这些原则适用于所有类型的产品和组织,成为质量管理体系建立的理论基础,并被 GB/T 19000 族质量管理体系标准采纳。组织应遵循这八项质量管理原则对项目进行管理。

(1)以顾客为中心。

组织依存于其顾客,因此,组织应理解顾客当前和未来的需求,满足顾客要求并争取超出顾客期望。工程项目组织是通过完成项目的建设来满足业主(顾客)需求的,因此,项目组织应保证工程项目能满足业主的要求。

(2)领导作用。

领导者将本组织的宗旨、方向和内部环境统一起来,并创造使员工能够充分参与实现组织目标的环境。工程项目组织是通过质量管理体系的建立和实施来贯彻质量方针的,实现质量目标,关键在于领导,成功的项目质量管理需要领导者高度的质量意识和持续的改进精神。

(3)全员参与。

各级人员是组织之本,只有他们充分参与,才能使他们的才干为组织带来最大的收益。工程项目组织最重要的资源之一就是全体员工,成功的工程项目离不开项目组织全体员工对本职工作的敬业态度和对其他项目工作、质量活动的积极参与。

(4)过程方法。

将相关的资源和活动作为过程进行管理,可以更高效地得到期望的结果。

(5)管理的系统方法。

针对设定的目标,识别、理解并管理一个由相互关联的过程所组成的体系,有助于提高组织的有效性和效率。工程项目组织应建立并实施工程项目质量管理体系,即制定质量方针和质量目标,然后通过建立、实施和控制由过程网络构成的质量管理体系来贯彻这些方针,实现目标。

(6)持续改进。

持续改进是组织的一个永恒目标。

(7)基于事实的决策方法。

对数据和信息的逻辑分析或直觉判断是有效决策的基础。工程项目组织应收集各种以事实为根据的数据和信息,采用科学的分析方法,得出工程项目质量活动发展的趋势,及时发现问题、解决问题并预防问题的发生。同时工程项目管理者的决策必须掌握可靠的数据和信息,并对其进行科学系统的分析,从而保证工程项目质量管理体系的正常运行和项目各方的利益。

(8)互利的供方关系。

互利的关系可以增强组织及其供应方创造价值的能力。供应商提供给工程项目的材料和设备的质量将对工程项目质量产生直接的影响。工程项目的施工单位与供应商是相互依存、互利的关系，这种关系可增强双方创造价值的能力。因此，对供应商不仅要讲控制，还要讲互利合作，这对施工单位和供应商都是有利的，是一种双赢战略。

3.质量管理体系基础

(1)质量管理体系的理论说明。

质量管理体系能够帮助组织提高顾客的满意度。

顾客要求产品满足其需求和期望，这些需求和期望在产品规范中表述，并集中归结为顾客要求。顾客要求可以由顾客以合同方式或由组织自己确定。在任一情况下，产品是否被接受最终由顾客确定。因为顾客的需求和期望是不断变化的，竞争的压力和技术的发展都促使组织要持续改进产品。

质量管理体系鼓励组织分析顾客要求，规定相关的过程，并使其持续受控，以生产顾客能接受的产品。质量管理体系能提供持续改进的框架，以增加顾客和其他相关方满意的机会。质量管理体系能够使组织提供持续满足要求的产品，提高顾客信任度。

(2)质量管理体系要求与产品要求。

GB/T 19000 族标准区分了质量管理体系要求和产品要求。GB/T 19001 规定了质量管理体系要求。质量管理体系要求是通用的，适用于所有行业或经济领域，不论其提供何种类别的产品。GB/T 19001 本身并不规定产品要求。产品要求可由顾客规定，或由组织通过预测顾客的要求规定，或由法规规定。在某些情况下，产品的要求和有关过程的要求可包含在诸如技术规范、产品标准、过程标准、合同协议和法规要求中。

(3)质量管理体系方法。

建立和实施质量管理体系的方法包括以下步骤：

① 确定顾客和其他相关方的需求和期望；

② 建立组织的质量方针和质量目标；

③ 确定实现质量目标必需的过程和职责；

④ 确定和提供实现质量目标必需的资源；

⑤ 规定测量每个过程的有效性和效率的方法；

⑥ 应用这些测量方法确定每个过程的有效性和效率；

⑦ 确定防止不合格并消除产生原因的措施；

⑧ 建立和应用持续改进质量管理体系的过程。

上述方法也适用于保持和改进现有的质量管理体系。

采用上述方法的组织能对其过程能力和产品质量树立信心，为持续改进提供基础，从而提高顾客和其他相关方满意度并使组织成功。

(4)过程方法。

任何使用资源将输入转化为输出的活动或一组活动可视为一个过程。为使组织有效运行，必须识别和管理许多相互联系、相互作用的过程。通常，一个过程的输出将直接成为下一个过程的输入。系统地识别管理组织所应用的过程，特别是这些过程之间的相互作用，称为过程方法。鼓励采用过程方法管理组织。如同 GB/T 19000 族标准所表述的，以过程为基础的质量管理体系模式如图 5.2 所示。该图表明在向组织提供输入方面，相关方起重要作用。监视相关方满意程度需要评价有关相关方感受的信息，这种信息可能表明其需求和期望已得到满足的程度。图中的模式没有表明更详细的过程。

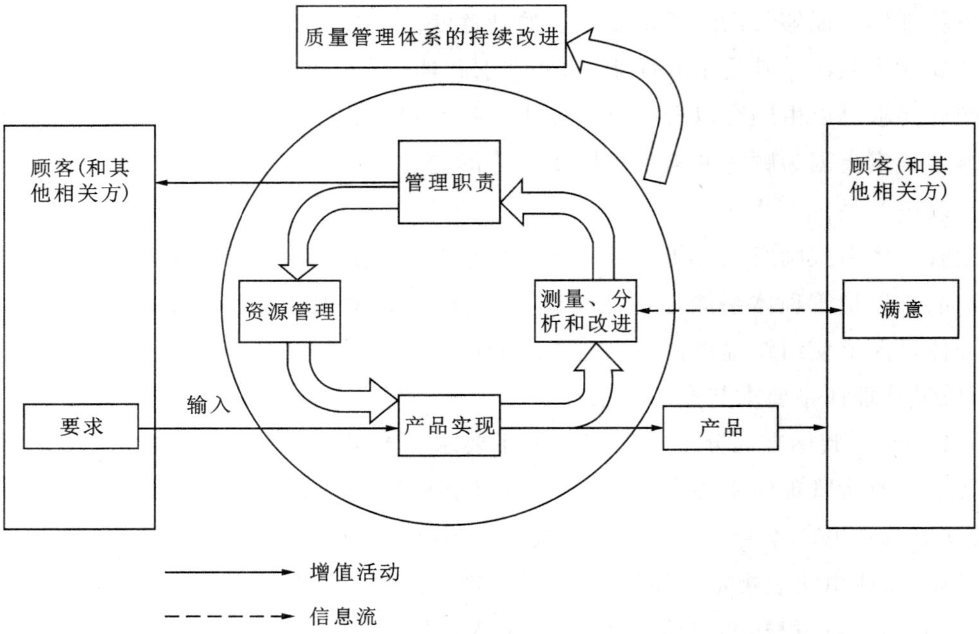

图 5.2　质量管理体系模式

(5)质量方针和质量目标。

建立质量方针和质量目标为组织提供了关注的焦点。两者确定了预期的结果，并帮助组织利用其资源达到这些结果。质量方针为建立和评审质量目标提供了框架。质量目标需要与质量方针和持续改进的承诺相一致，其实现是可测量的。质量目标的实现对产品质量、运营有效性和财务业绩都有积极影响，因此对相关方的满意度和信任度也产生积极影响。

(6)最高管理者在质量管理体系中的作用。

最高管理者通过其领导作用及各种措施可以创造员工充分参与的环境，质量管理体系能够在这种环境中有效运行，最高管理者可以运用质量管理原则发挥以下作用：

① 制定并保持组织的质量方针和质量目标；

② 通过提高员工的意识、积极性和参与程度，在整个组织内促进质量方针和质量目标的实现；

③ 确保整个组织关注顾客要求；

④ 确保实施适宜的过程以满足顾客和其他相关方要求并实现质量目标；

⑤ 确保建立、实施和保持一个有效的质量管理体系以实现这些质量目标；

⑥ 确保获得必要资源；

⑦ 定期评审质量管理体系；

⑧ 决定有关质量方针和质量目标的措施；

⑨ 决定改进质量管理体系的措施。

(7)文件。

① 文件的价值。文件能够沟通意图、统一行动，文件使用有如下好处：

a. 满足顾客要求和促使质量改进；

b. 提供适宜的培训；

c. 具有重复性和可追溯性；

d. 提供客观证据；

e. 评价质量管理体系的有效性和持续适宜性。

② 质量管理体系中使用的文件类型。

a. 组织内部和外部提供关于质量管理体系的一致信息的文件，这类文件称为质量手册。

b. 阐述质量管理体系如何应用于特定产品、项目或合同的文件，这类文件称为质量计划。

c. 阐明要求的文件，即规范。

d. 提供客观证据。

e. 阐明推荐的方法或建议的文件，这类文件称为指南。

f. 提供如何一致地完成活动和过程的信息的文件，这类文件包括形成文件的程序、作业指导书和图样。

每个组织要确定所需文件的数量和详略程度及使用的媒体。这取决于组织的类型和规模、过程的复杂性和相互作用、产品的复杂性、顾客要求、适用的法规要求、经证实的人员能力及满足质量管理体系要求所需证实的程度等因素。

(8)质量管理体系评价。

① 质量管理体系过程的评价。评价质量管理体系时，应对每一个被评价的过程提出如下四个基本问题：

a. 过程是否已被识别并适当规定？

b. 职责是否已被分配？

c. 程序是否得到实施和保持？

d. 在实现所要求的结果方面，过程是否有效？

综合上述问题的答案可以确定评价结果。质量管理体系评价，如质量管理体系审核和质量管理体系评审及自我评定，涉及的范围可以有所不同，并包括许多活动。

② 质量管理体系审核。审核用于确定符合质量管理体系要求的程度。审核发现用于评定质量管理体系的有效性和识别改进的机会。

a. 第一方审核用于内部目的，由组织或以组织的名义进行，可作为组织自我合格声明的基础。

b. 第二方审核由组织的顾客或其他人以顾客的名义进行。

c.第三方审核由外部独立的组织进行。这类组织通常是经认可的，提供符合要求的认证或注册。

③ 质量管理体系评审。最高管理者的任务之一是对质量方针和质量目标，根据规则系统地评价质量管理体系的适宜性、充分性、有效性和效率。这种评审可包括考虑修改质量方针和质量目标的需求以响应相关方需求和期望的变化。评审也可包括确定采取措施的需求。

④ 自我评定。组织的自我评定是一种参照质量管理体系或优秀模式对组织的活动和结果所进行的全面和系统的评审。

自我评定可提供一种对组织业绩和质量管理体系成熟程度的总体看法，还有助于识别组织中需要改进的领域并确定优先开展的事项。

(9)持续改进。

持续改进质量管理的目的在于增加顾客和其他相关方满意的机会，改进包括下述活动：

① 分析和评价现状，以识别改进区域；

② 确定改进目标；

③ 寻找可能的解决办法，以实现这些目标；

④ 评价这些解决办法并做出选择；

⑤ 实施选定的解决办法；

⑥ 测量、验证、分析和评价实施的结果，以确定这些目标已经实现；

⑦ 正式采纳更改。

必要时，对结果进行评审，以确定进一步改进的机会。从这种意义上说，改进是一种持续的活动。顾客和其他相关的反馈及质量管理体系的审核和评审均能用于识别改进的机会。

(10)统计技术的作用。

应用统计技术可帮助组织了解变异，从而有助于组织解决问题并提高效率。这些技术也有助于更好地利用可获得的数据进行决策。

在许多活动的状态和结果中，甚至是在明显的稳定条件下，均可观察到变异。这种变异可通过产品和过程可测量的特性观察到，并且在产品整个寿命周期的各个阶段均可看到其存在。

5.2.2 质量管理体系建设

1.实行项目法人负责制

首先，实行项目法人负责制要制定制度、规范行为。根据工程建设质量管理的需要，管理局先后制定了《质量检查制度》《质量会诊制度》《质量奖罚制度》《档案资料管理制度》和《质量月报制度》五项管理制度，这些制度规范了质检人员的行为，为工程质量的创优达标创造了先决条件。

其次，要划分单元，制定目标。工程在实施前，质量管理的首要工作就是科学划分工程项目，制定单元、分部及单位工程质量目标。

最后，要深入开展工程建设督查工作。工程建设督查制度对于质量管理中各层次职责的落实和各项质量法规的贯彻，具有不可替代的特殊作用，为此，管理局抓了以下几项工作。第一，选派业主代表常驻工地现场，对工程质量行使监督职能。第二，业主单位每月由总工办牵头，组织基建科等有关科室深入现场进行两次巡回检查，重点抽验原材料，检查施工工艺、方法及措施，核验单元工程的质量评定情况，发现问题及时以书面形式向监理部下发通知，要求承包人限期改正，这一举措有效地堵塞了监理单位在质量控制方面的漏洞。第三，定期召开生产例会，现场解决施工质量问题。为确保工程质量，业主单位每月 5 日、15 日、25 日召集监理、设计、施工单位技术人员在施工现场召开生产例会，通过听取汇报、现场察看，及时了解工程进展情况，现场解决影响工程质量的有关问题。第四，要加强资料管理，严格验收程序。资料整编是整个施工过程中一项不可缺少的重要工作，要求与施工同步进行，资料数据必须由承包人与监理工程师共同测量、现场填写并签署意见，每月 20 日前由施工单位按照“工程档案资料整编”规定进行整理汇总，以备单元工程质量评定。工程严格执行水利水电工程建设验收规程，程序如下：单项工程或工序由监理工程师现场验收；单元工程根据工序验收情况进行，由监理工程师验收评定；分部工程由监理部组织业主及各参建单位参加，根据单元工程验收意见进行验收评定；单位工程完工验收由业主组织设计、施工、监理、质量监督和运行管理等单位参加，结合分部工程验收情况进行质量评定。

2. 监理单位进行质量控制

施工过程中的质量控制主要由监理部来完成，为了保证工程质量，监理部把“三大控制”中的质量控制作为监理工作的重点，并贯穿工程建设的始终。监理质量控制分事前、事中和事后控制三个环节。事前控制的主要内容是督促承包人建立健全质量保证体系，完善质量保证措施，并要求制定配套的规章制度和岗位责任制；严格审核施工组织设计及单项工程施工措施，确保施工过程中人员配置合理，施工方法正确和技术措施得当；按照监理的实施细则，要求承包人对原材料全部进行试验，同时监理部对进场原材料再进行抽检。事中控制主要包括以下三方面的内容：一是监督承包人质量保证体系的运作情况，发现问题及时采取措施，并予以纠正和完善；二是严把工序质量验收关，即施工企业“三检”未完成不验收，资料整编不全不验收，工序质量不合格不验收；三是对重点部位和重点工序进行全过程旁站监理，对混凝土浇筑过程，要从原材料计量、配制、搅拌、运输到入仓浇筑、振捣等环节，始终坚持跟班作业，发现问题及时纠正处理。事后控制主要指对发现的质量问题进行分析、总结、归纳，查找原因并提出整改措施，避免类似问题再次发生，如 14 号渡槽槽身内膜光洁度较差，存在麻面等缺陷，其原因主要是模板重复使用前隔离剂不均匀，模具未整修，为此专门召开质量分析会，提出了具体整改措施，取得了显著效果。

3. 建立施工企业保证体系

承包人是整个工程实施的责任者，建立健全施工企业的质量保证体系（图 5.3）是确保工程质量的关键所在。首先，要进行班前交底。班前交底是确保工程质量的基础工作，通过班前交底，让操作人员领会操作规程，熟悉施工规范，掌握施工要领，杜绝施工随意性。其次，要坚持“三检”制度。每道工序都必须实行“三检”制度：班组初检，做好记录；施工作业队复检，填好表格；专职质检员会同监理工程师终检。“三检”全部合格后方可进行下道工序。最后，发现问题及时纠正。“三检”过程中，前一道检查手续不全或发现问题未处理，后一道检查工序就拒绝签证，同时，要认真分析原因，研究处理方案，提出改进措施，并上报监理部审核。

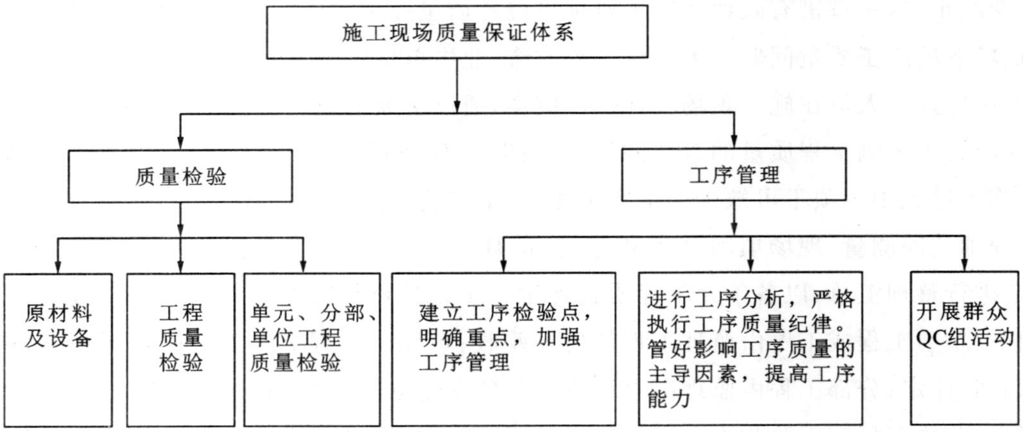

图 5.3　施工现场质量保证体系

4. 政府部门监督

首先，要签订质量监督协议。作为项目法人，每项工程开工之前均要与上级主管部门签订质量监督协议书，促使上级主管部门积极履行政府的监督职能。其次，要定期上报“质量月报”。为全面系统地反映当月工程的进展和质量情况及存在问题，每月 20 日由监理部向业主单位报送监理简报，业主单位根据当月工程进展和质量情况，以文字形式向上级主管部门报送当月工程质量月报。最后，加强政府部门的督促作用。

5.3　国际工程项目质量计划

5.3.1　质量计划的概念

质量计划是指对特定的项目、产品、过程或合同，规定由谁何时使用哪些程序和相关资源的文件。对工程行业而言，质量计划主要针对特定的项目所编制的规定程序和相应资源的文件。

项目部应编制质量计划，作为对外质量保证和对内质量控制的依据。项目质量计划应体现从资源投入到完成工程质量最终检验和试验全过程的质量管理与控制要求。项目质量计划的编制依据如下。

（1）合同中规定的产品质量特性、产品应达到的各项指标及其验收标准。

（2）项目计划。

（3）项目应执行的法律、法规及技术标准、规范。

（4）工程总承包企业质量管理体系文件及其要求。

质量手册和质量体系程序所规定的是各种产品都通用的要求和方法。但各种特定产品都有其特殊性，通过质量计划，可将某产品、项目或合同的特定要求与先行通用的质量体系程序相联结。通常，质量计划引用质量手册或程序文件中的适用条款。

质量计划应明确指出所开展的质量活动，并通过相应程序或其他文件，直接或间接指出如何实施这些活动。

质量计划与质量策划的关系如下。

（1）质量策划是在质量方面指挥和控制组织的协调的活动，策划的目的是制定质量目标，并规定必要的运行过程以实现质量目标。而质量计划是针对特定的项目过程或合同，它的目的是规定由谁何时使用哪些程序和相关资源。质量策划属于管理范畴，而质量计划则属于文件范畴。

（2）质量计划可看成是质量策划的结果，但质量策划的结果不仅仅是质量计划。

（3）质量策划更具针对性，质量计划则更具广泛性。

5.3.2　质量计划的内容与作用

质量计划的内容如下。

（1）应达到的产品质量目标，如特性或规范、可靠性、综合指标等。

（2）企业实际运作的各过程步骤（可以用流程图等形式展示过程的各项活动）。

（3）在项目的各个不同阶段，职责、权限和资源的具体分配。如果有的产品因特殊需要或企业管理的特殊要求，需要建立相对独立的组织机构，应规定有关部门和人员须承担的任务、责任、权限和完成工作任务的进度要求。

（4）实施中应采用的程序、方法和指导书。

（5）有关阶段（如设计、采购、施工、检验等）适用的试验、检查、检验和评审大纲。

（6）达到质量目标的测量方法。

（7）随项目或产品的进展而修改和完善质量计划的程序。

（8）为达到质量目标应采取的其他措施，如更新检验测试设备，研究新的工艺方法和设备，需要补充制定的特定程序、方法、标准和其他文件等。

质量计划是一种工具，其应用可以起到以下作用。

（1）在企业内部，通过产品或项目的质量计划，使产品的特殊质量要求能通过有效的措施得以满足，是质量管理的依据。

（2）在合同情况下，供方可向顾客证明其如何满足特定合同的特殊质量要求，并作为顾客实施质量监督的依据。

5.3.3 编制质量计划注意事项

项目的质量计划是针对具体项目的特殊要求及应重点控制的环节编制的，对设计、采购、项目实施、检验等质量环节的质量控制方案。由项目质量管理人员在项目策划过程负责编制。质量计划应随设计、施工、安装的进度做必要的调整和完善。为编好质量计划，应注意以下问题。

(1)最高管理者应当亲自领导，项目经理必须亲自主持和组织质量计划的编制工作。

(2)必须建立质量计划编制小组。小组成员应具备丰富的知识，有实践经验，善于听取不同的意见，有较强的沟通能力和创新精神。当质量计划编制完成、公布实施后，小组即可解散。

(3)编制质量计划的指导思想是始终以顾客为关注焦点。

(4)准确无误地找出关键质量问题。

(5)反复征询对质量计划草案的意见。

(6)质量技术文件。质量技术文件主要用以表述保证和提高项目质量的技术支持内容，包括与项目质量有关的设计文件、工艺文件、研究试验文件等。技术文件应准确、完整、协调、一致。

在现行的施工管理体制中，对每一个特定工程项目都需要编写施工组织设计，作为施工准备和施工全过程的指导性文件。质量计划与施工组织设计的相同点：其对象均是针对某一特定项目，而且均以文件形式出现，但两者在内容和要求上不完全相同。因此，两者不能互相替代，而应有机地结合起来。

质量计划一旦批准生效，必须严格按计划实施并在实施过程中应进行监控，及时了解计划执行的情况、偏离的程度，采取纠偏措施，以确保计划的有效性。

5.4 国际工程项目质量保证

5.4.1 质量体系认证制度

《中华人民共和国建筑法》规定：国家对从事建筑活动的单位推行质量体系认证制度。从事建筑活动的单位根据自愿原则可以向国务院产品质量监督管理部门或其授权部门认可的认证机构申请企业质量体系认证。经认证合格的，由认证机构向该企业颁发企业质量体系认证书。

1.质量保证体系认证的标准

1987 年 3 月，国际标准化组织(ISO)正式发布 ISO 9000《质量管理和质量保证》系列标准，受到世界各国欢迎，已为各国广泛采用。

1992年,我国也发布了等同采用国际标准的GB/T 19000—ISO 9000《质量管理和质量保证》系列标准,这些标准既可作为生产企业质量保证的依据,也是企业申请质量体系认证的标准。如双方同意,它也可作为供需双方对产品质量的认证标准。

我国等同采用ISO 9000系列标准制定的GB/T 19000系列标准由五个标准组成:

GB/T 19000—ISO 9000《质量管理和质量保证——选择和使用指南》;

GB/T 19001—ISO 9001《质量体系——设计、开发、生产、安装和服务的质量保证模式》;

GB/T 19002—ISO 9002《质量体系——生产和安装的质量保证模式》;

GB/T 19003—ISO 9003《质量体系——最终检验和试验的质量保证模式》;

GB/T 19004—ISO 9004《质量管理和质量体系要素——指南》。

GB/T 19000—ISO 9000《质量管理和质量保证》系列标准在总结国际成功经验的基础上,从质量管理的共性出发,阐述了质量管理工作的基本原则、基本规律和质量体系要素的基本构成。它适用于不同体制、不同行业的生产、服务企业开展质量管理工作,同样也适用于建筑业企事业单位的质量管理工作。

2. 质量保证体系系列标准内容

GB/T 19000—ISO 9000《质量管理和质量保证——选择和使用指南》阐明了质量方针、质量管理、质量体系、质量控制和质量保证五个重要质量术语的含义及其相互关系;阐述了企业应力求达到的质量目标及质量体系环境特点和质量体系标准的类型;规定了标准的应用范围、标准的应用程序;规定了证实文件应包括的内容以及供需双方签订合同前应做的准备。

质量保证模式是为了满足供需双方考虑产品特性、保证能力等多种因素的需求,选择签订合同保证质量要求。这些要求不是企业质量体系的全部要素和内容,只是针对某项产品生产过程质量管理的要求,通过实施这些工作,用户(需方)相信生产企业可以持续稳定地生产质量满足合同规定的产品。

GB/T 19001—ISO 9001《质量体系——设计、开发、生产、安装和服务的质量保证模式》是三个质量保证模式中质量水平最高、覆盖环节(过程)最多,而且质量体系要素最多的质量保证标准,阐述了从产品设计、产品生产到售后服务全过程的质量体系要素的要求。遵照标准,企业产品质量体系提供对合同评审、设计、生产和安装过程(服务)各个阶段、各个环节的严格控制,防止发生不合格的情况,该标准与其他两个质量保证模式相比增加了对设计质量控制条款和售后服务条款的质量体系要素。

GB/T 190002—ISO 9002《质量体系——生产和安装的质量保证模式》适用于设计已定型、生产过程复杂或价值昂贵的产品的生产条件,阐述了从原材料采购至产品交付使用全过程的质量体系要求,是三个模式中应用较多的模式标准。它要求生产企业质量体系提供能严格控制生产过程质量的证据,保证生产和安装阶段各环节符合规定的要求,及时解决生产过程中发现的问题,防止、避免不合格情况的发生和重复出现。该标准强调预防控制与检验相结合,并以此范围规定了18项质量体系要素的内容和工作程序。

GB/T 19003—ISO 9003《质量体系——最终检验和试验的质量保证模式》适用于相对简单或比较成熟的产品。它明确了产品形成过程检验工作、成品检验和实验的质量体系要求，强调检验工作与有效的检验系统，对检验人员、检验程序和设备都要进行严格的控制。该标准明确规定此范围的 12 项质量体系要素构成其主要内容，是三个模式标准中质量体系要素内容和数量相对较少的模式标准。

GB/T 19004—ISO 9004《质量管理和质量体系要素——指南》是指导企业建立质量体系的指导标准。该标准在总结了不同行业、不同企业的基本要求后，提出了企业建立质量体系一般应包括的基本要素。该标准对基本质量要素的含义、目标，要素间的关系，各项工作的内容、要求、方法、人员和所要求的文件、记录都有明确的要求。该标准从建立质量体系的组织结构、责任、程序、过程和资源五个方面对人、技术、管理诸要素提出要求，明确企业质量体系的基本出发点是：应设计出有效的质量体系，以满足顾客的需要和期望，并保护公司的利益。完善的质量体系应在考虑风险、成本和利益的基础上使质量最优化，并具有控制质量的重要管理手段。

3.质量保证体系标准的选择

企业要针对环境特点和主观因素影响，对照标准开展质量工作，对标准规定的要素及采用要素的程度进行研究，确定企业质量体系的构成，建立和完善质量体系。企业可以通过选择要素，组合出既符合质量管理原理又适用于本企业条件的最佳状态的质量体系。

我国的建筑业所涉及的设计、科研、房地产开发、市政、施工、试验、质量监督、建设监理等企事业单位，在建立企业内部质量管理体系时，毫无疑问，应该选择 GB/T 19004—ISO 9004 标准，这是一致的。这些单位有各自的特点，因此，其所建立的质量体系也是不相同的，这主要是质量形成的过程不同而造成的。这些企事业单位在按照 GB/T 19004—ISO 9004 标准建立质量体系的基础上，可以根据用户的要求和企业产品的特点，选择 GB/T 19001—ISO 9001 或 GB/T 19002—ISO 9002 或 GB/T 19003—ISO 9003 标准。具体地说，设计、科研、房地产开发、总承包(集团)公司等单位可以选择 GB/T 19001—ISO 9001 标准；市政、施工(土建、安装机械化施工、装饰、防腐、防水)等企业可以选择 GB/T 19002—ISO 9002 标准。

当然，这些单位对标准的选用也可灵活掌握，上面说的只是一般情况。因为 GB/T 19001—ISO 9001 标准中包括了设计，因此对设计院、研究院和房地产开发公司等单位适用；而 GB/T 19002—ISO 9002 标准中只包括生产和安装，因此只对施工企业适用；GB/T 19003—ISO 9003 标准涉及实验和检验，所以适用于实验室、质检站和监理公司等单位。对一些单位如施工企业下设实验室，可以选择 GB/T 19002—ISO 9002 和 GB/T 19003—ISO 9003 用于外部的质量保证。

5.4.2 质量保证的组织体系

1.质量管理的组织机构

施工单位项目部质量管理的组织机构是由项目部组织机构中与质量管理有关的项目领

导、职能部门及岗位构成的，其他职能部门协助配合质量管理部门做好质量管理工作。质量管理组织机构还包括各分包商、作业层的质量管理组织机构和岗位人员。

2.质量管理的职责

在项目部质量管理组织机构中，不同的部门和岗位承担着各自的质量管理职责。

(1)项目经理的质量管理职责。

① 负责建立、实施、持续改进质量管理体系，并做出有效性承诺。

② 负责制定项目部质量方针和目标，并应确保在项目部内相关职能和层次上建立质量目标，即在总质量目标确定后应能在部门的层次上展开，各分质量目标应与总质量目标相一致，并可测量和考核。

③ 确保项目实施过程中各项质量活动获得必需的资源。

④ 批准发布质量计划。

⑤ 主持管理评审，对质量体系进行综合评价，发现体系的薄弱环节，不断改进质量管理体系，以保证体系持续运行的适宜性、充分性和有效性。

(2)工程副经理质量管理职责。

① 正确处理施工质量与进度的关系。

② 合理安排施工程序。

③ 及时掌握工程施工的质量情况。

④ 定期组织现场质量检查，对主要质量问题亲自组织攻关。

⑤ 组织处理质量事故，严格执行质量奖惩制度。

⑥ 发生重大质量问题，及时上报有关部门，以尽快得到妥善解决。

(3)总工程师质量管理职责。

① 负责工程设计的质量管理。

② 负责技术交底、测量的复查、审定和校准工作。

③ 主持工程质量检查、评定和验收工作。

④ 审核总体施工方案(或施工组织设计)、单项技术方案和施工工艺。

⑤ 参与领导工程质量事故处理工作，提出质量事故技术处理方案。

⑥ 对技术、质量问题提出改进措施。

⑦ 组织开展工程质量创优达标活动。

(4)质量管理部门职责。

① 在项目经理的组织领导下，具体负责建立和完善质量管理体系，保证其有效运转。

② 组织编制和维护项目质量手册和项目质量计划工作。

③ 协助编制、审查项目部各部门和分包商的质量管理体系程序文件和详细作业文件，以确保质量满足要求。

④ 负责管理质量文件、资料和各项标准、规范、检验报告、不合格报告、纠正措施报告及各部门提交的质量文件等。

⑤ 负责对项目的设计、采购、施工质量管理进行策划，并组织实施。

⑥ 制定质量控制程序，负责工程设备材料的质量检验和试验。

⑦ 按照有关法律法规的规定和合同约定，对设计、采购、施工质量进行检查，若有缺陷，督促有关部门改正。

⑧ 负责组织协调咨询工程师或当地政府有关部门的现场检查验收工作。

⑨ 负责检查、监督、考核、评价项目质量计划的执行情况，验证实施效果。

⑩ 组织对质量事故进行调查、分析，并督促有关部门采取纠正措施，负责事故报告的编写。

(5)其他部门质量管理职责。

① 设计管理部门按合同完成规定的设计内容，并达到规定的设计深度，对设计水平、设计质量和执行法规、标准全面负责；确保整个设计过程始终处于受控状态，对设计变更应严格控制并要记录存档。

② 采购部门对设备、材料的质量负责，对设备、材料供应商进行评价和选择。有权拒绝不合格或质量证明文件不全的材料、设备与零配件，对业主供材，严格按照合同规定进行查收、检验、运输、入库、保存、维护。

③ 施工管理部门应实施所有防止不合格品发生的质量控制工作，制定有效的纠正和预防措施，验明并改正施工中的不足，不得有擅自提高或降低质量标准的行为。

④ 技术管理部门负责编写总体施工方案(或施工组织设计)和单项施工方案，负责对作业队、班组的技术质量交底并督促落实，负责工程测量和取样试验工作。

⑤ 安全环保部负责对安全防护设施、设备、机械及环保设施的施工质量进行监督检查，对生产环境的质量情况进行检查，监督对隐患的整改。

除此之外，项目部各部门还应将分包商及其分包工程纳入项目质量控制范围，并协助维护质量管理体系运行，包括按质量管理体系文件要求填写、上报各种记录，开展质量管理活动，参加相关质量培训，在项目实施过程中互相协调，配合处理出现的质量问题等。

5.4.3 质量保证措施

为保证建设工程质量，项目部除了建立详细的质量管理组织体系、管理体系和制度体系外，还应根据项目具体情况，在质量管理中采取必要的保证措施，包括但不限于下列措施：

(1)保证工程材料和设备的质量；

(2)保证施工机具的正常使用和计量器具的有效性；

(3)保证施工操作人员的技术素质；

(4)加强技术管理，严格执行施工及验收标准、规范和规程；

(5)加强施工前质量控制；

(6)严格执行三级质量检验制度；

(7)坚持施工全过程的质量监控；

(8)制定和落实质量通病的防止措施；

(9)制定和落实冬雨季施工的质量保证措施；

(10)确保赶工时的工程施工质量；

(11)制定和落实重点工程部位或特殊工序的质量保证措施；

(12)制定和落实成品和半成品保护措施；

(13)保证施工中的资料完整齐全等。

5.5　国际工程项目质量精细化管理

全面精细化管理在质量控制中主要体现为一个组织以质量为中心，以全员参与为基础，目的在于通过让顾客满意和本组织所有成员及社会受益而达到长期成功的管理途径。全面精细化管理主要体现在质量控制中的全员、全过程、全方位质量管理，力求全面提高经济效益和社会效益。包括以下基本特点。

(1)全员参加：意味着质量控制由少数质量管理人员扩展到所有组织人员。

(2)全过程：将质量控制从质量检验和统计质量控制扩展到整个产品寿命周期。

(3)全面运用一切有效方法：应用一切可以运用的方法，而不仅仅是数理统计法。

(4)全面控制质量因素：意味着把影响质量的人、机器设备、材料、工艺、检测手段、环境等全部予以控制，以确保质量。

全面精细化管理可以归纳为两大基本原则：首先是以满足客户需求为导向，不断改善管理，最终使客户全面满足；其次是以全员参与为基础，进行全过程的质量控制。

由此，工程项目质量控制中，全面精细化管理主要体现出以下原则。

(1)坚持质量第一、用户至上的原则。

(2)以人为控制核心的原则。

(3)预防为主的原则。

(4)坚持质量标准，严格检查，一切用数据说话的原则。

(5)恪守质量道德，强化质量责任的原则。

5.5.1　项目设计阶段质量控制的全面精细化管理

工程的设计质量不仅直接决定了工程最终能达到的质量水准，而且决定了工程实施的难易程度和费用水平。

遵循法定的前期工作程序，保证合理的项目设计周期，是确保项目工程质量的前提。全面精细化管理就是要求在项目设计阶段做好质量控制，从源头上处理好质量与进度、质量与成本之间的关系。

(1)坚持以人为本，树立安全至上的理念。

(2)坚持人与自然相和谐相处，树立尊重自然、保护环境的理念。

(3)坚持可持续发展,树立节约资源的理念。

(4)坚持质量第一,树立让公众满意的理念。

(5)坚持合理选用技术指标,树立设计创作的理念。

(6)坚持系统论的思想,梳理全寿命周期成本的理念。

在设计过程中,应正确处理和协调业主所需功能与资金、资源、技术、环境和技术标准法规之间的关系。对设计质量控制和评定的主要依据是以下资料。

(1)有关工程建设及质量管理方面的法律、法规。例如建设用地、环境保护、工程质量监督等方面的法律、法规。

(2)项目可行性研究报告。

(3)体现业主建设意图的设计任务书、设计纲要和设计合同等。

(4)有关工程建设的技术标准,如设计规范、规程、标准,设计参数的定额、指标等。

(5)反映项目建设过程中和建成后所需要的有关技术、资源、经济、社会协调等方面的协议、数据和资料。

设计阶段质量控制的主要目标,就是要追求质量的合理化。质量的合理化,是指在一定投资限额下,能达到业主所需要的最佳功能和质量水平,并根据目标的要求编制项目的投资计划、设计阶段资金使用计划、进度计划,拟定规划设计大纲,明确设计的质量标准。在设计过程中,业主(或监理工程师)应与设计单位经常以技术磋商的方式贯彻业主的建设意图,并跟踪设计是否控制在投资限额之内,是否能够保证设计质量和进度。其中,应特别重视在设计阶段的跟踪审查。设计阶段完成后,审查的内容如下:计划投资在设计中的体现情况,是否控制在限额以内,方案的经济性分析、比较和论证;设计进度情况,设计文件的规范性、结构安全性、工艺先进性,技术合理性、施工可行性等。

对于国际工程建设项目设计阶段的质量控制,我们必须树立以下几个观念。第一,无论如何加快前期工作进度,也不能盲目压缩设计周期。一般来说,一个项目的初步设计和施工图设计时间均必须保证在 6 个月以上。第二,必须认真督促设计单位加强设计的内审,对不同单位、不同团队编制的设计文件尤其要注意掌握标准一致 、做法协调,不得各搞一套;对外包的地质勘探工作应采取有效的现场监理和质量控制措施。第三,严格执行施工图审查、审批制度,严肃认真地做好施工图设计审查。保证施工图审查质量,提高审查专家的素质,保证审查时间,严禁走过场。对重点、难点和采用新技术的项目强化审查。

工程项目设计阶段,是根据项目决策阶段已确定的质量目标和水平,通过工程设计使其具体化的过程。设计在技术上是否可行、工艺是否先进、经济是否合理、设备是否配套、结构是否安全可靠等,均将决定工程项目建成后的功能和使用价值以及工程实体的质量。国内外的建设实践证明,由设计失误造成的项目质量目标失误、造成的工程质量事故占有相当大的比例。因此,应充分认识到,设计阶段是影响工程项目质量的决定性环节,没有高质量的设计,就没有高质量的工程。

加强对设计阶段质量的控制，除健全与完善设计单位质量保证体系外，还应大力推行设计监理。建设单位应从设计阶段起，委托监理单位介入设计质量监督。目前，我国的建设监理主要是对项目施工阶段的监理，设计监理做得较少。为了进一步保证工程质量，应采取措施加大对设计监理的推广力度。在设计监理中，监理单位要加强对设计方案和图纸的审核、监督，在初步设计、技术设计阶段重点审核设计方案能否满足业主的功能和使用要求，以实现业主的投资意图。在施工图设计阶段，重点在于设计图纸能否正确反映设计方案，能否满足工程实体质量要求，如：检查计算是否有误，选用材料和做法是否合理，标注的设计标高和尺寸是否有误，各专业设计之间是否有矛盾等。

总之，设计是工程的灵魂。实践证明，抓好设计环节、提高设计水平已经成为项目管理的关键。一个项目只有严格遵守法定的基本建设程序，有充足的前期工作时间，在路线方案比选、外业勘测、地质勘探等方面做的工作比较充分、踏实，在施工图设计阶段才能做得较深、较细，提交的设计文件才可能少变更，切实可行，经济合理。否则，在工程实施期间必将导致大量的变更工作，不仅直接影响建设进度，增加大量的民事协调工作，还往往增加项目投资控制难度。全面精细化管理就是要控制在项目一开始阶段的工作质量，以减少后期工作中产生的不必要的麻烦。

5.5.2 项目施工阶段质量控制的全面精细化管理

工程项目施工阶段，是根据设计文件和图纸的要求，通过施工形成工程实体的阶段。这一阶段直接影响工程项目最终质量，尤其是影响工程项目实体质量。而工程项目实体质量关系到人民生命财产安全，因此施工阶段是工程质量控制的关键阶段，是全面精细化管理的重点和核心阶段。当前，工程项目施工阶段的质量控制理论与实施措施较为完善，控制工作的重点应主要放在各项制度、措施的落实上，应进一步加强实施过程中的监督与控制力度。在这个阶段，应奉行以人为本、预防为主、坚持质量标准、严格监督检查的基本原则，确保施工质量符合国家有关的施工技术规范及合同规定的质量标准。

施工阶段的质量控制，是由对投入资源和条件质量控制（事前控制），到对各施工环节的质量进行控制（事中控制），再到对所完成的工程项目的质量检验和控制（事后控制）为止的全过程的系统控制过程。这个过程可以根据工程实体质量形成的不同时间阶段来划分，也可以根据施工过程中物质形态的转化来划分，或者是将施工项目作为一个大系统，对其组成结构按施工层次的分解来划分。

根据工程实体的质量形成过程可划分为事前控制、事中控制、事后控制三个阶段。

（1）事前控制。

事前控制即对施工准备阶段进行的质量控制，它是指在正式施工活动开始前，对各项准备工作及影响质量的各因素和有关方面进行的质量控制。该阶段质量控制工作包括以下内容：技术准备工作、物资准备工作、劳动组织准备工作、施工现场准备工作以及现场外施工准备工作。

(2)事中控制。

事中控制即施工过程中对所有与施工活动有关的各方面的质量控制,也包括对施工过程中的中间产品的质量控制。主要目的在于从保证产品质量出发,对产品生产过程进行系统安排,借助人、机、料、法、环等产品质量影响因素的受控状态,有效实施每一质量工作步骤,主要包括对工序的控制和质量的检验。事中质量控制对工序的要求主要体现在:严格遵守工艺规程、主动控制工序活动条件的质量、及时检验工序活动效果的质量、设置工序质量控制点、实行重点控制与一般控制相结合以及严格执行质量预控做法。

事中质量控制主要包括如下内容:

① 开工前检查;

② 工序施工过程的跟踪监督与检查;

③ 工序交接检查;

④ 隐蔽工程检查;

⑤ 停工后、复工前的检查;

⑥ 分项、分部工程完工检查;

⑦ 成品保护检查。

(3)事后控制。

事后控制指对由施工过程所完成的具有独立使用功能的最终产品(单位工程或整个工程项目)及有关方面(例如质量文档)的质量进行控制。根据工程实体的物质形态转化过程可划分为对投入物质资源质量的控制、对施工生产过程的质量控制、对完成的项目产品质量的控制与验收。

① 对投入物质资源质量的控制:对施工过程中将要使用的原材料、半成品、构配件以及施工机械设备等进行严格的质量检测,确保它们满足施工的要求。

② 对施工生产过程的质量控制:在使投入的物质资源转化为项目产品的过程中,对影响产品质量的各因素、各环节及中间产品的质量进行控制。

③ 对完成的项目产品质量的控制与验收。基于施工阶段质量控制全面精细化管理的手段主要包括以下方面:

a. 通过审核技术文件、报告、报表,实施质量监督、检查和控制;

b. 运用指令文件和一般管理文书实施控制;

c. 通过现场监督、检查实施控制;

d. 规定质量监控程序;

e. 利用支付控制权实施控制。

在项目施工阶段质量控制的全面精细化管理主要体现在以下方面。

1. 健全质量管理机构,落实质量管理责任制

施工企业中标后,为了加强工程施工项目的质量管理工作,按照分级管理、层层负责的原则,建立项目经理部、工程施工处、专业工程施工队三级质量管理体系。项目经理部以项目经

理为质量第一责任人，由质检负责人全面负责质量管理工作，具体业务工作由质检处负责，并组建工地试验室、质量自检组、资料整理组，分工协作，各负其责；工程施工处以各处处长为质量第一责任人，由质量自检员负责该处的质量自检工作；专业工程施工队以各队队长为质量第一责任人，由质量自检员负责该队的质量自检工作，并制定各自的岗位职责，做到质量责任，层层落实，并制定质量管理工作规章制度，使工程质量管理工作有章可循。

2. 牢固树立“质量第一”的思想，认真做好质量管理的前期准备工作

工程开工后，项目经理部根据质量管理工作方针和项目的质量目标，组织全体员工的质量意识学习教育活动，为使质量管理工作顺利开展，要认真做好前期准备工作。

(1)认真学习合同文件、技术规范，落实岗位职责。进入工地现场后，需认真组织参加施工的全体人员学习合同文件、技术规范，依据有关文件精神，结合本工程的实际，制定全体施工人员的质量责任，明确岗位职责，并制定详细的质量管理工作计划，确保质量管理工作的顺利进行。

(2)各个单项工程开工前，要对参加施工的全体人员进行工程施工应知应会教育，并严格考核，做到工程施工严格按设计与技术规范操作。通过教育与考核，实行全体施工人员持证上岗、挂牌作业。

(3)各个单项工程开工前，要组织人员对原材料、机械设备、施工工艺、检测方法和可能遇到的质量问题及预防措施进行充分的施工前准备，并认真检查，确定完善后，再进行施工。

3. 严格执行质量控制程序，确保工程质量目标的实现

(1)制定严格的质量控制程序。

根据工程的合同要求，在工程施工中，制定严格的质量控制程序。在每个单项工程开工前，必须编制并上报开工报告。在工程施工中，首先由施工企业进行质量自检，自检合格后，报请现场监理工程师抽检，抽检合格方可进行下一道工序的施工。在工程施工中，要严格按质量控制程序操作，使各项工程的质量自检工作能够有条不紊地开展。

(2)认真做好试验路段的施工，确定切实可行的工程施工方案。

在各个分项工程全面开工前，遵照“公路工程施工技术规范”的要求，认真做好试验路段的施工，确定各项工程的施工技术方案及质量控制措施，确定具体的施工操作方法，用于指导全线工程的施工。

4. 加强施工现场的质量控制

(1)认真做好工程施工测量，是现场质量控制的主要项目。

在工程开工之前，项目经理部要组织技术人员对导线点、中桩和高程进行反复测量，使之达到闭合要求，保证中线和高程误差在规定允许的范围之内。在施工过程中，要重点对公路路基中线及各个桥涵构造物的平面位置、高程、预制构件的几何尺寸等进行严格控制，使各项测量成果均控制在规范允许的范围之内。

(2)加强对原材料的质量控制,认真做好工地试验工作。

项目经理部要成立工地试验室,并配备精通业务、工作认真负责的专职试验人员,认真开展工地试验工作,为工程质量控制提供可靠的依据。

加强对原材料的质量控制,严把原材料质量关,杜绝不合格的原材料进场。要求钢筋、水泥、钢绞线、防排水材料等外购原材料进场时要有出厂合格证,同时由业主指定的试验室进行试验,合格后方可进行原材料的定购。在施工过程中,根据"技术规范"要求的频率对进场原材料进行检测试验,以杜绝不合格材料进入工地。

加强对混凝土、砂浆等半成品材料的质量控制,在标号不同及水泥砂石料不同时,工地试验室要分别做出配合比,在施工现场挂牌作业,严格按实验室确定的配合比施工,并根据技术规范的要求取样,进行试块的制作及试验,确保试验数据真实、准确、可靠,以确保其工程质量符合技术规范的要求。

加强施工现场的试验检测工作,在各项工程施工过程中,认真进行试验检测工作,对达不到质量标准的施工项目,及时分析原因,调整施工工艺,及时进行补救处理,确保工程质量控制由试验检测数据说话,避免凭经验办事等盲目的质量控制。

(3)认真履行质量合同,加强各个单项工程的现场质量控制。

在工程施工中,加强各个单项工程的现场质量控制,确保工程质量目标的实现。路基土石方工程,要重点做好路基压实度的控制;桥涵构造物工程在做好强度、几何尺寸等主要技术指标控制的同时,还要做好外观质量的控制;路面工程做好基层及面层的强度、稳定性、平整度等主要技术指标的控制。

(4)运用全面精细化管理方法,加强工程质量控制。

在工程施工过程中,运用全面质量管理的知识,采用因果分析图、鱼刺图等方法,对工程质量影响因素进行认真细致的分析,确定质量控制的措施和目标,使工程质量控制有的放矢,达到事前预防、事中严格控制,扭转事后检测达不到标准的被动局面,提高工程质量控制的效率。

总之,管理任何企业,本质就是如何完成任务、创造利润,精细化管理的实质就是"组织结构专业化、工作方式标准化、管理制度化、员工职业化"。企业的经营环境总是变化的,但精细化管理却不会随时间而改变。建立严格的质量控制体系是保证工程质量的基础。

在"政府监督、社会监理、企业自检"的三个环节中,企业的内部质量控制体系是最关键的一环,必须严格执行企业内部"自检、互检、交接检"的作业程序,真正建立起"横向到边、纵向到底、控制有效"的质控体系,不留死角,尤其要加强对重点工序、重点部位的质量自控。项目业主和监理积极研究、改进质量控制方法,要督促施工单位作业人员的应知应会教育,对主管技术和管理人员要进行有针对性的培训考核;要加强过程控制,注意发现倾向性问题和苗头,变事后整改为事前指导;要继续开展创亮点、搞示范的劳动竞赛活动,积极推行标准化施工;要适时组织典型的现场整改分析会,鞭策后进警示全线;要严格试验抽检工作,确保质量数量;工程完工后要及时组织质量自查,并引入专业机构强制开展工程质量实体普查。凡未经过专业机构精检的工程,不得进行交工验收。

5.6 国际工程项目质量控制

5.6.1 基本概念

1.定义

工程项目质量控制是指致力于满足工程质量要求，也就是为了保证工程质量满足工程合同、规范标准所采取的一系列措施、方法和手段。工程质量要求主要表现为工程合同、设计文件、技术规范标准规定的质量标准。

2.总目标

工程项目质量总目标由业主提出，是对工程项目质量提出的总要求，包括项目范围的定义、系统构成、使用功能与价值、规格以及应达到的质量等级等。这一总目标是在工程项目策划阶段进行目标决策时确定的。从微观上来讲，工程项目的质量总目标还要满足国家对建设项目规定的各项工程质量验收标准及使用方（客户）提出的其他质量方面的要求。

3.工程项目质量控制的范围

工程项目质量控制的范围包括勘察设计、招标投标、施工安装和竣工验收四个阶段的质量控制。在不同的阶段，质量控制的对象和重点不完全相同，需要在实施过程中加以选择和确定。

4.工程项目质量控制方法

(1)按照合同规定的工程项目内容，确定项目实施的不同阶段的工作界面。例如：EPC总承包项目要对设计、采购、施工、试运行等不同阶段的工作界面实施控制，集成相关管理因素和方法的叠加作用，预防一体化质量缺陷，以保证项目实施中各个接口之间的质量。

(2)确定项目质量控制的关键点，并从立项开始，分别列出。例如：项目准备阶段、设计阶段、施工准备阶段、施工阶段和竣工验收阶段质量控制的关键点，从而明确主要控制的项目名称、内容与控制的要点和方法。

(3)检查又称评审、产品评审、审定，是指为了确定结果是否符合要求所进行的一系列活动，包括测试、考察和保证的实验等。例如：对单一活动成果或某一个检验批，或某一分部、分项工程的检查或对项目最终产品的检查。在工程项目实施过程中，对检验批，或分部、分项工程所进行的检查与验收活动，是检查工作的基本任务。

(4)控制图是指项目实施中，某过程的成果、时间的展示图，用于确定过程中成果的差异是由随机因素造成的，还是由可纠正原因造成的，如果过程在控制中则不必对其进行调整。它可以用来监测任何类型的结果变量，例如监测费用、进度或其他过程，以帮助确认项目管理过程是否在控制之中。它也可以动态地反映质量特性的变化，可以根据数据随时间的变化动态地掌握质量状态，判断其生产过程的稳定性，从而实现对工序质量的动态控制。

5.6.2 工程质量影响因素

1. 工程项目建设阶段

工程质量是随着工程项目建设流程逐步形成的系统过程，工程质量水平是工程立项、勘察、设计、施工到竣工验收、投入生产或交付的各阶段、各环节工作质量的综合反映。因此，要实现对工程质量的控制，就必须严格执行工程建设程序，严格控制各阶段的工作质量和工程质量。工程质量受到建设阶段的具体影响如下。

(1)工程立项阶段，是决定建设工程成败的首要环节，对项目的策划、评估和决策关系到项目的可行性和资源保障，确定了工程项目应达到的质量目标和水平，决定了工程设计、施工能否按照国家规定的建设程序和标准来实施。

(2)工程勘察阶段，是工程建设的基础，勘察质量直接影响后续建设环节的进行，直接关系到建筑工程质量、投资效益和使用安全。

(3)工程设计阶段，是决定工程质量的关键环节，工程项目的质量目标和水平通过设计得以具体化，设计质量决定了工程项目建成后的功能、使用价值以及工程实体的质量。

(4)工程施工阶段，是形成工程实体质量的决定性环节，施工质量直接影响工程的最终质量。

(5)工程竣工验收阶段，是工程质量控制的最后一个重要环节，体现了工程质量水平的最终结果。

2. 作业要素

在工程勘察、设计、施工、安装等活动中，人员、材料设备、施工机具、方法和环境等作业要素都对工程质量有直接的影响。因此，事前对这些作业要素进行严格把控，是保证工程质量的关键。具体要素如下。

(1)人员，指直接参与工程建设的决策者、管理者和操作者。人员的素质、理论和技术水平、生理缺陷、心理行为和违纪违章等方面对工程质量的水平起决定性作用。

(2)材料设备，指构成工程实体的材料、半成品、构配件和生产设备(或工程设备)。材料设备是工程施工的物质条件，材料设备的质量是工程质量的基础，直接影响工程的使用功能。

(3)施工机具，指施工过程中使用的各类机械设备和检测设备。施工机具是工程施工必不可少的基础设施，施工机具的质量直接影响工程进度和施工质量。

(4)方法，是指技术方案、工艺流程、组织措施、检测手段和施工方案等。方法是实施工程质量控制、进度控制的重要手段，方法的正确与否直接影响到工程质量目标能否实现。

(5)环境，是指对工程质量特性起重要作用的环境因素，如工程地质、水文、气象等工程技术环境，作业环境和管理环境。良好的环境有利于保证工程质量，恶劣的环境将使保证工程质量增加许多困难。

3.外部环境

一般情况下，组织的外部环境和组织的质量状况之间形成一个互相影响的正反馈回路，外部环境好(差)能促进组织的质量改进(下降)，而组织的质量水平高(低)又影响了外部环境的优良(恶劣)。但组织的社会性要求工程项目追求健康、进步、高质量、正义等目标，导致变化寓于内生之中，附加时间效应后，外部环境系统(即社会经济系统)与组织系统内部存在的多种负反馈回路才能发挥必要的作用。

外部环境严格与优化，组织则由此确定较高的质量目标与努力程度；而形形色色的组织对质量的态度、改进措施与质量状态水平又影响了外部环境。可以推断，在法制不健全、市场不规范的环境下，组织会寻找自己获利最大的较低质量状态，反过来又会加剧外部环境的恶化。21世纪的质量已经不是狭义的有形产品质量和某些方面的服务质量，而是涉及任何个人和任何组织的广义质量。从竞争的角度看，中国加入WTO后，如果要在国内守得住，在国际上站得稳，必须依赖以质量为核心的品牌经营；从个人角度看，要不断地提高生活质量，既依赖于社会能够提供质量不断提升的产品与服务，也依赖于自己能够持续地向社会提供高质量的服务与贡献。因此从生存与发展的角度讲，个人、组织、社会之间存在质量改进的相关性。

(1)环境因素的分类及建筑工程施工质量的影响。

① 自然环境。

自然环境包括工程地质、水文、气象等。这些因素复杂多变，对工程的施工质量有较大影响。比如工程地质、水位等直接影响到建筑物的基础形式，影响到基坑施工质量。而气象条件，如高温、大风、严寒、雨天等都会对工程施工质量造成较大的影响。

② 经济环境。

经济环境的主要要素如下：

a.资金(资金供给、资金成本)；

b.价格。工程投入物，如施工材料受价格变化的影响很大；

c.劳动力。劳动力的适用性、质量及价格；

d.劳动生产率。生产率的高低部分取决于技术水平；

e.政府的财政与税收政策。属于政治环境的范畴，但对各种经济组织有着巨大的影响。

经济环境对工程质量的影响：工人技术水平和材料的质量是影响工程质量的最直接的因素，而劳动力价格和材料的价格又直接影响了工人的技术水平和材料的质量，因此经济环境直接影响建筑工程的施工质量。

③ 工程管理环境。

工程管理环境主要指的是采用的质量保证体系、质量管理制度等。

a.质量管理体系。

目前工程项目管理所实施的是全面一体化管理。全面一体化管理是指组织在所有领域内以质量、环境、职业安全卫生为核心，以全面质量管理理论为基础，依据国际管理性标准框架，融合其他管理要求，优化整合协调一致管理，其目的在于让顾客满意及员工、相关方受益而达到长期成功的管理途径。

b. 质量管理制度。

质量管理有效控制的条件之一，就是制度的保证。质量管理工作的基础是质量管理制度，包括制度的建立、健全、贯彻与执行。主要质量管理制度有样板制度、三检制度、技术管理制度、材料管理制度、机械管理制度等。

④ 技术环境。

工程技术环境包括的方面很多，人们所有的行动方法和知识的综合都属于技术范围。比如，在工程项目施工过程中，如果坚持采用新技术、新工艺、新材料，并能够进行创新，那么不但能够提高施工质量，还能降低工程成本，从而提高企业的竞争力。

⑤ 社会文化环境。

社会文化环境是指在一定社会环境中，人们的处事态度、要求、期望、智力与教育程度、信仰与风俗习惯等。在工程施工中要了解当地的文化，尊重当地的习俗。

⑥ 劳动环境。

劳动环境包括劳动组合、劳动工具、施工环境作业面积大小、工程邻边的地下管线、建(构)筑物、防护设施、通风照明及通信条件等。这些都是操作工人能够正常施工的保证。劳动环境直接影响操作工人正常水平的发挥，从而也会影响到建筑工程的施工质量。

(2)对环境因素控制的措施。

既然各个环境因素对建筑施工质量都有不同程度的影响，因此在建筑工程的施工过程中，必须采取积极的措施对这些因素进行有效的控制，控制手段及管理的方法有很多，主要可从以下方面采取措施。

① 加强建筑施工管理环境的建设。认真贯彻执行 ISO 9000、ISO 14001 和 OHSMS 18000 标准，建立完善的质量管理体系和质量控制自检系统，落实质量责任制。

② 环境因素的控制必须与新技术、新材料、新工艺等紧密联系。对市场进行充分调研，了解目前这一领域的新技术、新工艺、新材料，大胆采用那些好的工艺、材料及方案，并能够进行创新，这对于工程质量的提高具有重要促进作用。

③ 收集有关工程的自然环境信息。在整个建筑施工过程中，要不断获取现场的水文、地质、气象等信息资料，对于未来施工期间可能会碰到的恶劣自然环境对施工作业质量的不良影响事先有充分的认识，并做好充足的准备并采取有效的预防措施，以保证工程质量。

④ 做好施工现场平面规划与管理。施工作业环境条件是否良好，直接影响到施工能否顺利进行以及施工质量的好坏。规范施工现场设备、材料、道路等布置，实现文明施工，合理划分施工段，保证各工种的工作操作面，以此避免平面和空间上的相互干扰，确保工作效率与施工质量。

⑤ 协调好各方关系。创造良好的施工外部环境，尊重并支持业主、设计、监理、质监等部门工程现场代表的工作，不断与他们进行沟通，虚心向他们请教技术问题，以加强项目部的力量。

通过以上对影响建筑施工质量的环境因素的分析，可以看到影响建筑施工质量的环境因素不但较多，而且有些因素较为复杂多变，对工程质量的影响也较大。只有提前主动采取积极有效的措施，这样由环境引起的建筑工程质量问题才能够在很大程度上避免。

5.6.3 全过程质量控制

工程项目质量控制应贯穿项目实施的整个过程中，包括设计质量控制、采购质量控制、施工质量控制、分包工程质量控制、试运行质量控制等。只有采用全过程的质量管理，才能控制工程项目的各个环节，取得良好的质量效果。

1. 设计质量控制

设计管理部门是设计质量控制的主管部门，应对设计的各个阶段进行控制，包括设计策划、设计输入、设计输出、设计评审、设计验证、设计确认、设计交底等，并编制各种程序文件来规范设计的整个过程。

2. 采购质量控制

施工单位采购管理部门是采购质量的管理和控制部门，应编制物资采购控制程序，来确保采购的货物符合采购要求。

(1)采购前期。

应根据不同的采购产品对项目实现过程的影响，以及对最终产品的影响，将物资进行分类管理。

根据物资的重要性，采购管理部门应组织评价，拟定合格的供应商，然后根据合同约定，由业主或者自行确定供应商。对供应商的评价和选择应考察供应商单位资质、经验、履约能力、售后服务能力等，并应保持持续的跟踪评价，减少因采购导致的质量风险。

施工单位采购管理部门负责确定采购要求，在与供应商沟通之前，确保规定的采购要求是充分和适宜的。

(2)物资加工过程。

要求供应商按照采购货物的特点建立并严格执行质量管理体系，采购部按照有关条款对各供应商的质量管理体系进行审核。

对于供应商承担的质量职责，施工单位项目部要在与供应商达成的采购合同中给予明确。

(3)采购物资的验证。

在采购合同中应明确物资验证方法，验证工作由采购部组织。根据合同及行业规范对各种物资的规定、物资重要性的不同，确定对物资的抽样办法、检验方式、验证记录等，并组织遵照实施。对验证中发现的不合格品，应按不合格品控制规定进行处理。

3. 施工质量控制

(1)施工前管理。

现场每项工程开始实施前，质量管理部应会同其他相关部门或相关方，对施工所需的技术、物资、组织、现场条件等方面的准备工作的质量把关。其中，应与设计、技术部门及咨询工程师沟通协调，确保施工所需的图纸、规范、标准、施工方案等技术文件的正确性、完备性、符合性，并完成相关的审核批准程序；与合同、采购部门及咨询工程师沟通协调，确保用于工程的材料符合相关质量规定，并事先经过了必要的取样试验和/或驻厂监制及出厂进场等环节检查验收；与合同部门、咨询工程师确认进场分包商通过资格审查；与生产、人资、物资、安环等部门沟通，确认完成了技术、质量和安全必要的培训，特种岗位持证上岗，操作人员的技能及施工设备能满足质量要求，现场施工条件具备，各种测量尺寸复核准确；在生产部门协助下，会同咨询工程师完成了上一道工序的检查验收并获得通过，并确认完成了工序交接手续。

开始施工前需要经过当地政府质量管理部门检查验收的，质量管理部门还应会同咨询工程通知政府质量管理部门到现场检查验收，并为其验收过程提供便利和协助。比如，在中东地区一些国家的房屋建筑工程中，每层楼板结构混凝土浇筑前，必须经过当地质检部门到现场检查验收。

(2)施工过程中管理。

施工管理部门应自觉按上述技术文件要求组织施工，对施工过程的质量负责自检。质量管理部门在现场实施动态监督。发现不符合质量要求的部位、尺寸、工序、工艺等，要求施工部门或操作者立即改正，并按相关规定进行现场取样、试验，必要时采取拍照、绘图、文字记录等形式，留下评判质量好坏的证据。在检查确认过程质量符合质量要求后，准备质量验收文件，会同咨询工程师进行检查验收。检查未获通过，应根据咨询工程师的意见，通知施工部门组织整改，直至验收通过。通过后，施工管理部门组织上下两道工序的施工者进行现场工序交接后，开始下一道工序的施工及其过程质量监督管理。工序交接无法完成的，不得开始下一道工序。

(3)完工后管理。

施工完成后形成工程成品或半成品，质量和施工生产部门应对其外观质量进行初步检查，如外形尺寸、颜色、平整度、光洁度等，发现存在质量瑕疵且可以修复的，无论咨询工程师是否发现并通知，都应自觉组织进行修复。按期对施工过程中采取的试验样品送到专业试验机构进行试验。如果业主咨询工程师对完工部位的质量存在疑问，需要重新进行试验的，应配合其进行现场取样试验。还要整理分析施工过程中形成的质量文件、通告、数据等，并监督做好对成品或半成品的保护。对施工中发生的质量事故，按质量管理有关文件规定的程序和要求进行处理和报告。

需要指出的是，在施工过程的任何时刻，咨询工程师如果认为承包商施工的某一部分或某一程序不合格，就可能签发书面的不合格通知(non-compliance record，NCR)。接到 NCR 后，质量部门应到现场了解查看实际情况，会同技术生产部门研究整改方案，报咨询工程师批准后实施整改，整改完毕获得咨询工程师书面认可后，NCR 才算正式关闭。而且，工程竣工验收前所有的 NCR 都必须关闭。

4.分包工程质量控制

施工单位对分包工程施工的质量管理与控制包括以下主要内容。

(1)检查督促各分包商建立完整的质量保证体系。

(2)分包商进场施工前必须编制出科学、合理的施工方案(或施工组织设计),并上报施工单位项目部和业主咨询工程师审批备案。

(3)分包商必须设置专职质量检查员(持有效证件),负责质量检查、成品保护、资料报验,各种报验资料必须与工程同步,并及时向施工单位质量管理部门汇报工作,否则施工单位对其施工的工程不予验收。

(4)分包商自行采购进场的材料必须是绿色环保材料,提供有效合格证、材质证明及复试报告等,并及时向施工单位项目部和咨询工程师报验。材料无合格证、材质证明、复试报告,或材料不合格,严禁用在工程上。

(5)各分部、分项检验批经总承包项目部和咨询工程师验收通过后方可进行下道工序。不经验收就进入下道工序者,或进场材料未检验通过强行施工者,施工单位将令其返工,并由其承担造成的一切工期和经济损失。

(6)分包商在大面积施工前必须先做样板,并报施工单位、业主咨询工程师和设计单位认可后,方可开始施工,否则施工单位有权责令其停工或返工。

(7)分包方的技术人员、工长、质检员在施工过程中必须做好自检、交接检,如实填写表格上报施工单位项目部后予以验收。

(8)分包方必须按设计、施工方案、规程、规范、标准的要求,施工前向施工单位提供自己的质量保证措施和质量控制点。当以上几种要求不一致时,应以较高要求为准。不按时提供质量保证措施和质量控制点者不允许施工。

(9)分包项目施工中如出现不合格品、不合格项,总承包项目部将向分包商下达不合格品通知单。分包方要针对其编制整改措施,经项目部审批后,在规定的限期内组织整改。对不及时整改或拒绝整改者,项目部有权责令其停工。

(10)施工过程中,施工单位项目部组织的定期或不定期的质量检查和质量会议,分包方的主管领导或者质检员必须按时参加,不得缺席。

(11)如果分包方承担的工程施工质量达不到分包合同规定的质量标准,由此造成的返修、损失由该分包方承担。

(12)如果项目所在国有规定,分包商必须服从当地政府质量监督部门对其分包项目的监督检查,并承担相关费用。

5.试运行质量控制

(1)组织编制试运行计划或方案。

(2)编制有关试运行过程中出现质量事故的处理程序文件。

(3)逐项审核试运行所需原材料、人员素质以及其他资源的质量和供应情况,确认其符合试运行的要求。

(4)检查、确认试运行准备工作已经完成并达到规定标准。

(5)在试运行过程中,前一工序试运行不合格,不得进行下一工序的试运行。

(6)实施试运行全过程的质量控制，监督每项试运行工作按试运行计划或方案实施，并确认试运行结果，凡影响质量的每个环节都必须处于受控状态。

(7)对试运行质量记录应按项目部记录控制程序的有关规定收集、整理、编目和组织归档，并提交试运行质量报告。

5.7 国际工程项目质量考核

施工单位项目部质量管理部门应负责策划并组织实施工程质量的考核、分析和改进工作，确保质量管理体系的符合性和有效性。质量管理部门通过收集体系审核中发现的问题，以及过程、产品测量和监控等各方面的信息和数据，并运用统计技术，分析原因，提出并纠正和预防措施，来达到持续改进质量管理的目的。

5.7.1 质量考核和数据分析

1.质量考核

项目部质量管理部门可以通过顾客满意度调查、内部审核、产品的监测等方式，获取有关工程质量的信息资料。

(1)顾客满意度调查。

质量管理部门负责对顾客满意度的信息进行收集、监视和测量，包括对顾客的调查、顾客的反馈、顾客的要求、顾客的诉讼等，确保质量管理体系的有效性，并明确可以改进的方面。

项目部其他部门应及时将本部门收集或获取的信息传递到质量管理部门，由质量管理部门负责对信息进行整理汇总和统计分析，得出定性或定量的结果。对于顾客不满意的问题，质量管理部门应组织相关部门进行原因分析，责成有关部门采取纠正或预防措施，并跟踪实施效果。

(2)内部审核。

质量管理部门应编制并组织实施“内部审核控制程序”，按照程序的规定进行内部审核，以确定质量管理体系是否满足标准的要求，是否有效地得到实施和保持。

在内部审核前，应按照“内部审核控制程序”的要求成立内部审核小组，编制具体的内审计划，准备工作文件和记录表格，包括内部审核计划、检查表、不合格报告、内审报告、纠正/预防措施表、会议签到表等，在做好准备工作后，开始进行内部审核。

审核员选择和审核任务的安排应确保审核过程的客观性、公正性和独立性，审核员不能审核自己的工作。

内审小组通过面谈、现场检查、查阅文件和记录、查看有关方面的工作环境和活动状况，收集证据，记录观察结果，评价与质量管理体系要求的符合程度，确定不合格项；汇总全部不符合项后进行评定，总结审核结果并编写审核报告，对质量管理体系运行的情况以及实现质量目标的有效性提出审核结论，并提出纠正、改进建议。对于不合格项，分析不合格原因，指定纠正措施计划，经批准后实施。质量管理部门对实施情况进行跟踪，发现问题时，及时协调解决。纠正措施完成后，对纠正措施的有效性进行验证。

内部审核完成后，内审小组将审核的全部记录汇总整理后交质量管理部门，质量管理部门可按编制好的记录控制程序的有关规定接收和保存。

(3)产品的监视和测量。

质量管理部门编制并组织实施“产品的监视和测量控制程序”，按照程序的规定对项目全过程进行测量和监视，保证项目每一道工序使用合格产品，以确保项目从原材料进货到项目竣工时过程产品的质量，达到设计和合同要求的质量标准。

对进场的各种材料都必须按物资检验规定进行验证，内容包括：观察材料的外观质量、产品标牌、规格、型号及数量，审核产品质量证明文件，如合格证、出场证明、试验报告等，并进行登记、保管。

使用前对必须进行复检的材料及时进行复检，未经复检或复检不合格的材料禁止投入使用。

施工前，施工管理部门制定监视和测量计划，规定监视和测量方法、评定标准、使用的设备。

施工过程中，必须按质量监视和测量计划的内容进行工序监视和测量。未经监视和测量的工序和过程产品不得进入下一道工序，除非有可靠追回程序的，才可例外放行，但必须随后补作检验。放行的工序必须经主管领导批准。

隐蔽工程经检查符合要求后，做好隐蔽工程验收记录，经各方签字同意隐蔽后，方可进入下道工序。

对于需要过程试验的项目，必须经过检验合格后才能进入下道工序。

项目完成合同内容后，要进行最终监视和测量，其前提是确认所有前面工序的监视和测量均已完成且满足规定要求后，方可进行最终监视和测量。

在产品监视和测量中发现的不合格品，应按施工单位项目部编制的“不合格品处置”处理。

对项目各阶段的监视和测量，都要按施工单位项目部编制的“记录控制程序”的规定记录、收集、整理、归档。

2.数据分析

质量管理部门负责编制并组织实施“数据分析控制程序”，确定质量相关数据并进行收集和分析，以证实项目质量管理体系的适应性和有效性。这些数据包括在测量过程中得到的数据以及从其他渠道获得的数据。

质量管理部门负责确定分析数据的统计方法，对应用统计技术的人员，按有关要求进行培训。

对收集的质量数据用适当的统计技术进行处理后，质量管理部门根据分析提供的信息发现问题，进而确定问题产生的原因，并采取相应的纠正、预防措施。同时，利用这些信息确定质量管理体系的适宜性和有效性，并确定改进的方向。

5.7.2 不合格品的处置

企业应按照我国相关制度的规定，建立并实施不合格品处置制度，对不合格品处置的职责和权限以及不合格品的分类、分级报告流程和处置方式做出规定。

发现不合格品时，项目质量员应按照质量问题的分类，分别逐级向项目技术负责人、项目经理、企业主管部门、监理、建设方等进行报告。在对不合格品处置的过程中，企业应与建设单位、设计单位、监理单位等进行有效的沟通，并严格按照我国相关制度的规定实施质量问题的处理。

不合格品包括质量不合格、质量缺陷和质量事故。

根据我国有关质量方面的标准定义，凡工程产品质量没有满足某个规定的要求，就称为质量不合格；而没有满足某个预期的使用要求（一般指不符合国家或行业有关技术标准、设计文件及合同要求）或合理的期望（包括与安全性有关的要求），则称为质量缺陷。凡不得返修或不能让步接收而必须进行返工或加固处理的，且所造成的经济损失超过 10000 元的质量问题即构成质量事故。质量事故又分为一般质量事故和重大质量事故，属下列情况之一的即为重大质量事故。

（1）建筑物或构筑物的主要结构倒塌。

（2）基础出现超过规范规定的不均匀沉陷，建筑物倾斜，结构开裂，主体结构强度严重不足。

（3）影响结构安全和建筑物使用年限或造成不可挽回的历史性缺陷。

（4）严重影响设备及相应系统的使用功能（如屋面大面积漏雨，隔热、隔声达不到设计要求）。

（5）返工的直接经济损失超过 100000 元的。

发现不合格品或接到监理、发包方、质量员的整改通知后，作业负责人应要求作业人员立即停止施工，可能时应在不合格处设置明显的不合格标识，以防止在处置前进入下道工序施工。

作业负责人和质量员应对不合格品进行评审，以判定该项不合格品是质量不合格、质量缺陷还是质量事故，并决定如何处置（返工、返修、降级、让步接收）。对于质量不合格和质量缺陷，质量员应向作业负责人发出整改指令或书面的整改通知，由作业负责人组织实施整改。对于判定为质量事故的，质量员应向项目技术负责人汇报，由其组织进一步的评审，技术负责人评审后确认为质量事故的应向企业主管部门和领导报告，并按质量事故处理规定进行处置。

对不合格品进行处理时应符合以下要求。

（1）经返工重做或更换器具、设备的检验批，应重新进行验收。

（2）经有资质的检测单位检测鉴定能够达到设计要求的检验批，应予以验收。

（3）经有资质的检测单位检测鉴定达不到设计要求，但经原设计单位核算认可能够满足结构安全和使用功能的检验批，可予以验收。

（4）经翻修或者加固处理的分项、分部工程，虽然改变外形尺寸但仍能满足安全使用要求的，可与建设方、监理方和设计方协商进行让步接收。申请让步接收时，质量员要记录不合格的实际情况，项目部应办理申请让步手续，填写让步申请报告交建设方批准，只有在得到建设方同意后，才能转序施工。

（5）质量员应在检验记录中记录不合格品及其处置情况。有书面的整改通知时，质量员应在留底的整改通知上记录整改情况。

6 国际工程项目人力资源管理

6.1 概　　述

6.1.1 国际工程项目人力资源管理的背景

全球化的趋势给各国企业的管理和人力资源管理带来了许多新的特点，并越来越为企业家和学者们所关注。目前，国际管理学家已经达成了共识：现在的管理和人力资源管理已经进入了全球化和知识化的管理新阶段（图 6.1）。在这个阶段中，管理的目标是持续成长，管理的主题是知识管理，管理的核心是人力资源，最重要的管理技能是员工知识或智能的管理，并能够将这种知识和智能转化成有用的产品和服务。

国际人力资源管理是人力资源管理学的扩展分支学科，是人力资源管理学与现代世界经济发展密切相连的结果，是人力资源管理学步入新世纪的最新发展，是人力资源管理研究的新热点领域。

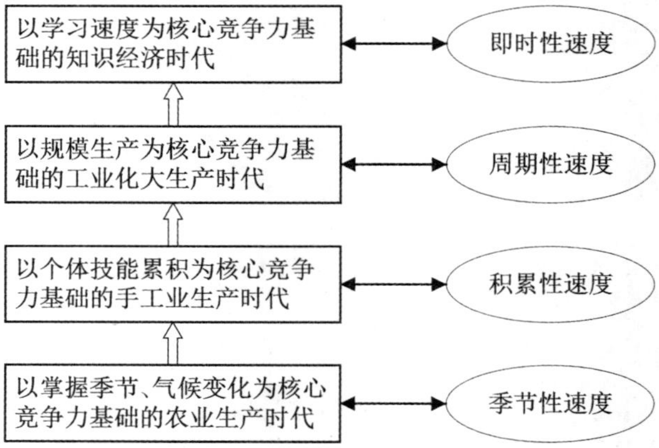

图 6.1　管理的四个阶段及其发展规律

6.1.2 国际工程项目人力资源管理的概念

至今为止，关于国际工程项目人力资源管理的概念，仍没有一个统一的定义。

美国学者约翰·伊凡瑟维奇(1999)认为，国际人力资源管理是国际化组织中人员管理的原则和实践。库伦(2000)认为，当将人力资源管理的功能应用于国际环境时，就变成了国际人力资源管理。P. Morgan(1986)认为，国际人力资源管理是处在人力资源活动、员工类型和企业经营所在国类型这三个维度之中的互动组合。舒勒(1993)认为，国际人力资源管理就是关于跨国公司的战略活动产生的并影响其国际事务和目标的人力资源管理问题、功能、政策和实践。赵曙明(2001)指出，区分国内人力资源管理和国际人力资源管理的关键变量是后者在若干不同国家经营并招募不同国籍的员工所涉及的复杂性。国际企业人力资源管理是指在世界经济一体化和去经济集团化的趋势下，各国人力资源管理的理论与实践，在不同文化背景下的(人力资源管理)的一种融合。

现有的国际人力资源管理的定义多针对跨国公司的人力资源管理，而我们研究的国际人力资源管理应该对"国际"一词的内涵和外延进行界定。国际人力资源管理应是在全球经济一体化背景下，将世界各国人力资源管理的理论与实践加以总结，对不同文化背景以及跨国公司、各国企业中的人力资源管理本身职能(比如员工招聘、甄选、培训、业绩与考评、薪酬与激励等等)进行探讨，并对其职能的演化拓展实行动态的研究。

对于各国企业而言，国际人力资源管理能够在世界经济步入快速的全球化进程中，帮助其迅速适应、保持并提升市场竞争能力。

6.1.3 国际工程项目人力资源管理的特点

国际工程项目人力资源管理相较于一般的人力资源管理，其自身具备了鲜明的国际化特征，既包含了国际工程项目人力资源的特点，也兼具人力资源管理的特点。

中国人民大学劳动人事学院彭剑锋教授讨论并提示了 21 世纪人力资源管理未来发展的十大趋势。

(1)策略导向型的人力资源规划成为企业战略不可分割的一部分。

持续竞争优势依靠的是智力资本的优势。更多的企业开始重视人力资源管理的战略性，设立人力资源委员会。人力资源管理工作在企业中的战略地位得到提升，企业开始从战略层次思考人力资源管理问题。

(2)人力资源管理状况成为识别企业竞争优势的重要指标。

企业拥有的人力资源，现有人力资源的数量、质量、结构、人力资源的流动性及稳定性，员工的满意度成为识别企业核心竞争优势的重要标志。人力资源状况和企业的财务状况、市场状况一样开始受到重视，成为评判企业竞争优势的重要指标。

(3)人力资源管理人员要成为具备人力资源管理专业知识和经营管理技巧的通才，人力资源管理职位成为通往 CEO 的途径。

人力资源是一种可以经营的资源，对人力资本、组织资本的经营成为可以给企业带来经营业绩的重要活动。人力资源管理者的角色发生了变化，由于全员客户概念的引入，员工成为客户，人力资源管理工作者直接面对市场。人力资源管理部门从一个辅助部门成为直接面对市场、可以为企业创造经济价值的业务部门。

(4)以人为本的业绩辅导流程管理方式成为主流。

企业通过沟通、辅导、培训达到提升员工能力、提升工作业绩的目的。管理人员的角色将由传统的“裁判员”向“教练员”转变。员工能力的提升和业绩提高成为衡量管理者工作的重要指标。

(5)人力资源管理的某些服务活动开始外包。

业务外包是未来企业将有限资源集中于核心产品和服务的重要途径，外包企业不仅可以降低新开业务的成本，同时可以获得专业化的服务，比如人事代理、工资调查、特殊人才的寻觅、人事档案等人力资源管理工作。这种外包业务在以后将不再局限于由企业人力资源部门来完成，而是由市场为企业提供服务，让企业仅仅关注其核心产品就足够了。

(6)注重企业与员工共同成长的规划和职业生涯设计。

企业、员工建立利益共同体，共同成长，通过有效的职业生涯规划与设计搭建企业与员工之间共同成长的机制。关注员工能力的提高，人力资源的开发与管理同等重要，建立员工与企业的共同成长机制不等于建立终身雇佣制。企业需要最合适的员工而非最优秀的员工。不能适应企业发展的员工将被淘汰出局，而对于无法满足其发展空间的员工，企业鼓励其流动。

(7)动态目标管理绩效评价体系的建立成为人力资源管理核心课题。

组织注重目标的实现，更要关注目标实现的过程。应克服传统绩效管理流于形式的弊端，通过对流程的控制，注重行为、强化控制，目标的实现将顺理成章。目标的制定和达成过程是一个动态的管理过程。目标管理和绩效评价体系的建立是人力资源部门面临的一个新的课题。

(8)激励导向的薪资制度与自助餐式的福利制度。

激励性的、积极的、正向期待的薪资制度设计思想(比如由扣分惩罚制变为得分奖励制的转变，企业在同样支付水平下营造不同的氛围)将更有利于员工积极性的发挥，创造具有积极性的文化氛围。这样即使在人工成本相同的情况下，也会获得更好的工作氛围和激励效果。福利的发放在人工薪酬成本中占有较高的地位，如何分配福利使其更具有激励的效果，是非常值得研究的问题。福利成本一定，通过提供自助餐式的福利组合，满足员工需求的多元化，人力资源管理部门需要更多的人力资源产品的“设计师”。

(9)实行开放式的管理，企业内部股份由高级经理人、中层管理者及员工持有。

员工持股、股票期权、年薪制等制度的引入，使员工在一定程度上成为企业真正的主人，个人的发展与企业的发展休戚相关，员工可以极大地分享企业发展所带来的成果。制度创新可以使企业的经营业绩真正和企业经营者的报酬挂钩，企业的人才管理中利益分配模式是关键，设计共享的分配模式也是实行开放式管理的必要保证。

(10)充分开发、利用人力资本，使之成为企业巨大的竞争优势。

人力资本的重要性、不可替代性，成为企业的核心竞争力的重要组成部分。充分开发利用人力资本能够给企业带来巨大的竞争优势。

6.2 国际工程项目人力资源规划

6.2.1 国际工程项目人力资源规划概述

国际工程项目人力资源规划是指根据企业的战略规划，通过分析、评价与预测企业未来的人力资源的需求和人力资源供给状况，采取职务编制、员工招聘、测试选拔、培训开发、薪酬设计和员工重新配置等手段，制定使人力资源与企业发展相适应的综合性发展计划的过程。

有效规划国际工程项目人力资源，能够使企业在适当的时间、适当的岗位获得适当的人员，最终获得人力资源的有效配置。具体可以分解成两个方面：① 为了满足变化的组织对各种人力资源的需求，包括数量、质量、层次和结构等；② 为了最大限度地开发利用组织内现有人员潜力，使组织及其员工的需求得到充分满足。

对国际工程项目人力资源进行有效规划能确保企业发展中人力资源的需求，使人力资源管理活动有序化，提高人力资源的利用效率，有利于协调人力资源管理计划，使个人行为与组织目标相吻合，有助于企业适应变化的环境和减少未来的不确定性。

6.2.2 国际工程项目人力资源规划的分类

国际工程项目人力资源规划可根据不同标准进行划分。

(1)按时间划分。

国际工程项目人力资源规划可按时间划分为长期计划、中期计划与短期计划。长期计划指的是3年以上的计划，适用于大型企业；中期计划指的是1年至3年的计划，适用于大型、中型企业；短期计划指的是6个月至1年的计划，适用于短期内企业人力资源变动加剧的情况，是一种应急计划。

但是这种按时间的划分并不是绝对的，有时候长期计划、中期计划和短期计划比上述所列时间要长，有时也会比上述所列时间要短。

(2)按性质划分。

国际工程项目人力资源规划按性质来划分可分为战略规划、战术规划与管理计划。

战略规划是与企业长期战略相适应的人力资源规划，其内容关于未来企业人力资源的大体需求和供给、人力资源的结构和素质层级以及与此有关的人力资源政策和策略。战略规划一般由公司的人力资源委员会或人力资源部制定，它对战术规划和管理计划有指导作用。

战术规划，是将战略规划中的目标和政策转变为确定的目标和政策，并且规定达到各种目标的时间。战术规划是在战略规划指导下制定的，时间较短，预测的准确率较高，对社会经济变化趋势的把握较准确，因此战术规划可以制定得细一些，以增强对管理计划的指导作用。战术规划一般以年度拟定。战术规划在时间、预算和工作程序方面不能满足实际实施需要时，战术规划具体落实就需要具体管理计划来贯彻。

管理计划由一系列可执行人力资源管理的项目计划组成。

(3)按范围划分。

国际人力资源规划按范围来划分可分为整体规划、部门规划与项目计划三种。

整体规划一般指具有多个目标和多方面内容的计划。就其涉及对象来说，它关系到整个人力资源管理活动，包括企业的人员招聘、人员培训、人员考核、人员激励等，这些活动都有各自的内容，但它们又互相联系，互相影响，互相制约，要使这些活动形成一个有机整体，就要把它们当成一个整体来规划。整体规划在整个规划中具有首要的作用。

部门规划是各业务部门的人力资源管理活动计划。它包括各种职能部门制定的职能计划，如技术部门的人员补充计划、销售部门的培训计划等。部门规划是在整体规划的基础上制定的，它的内容专一性强，是整体规划的子计划。

项目计划是某项具体任务的计划，它是针对人力资源管理活动的特定课题作出决策的计划，如项目经理培训计划。项目计划与部门计划不同，部门计划只包括单个部门的业务，而项目计划则是为某种特定任务而制定的。

6.2.3 国际工程项目人力资源规划的内容

国际工程项目人力资源规划主要包括两方面的内容：一是人力资源总体规划；二是人力资源业务规划。

国际工程项目人力资源总体规划是对计划期内人力资源规划结果的总体描述，包括预测的需求和供给分别是多少，做出这些预测的依据是什么，供给和需求的比较结果是什么，企业平衡需求与供给的指导原则和总体政策是什么，等等。国际人力资源的总体规划具体包括三个方面的内容，分别是人力资源数量规划、人力资源素质质量规划、人力资源结构规划。

国际工程项目人力资源业务规划是总体规划的分解和具体化，它包括人力资源补充计划、人力资源配置计划、人力资源接替计划、人力资源培训计划、工资激励计划、员工关系计划和退休解聘计划等内容。这些业务计划之间应当相互联系，相互支撑，同时每项计划都有相应的目标、任务和实施步骤。国际人力资源业务规划的有效实施是总体规划得以实现的重要保证。

6.2.4 国际工程项目人力资源规划的程序

国际工程项目人力资源规划工作不是一蹴而就的，而是一个从收集信息、分析问题、找到解决办法并加以实施的过程，大致包括如下环节。

(1)企业外部环境和企业内部环境分析。

国际人力资源规划制定必须以企业的内外部环境为依据,不同的企业环境有不同的人力资源管理策略。大体说来,外部环境主要指企业所处的外部大环境,如工资水平、竞争对手状况、国家法律政策等;内部环境主要指企业内部的一些状况,如企业现有的人力资源状况、企业的战略目标等。企业内外部环境是企业制定规划的硬约束,任何企业的人力资源规划都必须加以考虑。

(2)国际工程项目人力资源需求预测。

在考虑内外部环境和企业的战略目标的基础上,根据企业的优势和劣势、机会和威胁,制定相应的人力资源战略,确定企业的组织结构和工作设计。在此基础上,企业再运用科学的预测方法,对企业发展中所需要的人力资源数量、质量和结构进行预测,这包括对各类专业人才数量、技术级别以及各种不同人才的搭配比例进行预测。这些工作可以结合人力资源供给预测同时进行。

(3)国际工程项目人力资源供给预测。

人力资源供给预测,是企业在现有的职员供给基础上,根据企业经营环境、生产技术、市场规模等因素的变化,确定规划在各时间点上企业的职工人数,以及预测规划各时间点上各类人员的可供给量,这包括对企业内部人员的供给情况加以预测,也包括对企业外部相关人员的供给情况加以预测。

(4)国际工程项目人力资源需求与供给比较。

对比人力资源的需求和供给情况,可以确定人员的质量、数量、结构和分布均衡情况,从而得出企业发展过程中每个阶段每个职位类别的人员净需求量。

(5)供求不平衡的解决。

在人力资源需求与供给比较的基础上,制定平衡人力资源供求关系的总计划和各项业务计划,并提出调整供求关系的具体政策措施。

国际工程项目人力资源规划的程序如图 6.2 所示。

6.2.5 国际工程项目人力资源规划编写的步骤

一般说来,企业编写国际人力资源规划需要经过下面几个步骤。

(1)编写人员配置计划。根据企业发展规划,结合企业国际人力资源盘点报告,来制定人员配置计划。人员配置计划阐述企业每个职务的人员数量、职务变动、职务空缺数量的补充办法等。

(2)预测人员需求。根据职务计划和人员配置计划,使用预测方法,来进行人员需求预测。人员需求中应阐明需求的职务名称、人员数量、希望到岗时间等。最好形成一个标明有员工数量、招聘成本、技能要求、工作类别及为完成组织目标所需的管理人员数量和层次的分列表。实际上,预测人员需求是整个国际工程项目人力资源规划中最困难和最重要的部分。因为它要求以富有创造性、高度参与的方法处理未来经营和技术上的不确定性问题。

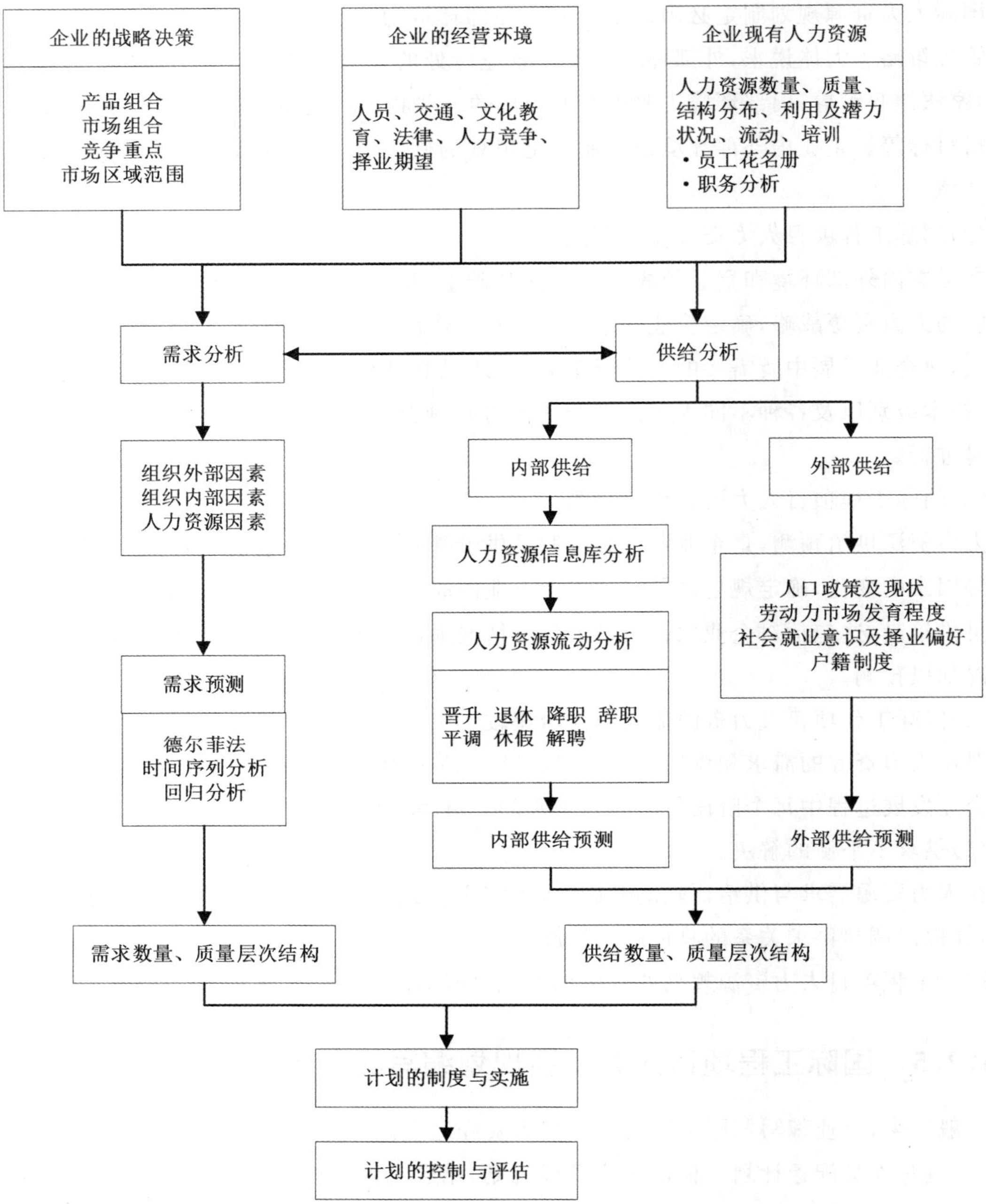

图 6.2 国际工程项目人力资源规划的程序

(3)编写人员供给计划。人员供给计划是人员需求的对策性计划。它是在国际工程项目人力资源需求预测和供给预测的基础上,平衡企业的人员需求和人员供给,选择人员的供给方式,如外部招聘、内部晋升等。人员供给计划主要包括人员招聘计划、人员晋升计划和人员内部调整计划等。

(4)编写人员培训计划。在选择人员供给方式的基础上,为了使员工符合工作岗位的需要,制定相应的培训计划,对员工进行培训是适当的。培训包括两种类型:一种是为了实现提升而进行的培训,如经理职前培训;一种是为了弥补现有生产技术的不足而进行的培训,如新招聘的员工接受岗位技能培训。培训计划中包括了培训政策、培训需求、培训内容、培训形式、培训考核等内容。

(5)编写国际工程项目人力资源费用预算。国际工程项目人力资源活动需要相应的费用,人力资源规划的一个重要任务,就是控制人力资源成本,提高投入产出比例。为此,必须对国际人力资源费用进行预算管理。在实际工作中,应列入预算范围的人工费用很多,常见的有招聘费用、培训费用、奖励费用以及其他非员工直接待遇但与人力资源开发利用有关的费用。

(6)编写国际人力资源政策调整计划。国际工程项目人力资源政策调整计划,是对企业发展和企业国际工程项目人力资源管理之间关系的主动协调,目的是确保国际工程项目人力资源管理工作主动地适应企业发展的需要。其任务是明确计划期内国际工程项目人力资源政策的方向、范围、步骤及方式等。国际工程项目人力资源政策调整计划应明确计划期内的人力资源政策的调整原因、调整步骤和调整范围等。其中包括招聘政策、绩效考评政赏、薪酬福利政策、激励政策、职业生涯规划政策、员工管理政策等。

国际工程项目人力资源规划编写步骤如图 6.3 所示。

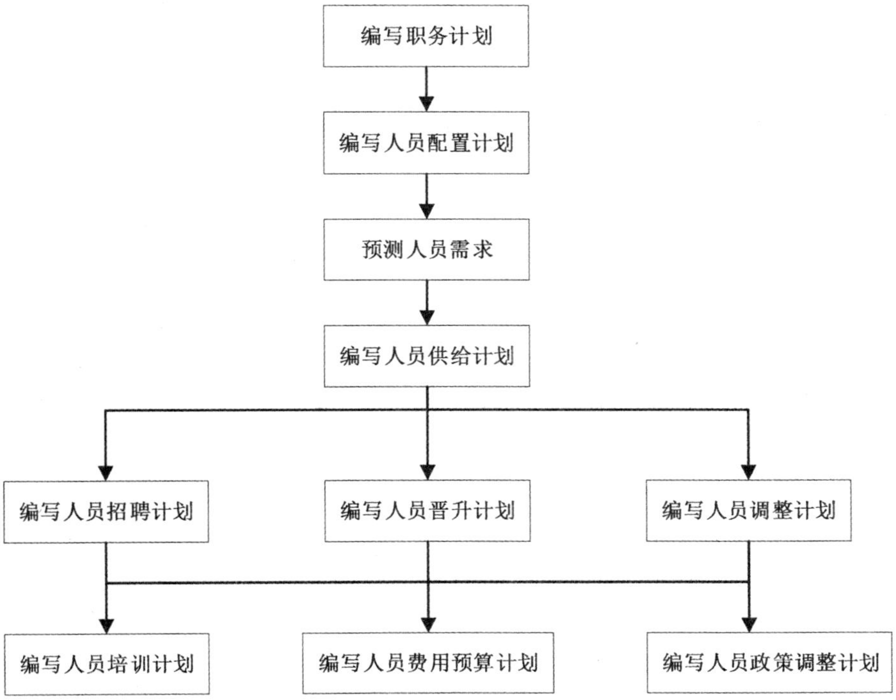

图 6.3　国际工程项目人力资源规划编写步骤

6.3 国际工程项目人力资源供需分析

6.3.1 国际工程项目人力资源供给分析

国际工程项目人力资源供给一般有三个来源：母国公民、东道国公民和第三国公民。

1.从母国公司派遣驻外人员

在国外开设分公司的初期阶段，对于国际工程项目，母国公司企业为了保证海外项目工作的顺利进行会选派部分本国公司的管理人员前往，即派遣驻外人员。这是国际工程项目人力资源管理的经常性项目，因为母国公司的外派人员会比东道国以及第三国人员更为了解母国公司工程项目的目的或兴趣。但是，根据实际情况而言，海外公司的管理人员是不可能全都从母公司派出的，这主要有以下几个方面的原因。

(1)没有足够多数量的人才。各公司的精英管理人才基本上都是屈指可数的，即使是为了保证海外项目的顺利开展，也无法将母国公司全部的优秀管理人才都派遣到海外公司。

(2)花费开销过大。从母国公司派遣驻外人员，除了一般的薪酬之外，还会附带额外的意外保险费、行程费等。当母公司在国外发展了许多子公司或者分公司的时候，派遣驻外人员就会产生一笔很大的开销。

(3)避免“水土不服”。海外项目与母国项目会产生诸多差异，部分外派人员可能会盲目地将本国管理方法移植运用到东道国项目上，从而造成项目管理方法的不适应。

(4)当地法律法规要求。有的国家的法律法规要求，跨国公司在开展项目时，必须招聘部分东道国的管理人员以示平衡。

2.从东道国选聘人员

在实际情况中，母国公司会从东道国选聘部分管理人员来协助开展海外工程项目。这种举措存在着诸多好处。

(1)从东道国选聘的人员能够克服沟通交流上的语言障碍，从而减少对员工的培训成本，避免了文化差异与冲突。

(2)从东道国直接选聘人员能够节省工资成本，帮助当地解决就业问题，从而在国家层面上与东道国建立良好的政治、外交关系。

(3)从东道国直接选聘人员可以避免部分官僚机构烦琐的手续流程，帮助母公司实现长期的目标计划。

但是为了保证海外项目在某些方面能够更好地顺从母国公司的发展意愿与目的，也不能全都招聘东道国员工，否则也会带来许多的问题，比如当地的管理人员已经习惯了本国的工作方法，可能很难适应母国总公司的要求和规范，在母、子公司之间起桥梁作用。

3. 从第三国选聘人员

许多跨国企业的子公司都会想方设法地从除母国和东道国之外的第三国选择合格的人才，因为这些人员通常都精通多门外语，对其他国家的文化、风俗习惯也有一定的了解。在从一个国家到另一个国家时，他们能够较快适应新的环境，不受较大的影响。但是，这种方法需要花费大量的时间和大笔的费用，并且有时候还会受到当地法律法规的歧视与政策的限制。

6.3.2　国际工程项目人力资源需求分析

当公司从不同的国家（母国、东道国和第三国）招聘人员时，其选聘标准会有所不同，从而给国际工程项目人力资源的需求分析带来差异。一般把选聘标准分为以下两类。

1. 对母国公司派遣驻外人员和第三国选聘人员的标准

许多大型企业在聘请高层领导人员时，越来越注重人员海外经营和跨国工作的能力，故现在许多公司企业往往都会把本部优秀的、有潜力的年轻管理人员派遣到国外的子公司锻炼，使他们能够积累更多跨国家、跨文化的国际工程项目管理经验。通常情况下，在母国公司派遣驻外人员和在第三国选聘人员时，通常会考虑到以下五项关键因素。

（1）专业技能，包含技术技能、行政技能和领导技能。

（2）交际能力，包含对不同文化差异的容忍度和接受度、与人交往沟通的能力、对模棱两可的容忍度和对紧张环境的适应能力等。

（3）国际动力，包含对派遣国家地区的感兴趣程度、外派职位与原职位的对比、对被派任务的责任感等。

（4）家庭状况，包含家庭成员愿意到国外生活的程度、家庭成员的交际能力、家庭成员的职业规划等。

（5）语言技能，包含口语和书面写作等语言交流技能。

对外派人员来说，每个职位所要求的标准不一，以上列出的这些关键因素的重要程度也不一样，而这基本上取决于四个方面的任职条件：任职时间的长短、文化的相似性、需要与其他雇员沟通的程度、工作复杂度和责任的大小。表 6.1 总结了不同外派职位各因素的重要程度。

表 6.1　不同外派职位各因素的重要程度

外派成功因素	任命时间长	文化差异大	与当地公民交往需求大	工作负责、责任大
专业技能	高	不确定	中	高
交际能力	中	高	高	中
国际动力	高	高	高	高
家庭状况	高	高	不确定	中
语言技能	中	高	高	不确定

2.对从东道国选聘人员的标准

跨国企业也会在当地选聘部分员工。对于从东道国选聘的员工，除了看重他们的工作能力和经验之外，还要特别关注各个国家地区不同的文化风俗背景。这类员工往往需要具备超强的心理素质和自我调节能力来适应不同文化背景的合作伙伴，而这类员工也会给公司带来很多好处：

(1)提高工作效率；

(2)节省培训开支；

(3)改善组织氛围；

(4)提高员工士气；

(5)提高组织的公共形象；

(6)增加留职率，改进生产管理；

(7)减少错误解聘；

(8)减少赔偿费用；

(9)降低缺勤(病假)率；

(10)降低管理人员的负担。

6.4 国际工程项目人力资源员工选拔与管理

6.4.1 国际工程项目人力资源员工招聘

1.招聘的概念和内容

人力资源的招聘一般是指公司人员的招募、筛选和录用。当公司部门的职位出现人力资源空缺的时候，会通过多种渠道将组织的职位人员需求信息传播给具备相应资格的候选人，吸引他们来填补组织工作职位的空缺。当求职者向组织发出求职意愿时，组织会采取一系列科学的程序和方法(如简历筛选、初试、笔试、面试、测评等)对求职者进行公平公正地甄选。最后在甄选合格的名单中确定被录用的新员工，核实录用人员的背景资料，并与其签订试用合同、办理入职手续和岗前培训等。

对于国际工程项目人力资源管理来说，工作面试和技能要求这两项标准在人员考核中是受到重视的，由于不同国家地区的风俗文化有所不同，会导致其对人才的甄选标准和程序有很大差异。像英国、澳大利亚、加拿大等更加强调个人主义，重视求职者现有的能力，将求职者的工作面试、专业技能、工作经历和经验作为评判的重要标准；日本、韩国等会更加重视求职者潜在的能力，将求职者的招聘测试、工作经验等因素作为评判的重要标准；美国相对来说不注重求职者的工作经验，更加倾向于将求职者与公司其他雇员交往的能力和适应公司的价值观的程度作为评判的标准。

随着全球化经济的不断发展，国际工程项目人力资源招聘也日益呈现出与以往不同的特点来，主要有以下几点：

(1)招聘为战略服务；

(2)日益多元化趋势；

(3)招聘管理的技术不断创新；

(4)招聘制度凸显各国家地区的文化特点；

(5)人力资源本土化成为其突出特点；

(6)更加重视招聘活动中的公平就业问题。

2.招聘的基本程序

一般国际工程项目人力资源在员工招聘的时候，一般有七个步骤：

(1)制定用人需求的计划，通常是根据往年经验总结出每个职位为达到相应目标而需要招聘的人数；

(2)招聘人员的申请，每年执行招聘任务的时候都会有一个具体的申请审批手续，在申请书中要有描述所招聘职位职责范围和招聘目的等相关信息；

(3)筛选应聘资料，确认应聘人员是否符合职位的要求以及检查应聘人员简历的真假；

(4)初试、复试，通过多轮笔试和面试考核应聘人员，从而进行再筛选；

(5)讨论并决定最终结果，由专门的部门和专业的人员负责评估应聘人员的个性、潜能、行事方式、业务能力、技术能力，看其是否符合公司的文化以及部门、职位的要求；

(6)发聘用书，正式聘用人员；

(7)辅导新员工，帮助其了解熟悉公司的文化与部门业务。

根据对大部分跨国公司的研究，国际工程项目人力资源在招聘高级管理人员时，一般会更加注重以下三个程序。

(1)初步面试。

通常会由公司人力资源部门的主管来负责初步面试，通过双向沟通来直接获得应聘者的一些信息，比如学业成绩、相关工作经历经验、兴趣爱好、对公司的了解、对有关职业职责的了解与期望等。同时，应聘者也可以通过对面试官提问等方式对公司的状况以及公司对应聘者的未来期望有大致了解。

初步面试结束后，人力资源部需要对每位应聘人员进行评价筛选，并确定下一轮应试人员名单。

(2)标准化测试。

这一步测试通常是由公司外聘的心理学者来负责主持，通过一系列标准化测试进一步了解应聘人员的基本能力素质和个性特征，包括其基本智力、认识思维方式、内在驱动力等，也包括管理意识、管理技能技巧。目前，这类标准化测试主要有“16种人格因素问卷”“明尼苏达多项人格测验”“适应能力测验”“欧蒂斯心智能力自我管理测验”“温得立人事测验”等。标准化测试的评价结果只是为最后确定人选提供参考，并不是直接依据。

(3)模拟测验。

模拟测验是决定应聘人员是否入选的关键。其具体做法是:应聘者以小组为单位,根据工作中常碰到的问题,由小组成员轮流担任不同角色以测试处理实际问题的能力。整个过程由专家和公司内部的高级主管组成专家小组来监督进行,一般历时两天左右,最后对每一个应试者作出综合评价,提出录用意见。模拟测验最大特点是应聘者的“智商”和“情商”都能集中表现出来,它能客观反映应聘者的综合能力,使企业避免在选择管理人才时“感情用事”。

3.人员配备的方法

当国际工程项目人力资源员工招聘时,除了需要考虑到职位需要之外,还需要根据人员的所属国背景来考虑更多的因素。一般来说,采用四种方法来为国际工程项目配备人力资源。

(1)民族中心法。

民族中心法是指在国际工程项目中由母国公司人员来担任所有的关键性岗位,这种方法多被应用于在国际化早期阶段的公司。这种方法存在着如下不足。

① 这种方法限制了东道国和第三国人员的晋升机会,在某种程度上会引起员工士气的下降和人员频繁地流动。

② 被派遣的驻外经理可能需要很长一段时间来调整适应东道国,而在这段时间内被派遣的母国人员可能会做出错误或不当的决策。

③ 以母国公司人员为中心很容易导致母国人员和东道国人员的待遇差距过大,致使东道国人员认为不公平、不公正。

④ 对许多被派遣的驻外经理来说,一个关键的国际职位意味着升职,是地位、权力、生活水平提高的象征,而这些变化可能影响到被派遣人员对当地下属的需要和期望的感知程度。

(2)多中心法。

多中心法是指在国际工程项目中由母国公司人员管理母国总部事务,再招聘东道国人员来管理其当地的子公司事务。这种方法相对于其他方法存在着许多优点:

① 直接聘请东道国人员可以避免一些敏感的国家政治风险;

② 聘请东道国人员可以消除员工沟通交流的语言障碍;

③ 聘用东道国人员可以避免被派遣驻外人员及其家庭适应新环境的问题,同时也免除了昂贵的文化适应等培训开支;

④ 聘用东道国人员相比派遣母国人员来说费用较低,即使有时需要使用额外的费用来吸引高层次的人才,费用也不算高;

⑤ 聘用所在国人员可以保持子公司管理的连续性,从而避免频繁的人员流动。

这种方法也存在着一些缺点:

① 语言障碍和国家忠诚的冲突以及一些文化差异,如个人价值观、管理态度的差别等,都会使总部与子公司产生隔阂,结果可能会使总部难以控制子公司;

② 子公司的经理很少有机会到国外获得国际经验，也无法晋升至子公司之外的更高层。母国经理也只是很有限地获得国际经验，高级经理人员很少从事国际经营，长期下去将制约战略决策和资源分配。

(3)地区中心法。

地区中心法是地区中心政策多国基础上的功能合理化组合，也就是指根据公司商务和产品战略性质而改变人力资源组合，通常是将公司的经营活动按地理区域划分，让人员在地区间选聘和流动。

地区中心法的优点之一是促进地区子公司调动到地区总部的高层管理人员与任命到地区总部的母国人员之间的互动。另外一个优点在于地区中心法是跨国公司逐渐由纯粹民族中心法或多中心法转到全球中心法的一条途径。

地区中心法其中一个缺点是，在地区内可能形成“联邦主义”，而不是以国家为基础，从而限制了组织的全球立场。另一个缺点是，即使该方法的确在国家层面上能提高职业生涯前景，但它仅把障碍移至地区层面上。

(4)全球中心法。

全球中心法是指在整个组织中选择最佳人员来担任关键职位而不考虑其国别。这种方法的主要优点是跨国公司能组建一支国际高层管理人员队伍，并克服多中心法的缺点。

法塔克(Phatak)认为，执行这种方法的可行性基于如下五种相关假设：

① 无论总部还是子公司都会获得高素质的员工；

② 国际经验是高层管理者成功的条件；

③ 有很强潜在能力和晋升愿望的经理可以随时从一个国家调到另一个国家；

④ 高素质和流动性的人具有开放的思维和很强的适应能力；

⑤ 那些开始不具备开放和适应能力的人到国外工作后可以积累国际经验。

全球中心法的缺点如下：

① 东道国政府很想使本国居民被聘用，即使没有足够的拥有技能的人可录用，政府也将使用移民限制以促使本国人员被聘用；

② 陪同的配偶获取工作许可较困难；

③ 由于培训和重新安置成本的增加，全球中心法的政策实施起来成本很高，一个相关因素是需要根据标准的国际基本工资设计薪酬计划，这可能比许多国家的本国工资水平高得多；

④ 大量的母国人员、其他国人员和所在国人员须被派遣至国外以建立和维持国际管理人员队伍，从而实施全球中心人员配置政策。

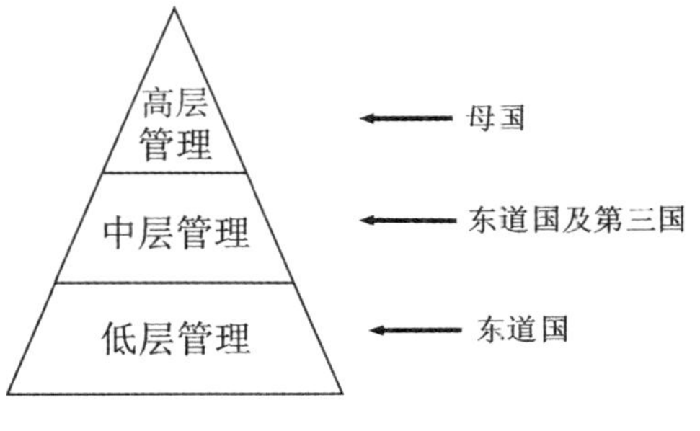

图 6.4 大部分国际工程项目的人员职位分配图

大部分国际工程项目的人员职位分配都遵循图 6.4 的规律。

6.4.2 国际工程项目人力资源员工培训与开发

1.培训与开发的概念和内容

国际人力资源培训与开发就是国际化企业通过在全球范围内的学习、训导等手段，提高员工的工作能力、知识水平和潜能发挥，最大限度地使员工的个人素质与工作要求相匹配，进而提高员工的工作绩效提高。

国际工程项目人力资源培训提供立即应用到工作中的知识与技能，与具体工作相关，它是一种计划性很强，为了支持和改善个人和组织绩效而采取的计划性很强的学习活动，具体包括在职培训、职业发展活动、为提高职业素质的活动或工作使命。

国际工程项目人力资源开发是为了使人们获得新知识、新技术或新观点，并使领导者更好地管理其组织的一种活动。它有利于个体成长进步，但是学习的内容并不一定和现在或将来的某个具体工作相关联。

国际工程项目人力资源培训与开发主要有以下几个目的。

(1)提高工作绩效水平，提高员工的工作能力。

国际工程项目人力资源培训与开发可以改变员工的工作理念、态度和技能水平，提高工作效率，进而提高工作绩效水平。

(2)增强组织或个人的应变能力和适应能力。

培训与开发可以有效增强个人工作能力和适应能力，通过多个个体的绩效集合成组织绩效，借以提高组织对变化环境的适应能力。

(3)提高和增强员工对组织的认同和归属。

国际工程项目人力资源培训与开发，一方面员工能够切身感受到企业对自己的关心与重视程度；另一方面，技能的提高一般会提高员工业绩和员工的满意度，从而提高员工对组织的认同感和归属感。

(4)形成企业竞争优势。

国际人力资源的培训与开发能够改变员工的知识、技能、态度、忠诚度、学习动机和创造力等，这些正是人力资本构成的要素，而人力资本与组织资本共同构成企业核心能力的来源。因此，培训与开发能够帮助企业打造核心竞争力，形成企业的竞争优势。

2.培训与开发的基本流程

国际工程项目人力资源的培训与开发是一个系统的流程，包括培训需求评估、培训实施、培训评估，具体如图 6.5 所示。

3.各国培训与开发的特点

(1)美国公司员工培训与开发的特点。

美国政府把提高工人技能作为保持美国公司竞争力和创造更好的职业的基本点。美国企业非常重视职工的培训与教育，把教育培训看作保持企业竞争力的一项具有战略意义的人力

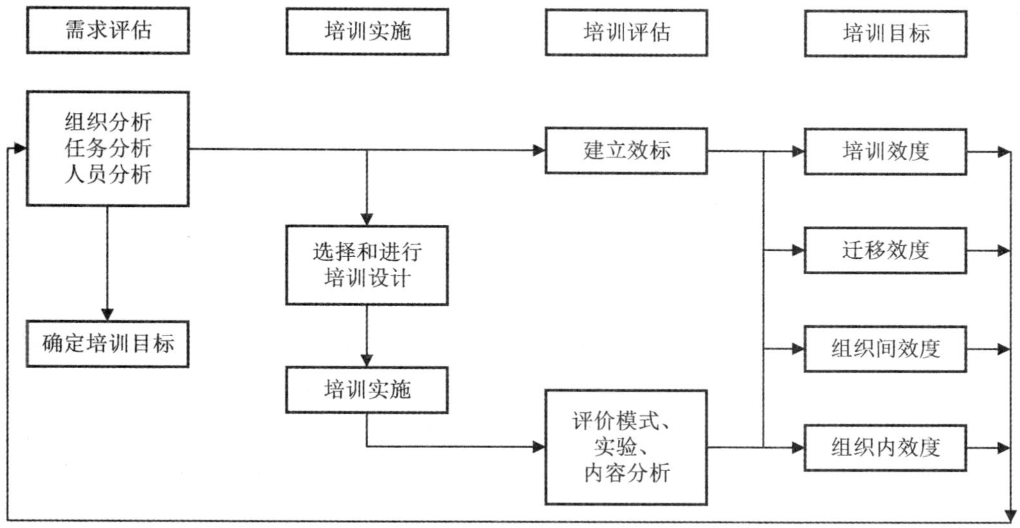

图 6.5　国际工程项目人力资源培训与开发流程图

资源活动。职业培训教育得到政府、企业以及行业协会的高度重视。

美国人力资源培训与开发完全由劳动力市场需求来决定。美国企业人力资源培训与开发的内容、形式、资金渠道等多样化，没有统一的模式和标准，完全由各州因地制宜，由各社区学院、专科学校和企业等培训主体自行决定，因材施教，形成灵活多样、分权管理和运行的机制。

(2)日本公司员工培训与开发的特点。

日本企业在人力资源管理上具有终身雇佣、年功序列、团队合作及家族化等特点，因此特别重视对员工的在职培训。日本企业普遍采取“上下一致、一专多能”的在职培训。日本政府在职业培训过程中利用的法律、政策等手段起到积极的推进作用，如制定了《职业能力开发促进法》，同时还拨专款建立中央职业能力开发协会，推进职业技能开发。日本社会中的民间培训机构也发挥了重要作用，它们主要承担了国家资格考试培训、企业培训、国会及政府委托的培训以及国际交流等工作。

日本公司对员工培训的方式多样化，主要有以下方式。

① 岗位培训，这种培训认为实践当中的学习远远胜于大学里的知识学习。

② 资助员工自我培训，如对参加相关技术讲座资助 50%经费，对学习外语、电脑给予全额的资助。

③ 集中研修，企业根据需要开办学习培训班。

④ 外派学习，到国内外的企业或学校进行学习培训。

⑤ 轮岗培训，为了培养具有战略思维的高级管理人才，通常都让后备管理人才到不同岗位中去任职锻炼。

(3)法国公司员工培训与开发的特点。

法国的职业继续教育模式是企业员工在职培训的一个范例。法国企业员工有法定带薪培训假期，雇主要缴纳本企业当年职工纯工资总额一定比例的职业继续教育税，用于本企业职工的在职培训。大部分企业，特别是大型企业，都有自己的培训机构，面向生产经营实际进行在职培训，取得了很好的经济效益。

(4)德国公司员工培训与开发的特点。

德国的“双轨制”职业培训是举世公认的企业在职培训的成功模式。它按照分工合作原则，把企业在职培训与学校教育有机地结合起来。学校负责理论教育，企业负责实际操作训练。这一制度在德国企业已形成体系化、网络化，培养了大批技术工人和应用型技术人才。德国长期坚持正规的学徒培训制度。德国的这种“双轨制”培训体制和模式，从学徒培训开始，已经推广到多层次的应用技术人才的培训和开发。“双轨制”的人力资源开发模式，经过近半个世纪的实践，发展到今天依然长盛不衰，其主要原因在于它的学用一致、理论与实际相结合的运行机制，较成功地解决了培训制度与就业制度的衔接问题，从而使大多数年轻人在就业前学到一门从业技能，具备相应知识，为他们今后就业创造了很好的条件，也极大地降低了德国年轻人的失业率，稳定了社会秩序。另外，训练有素的新生劳动力源源不断地进入企业，促进了企业的发展，因此备受企业欢迎。

6.4.3 国际工程项目人力资源员工绩效与考评

1.绩效与考评的概念和内容

绩效是一个多义的概念，而且随着管理实践深度和广度的不断增加，人们对绩效概念和内涵的认识也在不断加深。通过对诸多绩效概念的研究，可概括为以下几种。

(1)绩效就是完成工作任务。

(2)绩效就是工作结果或者产出。

(3)绩效就是行为。

(4)绩效就是结果与过程的统一体。

(5)绩效就是实际收益(做了什么)和预期收益(能做什么)之和。

在国际工程项目人力资源管理实践中，绩效反映了员工在一定时期内以某种方式实现某种结果的过程。因此，绩效管理中的绩效是指那些经过评价的工作行为、方式和结果，也就是说绩效包括了工作行为、方式和工作行为的结果。此外，根据绩效评价的对象不同，绩效可分为员工绩效和组织绩效。员工绩效是指员工在某一时期内的工作结果、工作行为和工作态度的总和。组织绩效是指在某一时期内组织任务完成的数量、质量、效率和盈利状况。员工绩效和组织绩效最大的区别在于二者的侧重点不同，员工绩效着重员工的产出和行为，而组织绩效侧重于组织的产出和行为。

国际企业绩效管理是对企业绩效实现过程各要素的管理，是基于企业战略之上的一种管理活动。绩效管理通过对企业战略的建立、目标分解、绩效评价将绩效用于企业管理活动之中，以激励员工业绩持续改进并最终实现组织战略以及个人目标，是为了实现一系列组织战略目标而对员工绩效进行的管理。

2. 绩效与考评的目的

对于大多数国际化企业而言，绩效管理首要目标是绩效评价，当然还有其他目标，而且这些目标不是一成不变的。随着人们对绩效管理认识的不断加深，而且各组织的目标和条件不同，企业的绩效管理系统也可能有不同的目的，归纳起来，建立企业绩效管理系统一般有以下三个目的。

(1)战略目的。

绩效管理系统将员工的工作活动和组织的战略目标联系起来，组织通过提高员工个人业绩来提高组织的整体绩效，从而实现组织目标。

(2)管理目的。

组织在多项管理决策中都要使用绩效管理信息（特别是绩效评价的信息）。绩效评价结果是组织进行薪酬决策、晋升决策、奖惩决策、保留/解雇/临时解雇决策和承认个人绩效决策等的重要依据。

(3)可持续发展目的。

组织通过绩效管理过程发现员工的不足并及时给予针对性培训，使员工更加有效地完成工作。企业在指出员工业绩不佳的同时，还应找出导致绩效不佳的原因，有效提高员工的知识、技能和素质，促进员工个人发展，实现持续改进员工工作绩效、提高组织绩效的目的。对于组织而言，绩效管理的核心思想应该是不断提升组织和员工绩效。

因此，一个完整而有效的绩效管理系统应将员工目标和组织目标紧密结合，并为组织对员工的管理决策提供有效的信息，同时向员工提供准确适用的绩效反馈以实现员工和组织的可持续发展的目的。

3. 绩效与考评的方法

绩效管理的一般流程可用图 6.6 表示，图中清晰地显示了该流程中不同环节之间的关系。绩效管理的过程通常被看作一个循环。这个循环周期一般分为绩效计划、绩效实施、绩效评价和绩效反馈四个阶段。

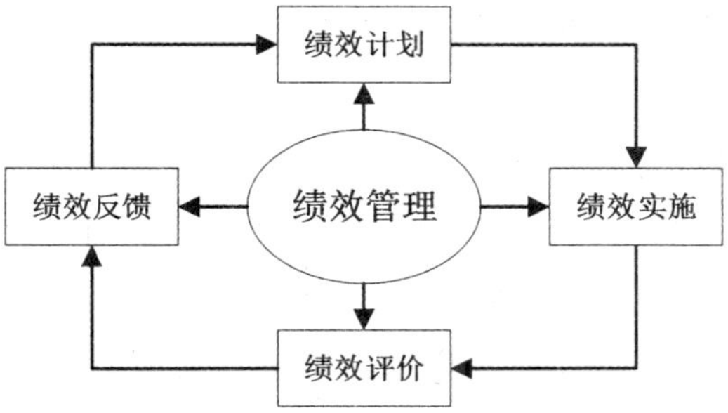

图 6.6　绩效管理的一般流程

(1)绩效计划阶段。

绩效计划是绩效管理的第一个环节，也是绩效管理过程的起点。该阶段的主要工作如下：首先，制定绩效计划，其主要依据是工作目标和工作职责；然后，管理者和员工共同讨论明确员工将做什么，需要做到什么程度，为什么要做这项工作，何时应该做完以及员工所拥有的权力大小和决策权限等。在这个阶段，管理者和员工的共同投入和参与是绩效管理的基础。一般绩效计划都是一年期的，可在年中修订。绩效计划是绩效管理的起点，是确定组织对员工的绩效期望并得到员工认可的过程。绩效计划必须明确说明期望员工达到的结果以及为达到该结果期望员工表现出来的技能和行为。

(2)绩效实施阶段。

绩效实施阶段在整个绩效管理过程中处于中间环节，是绩效管理循环中耗时最长的关键环节，也是集中体现管理者和员工之间通力合作、共同完成绩效目标的阶段。这个过程的顺利与否直接影响着企业绩效管理的成败。绩效管理强调员工与管理者的共同参与，强调员工与管理者之间形成绩效伙伴关系，共同完成绩效目标。这种员工的参与和绩效伙伴关系在绩效实施阶段主要表现为持续不断的双向沟通。

(3)绩效评价阶段。

在绩效管理进行到后期时，企业应根据绩效计划，对员工的绩效目标实际完成情况进行评价。绩效评价的依据就是在绩效计划阶段由管理者和员工共同制定的关键绩效指标，还有在绩效实施阶段所收集到的能够说明被评价者绩效表现的事实和数据。

员工绩效评价的基本内容为工作能力评价、工作业绩评价和工作态度评价。

① 工作能力是指个体完成工作业绩的基础和潜在条件，没有工作能力就不可能创造好的工作业绩。工作能力包括体能、知识、智能和技能等内容。

② 工作业绩是指员工的工作成果和效率。工作业绩就是对员工职务行为的直接结果进行评价的过程。这个评价过程不仅可以说明各级员工的工作完成情况，更重要的是通过这些评价推动员工有计划地改进工作，以达到组织发展的要求。一般说来，可从数量、质量和效率等方面对员工业绩进行评价。

③ 工作态度是指影响员工工作能力发挥的个性因素，主要包括员工的纪律性、协作性、积极性、服从、归属、敬业和团队精神等，在绩效评价中对员工工作态度进行评价，就是要鼓励员工充分发挥工作潜能，最大限度地创造优异的工作成果。

(4)绩效反馈阶段。

绩效评价结束后，管理者还需要与员工进行一次甚至多次面对面的交谈。绩效反馈面谈使员工了解管理者对自己的期望，了解自己的绩效，认识自己有待改进之处。员工也可以提出自己在完成绩效目标过程中遇到的困难，请求上级的指导或帮助。在员工和管理者对绩效评价结果和改进点意见达成一致后，管理者和员工就需要确定下一个绩效管理周期的绩效目标和改进点，从而开始新一轮的绩效评价周期。

以上四个环节构成了绩效管理的一个完整的循环系统。其中，绩效计划和绩效实施是绩效评价的准备和保障，绩效反馈将绩效评价结果在管理者和员工之间传递，这样可及时发现员工的工作优势、遇到的困难和工作技能方面的欠缺，为员工提供有针对性的培训，提高员工工作业绩和工作技能，进而实现组织目标。这样，绩效评价就不再是一个单纯的结果，而成为组织绩效和员工绩效提升的工具。

6.4.4　国际工程项目人力资源员工薪酬与激励

1.薪酬与激励的概念和内容

员工的薪酬与激励是国际工程项目人力资源管理的一个重要方面。良好有效的薪酬激励有助于提高员工的工作满意度和工作绩效，进而提高企业的竞争力，推动企业的发展。

美国薪酬管理专家 George Milkovich 认为：薪酬是指员工从企业所得到的金钱和各种形式的服务和福利，它作为企业给员工的劳动回报的一部分，是劳动者应得的劳动报酬。企业员工的全部劳动报酬收入不仅限于货币收入，而且包括非货币收入，所以薪酬应当包括外在报酬与内在报酬两个方面。

外在报酬是指员工由于被雇用而获得的收入，包括工资、奖金、提成、津贴以及各种非货币形式的福利、服务和员工保护等；内在报酬是指企业为员工提供的学习机会、挑战性工作、职业安全感以及得到的晋升、表扬或受到认可与重视。

另外，在管理学中也出现过许多激励理论。

马斯洛的需求理论将个人的需求分为生理需求、安全需求、社交需求、尊重需求和自我实现需求五个方面。在激励的过程中，管理者需要了解每个员工不同的需求而使用不同的激励手段。

赫兹伯格的双因素理论将组织激励的因素分为保健因素和激励因素。保健因素是指那些只能消除不满但并不能使员工达到非常满意的因素，可以分为物质享受和工作条件、环境两大部分；激励因素是指能够激发员工的工作热情和积极性，并使员工感到非常满意的因素。了解这些激励条件，企业管理者就可以结合特点对员工进行激励。

2.薪酬与激励的策略

美国学者马尔托奇奥在其《战略薪酬》中指出了跨国企业薪酬管理的一些策略方向。

(1)成功的国际薪酬计划应增加公司在国外的利益，应当鼓励员工到国外工作。

(2)设计完善的薪酬计划应最大限度降低员工的经济风险，尽量改善雇员及其家人的境遇。

(3)国际薪酬计划在雇员完成国外的任务时应为其提供回到国内生活的平稳过渡。

(4)完善的国际薪酬计划可以促进美国企业在国外市场的最低成本和差别化战略的实现。

驻外人员的薪酬激励管理可能是国际人力资源薪酬管理的主要问题。如何确定报酬组合是一个棘手的问题。全球化的总体报酬由四个方面组成。第一是基本薪酬，确定驻外人员的基本薪酬不是一件容易的事情，要考虑两国之间的汇率波动，既可以基于母国的可比薪资水平来确定，也可以根据东道国中同一职位的市场薪资水平来确定。税收均等补贴是第二个组成部分，因为在不同的高税收国家之间，税制是不同的。第三部分是福利。最后，企业还常常提供一定的补贴来降低外派工作的不受欢迎性，如生活成本补贴、住房补贴、教育补贴、安置补贴等。

3.设计国际工程项目总体薪酬与激励的过程

设计国际工程项目总体薪酬与激励计划的过程有如下三个阶段。

(1)第一阶段：思考。

这一阶段的工作是计划的构思阶段，主要完成“思维的全球化”。在这一阶段，所有的工作主要围绕以下三个目标进行。

① 理解全球/地区/分支机构的目标和需要。在全球化经济浪潮中，企业所有活动的目的都是获得可持续发展的能力，因此薪酬策略必须服从于企业经营战略，并有助于企业战略的实施。

② 描述全球薪酬和福利计划。我们要以全球化的方式来思维，同时要在具体行动过程中兼顾各地差异。

③ 确定如何实施文化上可接受的、有竞争力的、融合全球战略和当地战略的计划。在设计薪酬计划时，要考虑其可实施性，如果薪酬计划只能停留在纸上，那么再完美的薪酬计划对公司而言也只不过是空中楼阁。全球化的薪酬计划牵涉几个国家的文化因素，并且融合了公司的全球战略和当地的战略，因此其实施的过程相当复杂，需要考虑多方面的因素，力求设计出的薪酬计划具有较高的可实施性。

(2)第二阶段：设计。

设计阶段主要有两方面的工作：确定薪酬计划的实施环境，具体化讨论。

① 确定薪酬计划的实施环境。

a.雇佣和工作条件。

b.劳动法和雇佣合同。

c.法定和社会保障福利。

d.现存的有竞争力的雇佣实践。考察市场上有竞争力的雇佣实践实际上是为公司的雇佣实践找一个标杆，从而确定公司雇佣实践的定位是高于、追随还是低于市场，具体选择何种策略，主要取决于公司的人才战略。

e.现有的人才库和差距。劳动力市场的供求状况以及劳动力供给的质量和水平差异是影响公司薪酬策略的一个重要因素，如果劳动力市场需求大于供给，而且劳动力之间的差距很大，那么公司为了吸引少数优秀的求职者，就必须采取十分有竞争力的薪酬策略。

f.当地雇员的流动性。如果一个地区的劳动力流动十分频繁，而企业却想要雇佣比较稳定的雇员，那么在设计薪酬策略时，就可以加大薪酬中福利和延期支付的比重。

② 具体化讨论。这一阶段的工作带有前瞻性和预测性，也就是说，要考虑到薪酬计划的弹性，以适应未来环境的变化，包括经济趋势、薪酬准则、雇佣成本、全球薪酬选择以及一些其他的要求。

(3)第三阶段:执行。

在这一阶段,国际人力资源专业人员的工作是在设计阶段收集的信息的基础上进一步确定招募、雇佣、薪酬激励、工资支付以及当地雇员管理的操作。具体做法是:在每一分支机构选择几家与公司有竞争关系的企业进行调查,然后在调查数据的基础上提出最佳的实践建议并完成对每一个国家中这些职位的总体薪酬和福利计划的研究。

① 为了在实践过程中正确执行薪酬计划,必须清楚了解各个国家的雇佣和工作条件,主要有最低工资要求、休假、标准周工作时间、试用期规定、加班限制和加班工资。

② 公司同时也要详细了解雇佣和解雇的法律规定,包括通知期、解雇费以及各国雇员申诉的权利。

6.5　国际工程项目人力资源计划管理的主要内容

6.5.1　外事管理

1.定义

外事管理是指为规范公司外事工作程序,提高外事工作效率,为办理地区和部门报送上级机关和主管领导的有关外事问题的请示、报告的管理工作。

2.各部门职责

(1)人力资源部。① 贯彻执行国家、公司对外方针政策和有关规定,协助公司做好相关外事工作;② 对各部门外事工作需求请示进行审核,将关于外事工作需求审核意见报公司国际合作部审批;③ 国际合作部审核通过后落实相关外事工作。

(2)相关部门:① 将与外事工作相关的需求报人力资源部审批;② 提供相关资料,配合人力资源部进行外事相关工作。

(3)国际合作部:对人力资源部请示进行审核批复。

3.工作程序

(1)提出外事工作需求:各相关部门确定外事工作需求,将与外事工作相关的需求报人力资源部审批。

(2)外事工作审核批复:① 人力资源部对各部门外事工作需求请示进行审核,将关于外事工作需求审核意见报国际合作部审批;② 国际合作部对人力资源请示进行审核批复。

(3)落实外事工作:人力资源部在国际合作部审核通过后落实相关外事工作,相关部门提供资料,配合工作。

6.5.2 员工出回国审批管理

1. 定义

员工出回国审批管理是为了规范项目部员工出国、回国审批。

(1)出国任务审批原则。

① 因公出国必须要有明确的公务目的和实质性工作内容，讲究实效，杜绝一般性、重复性参观考察，严禁搞公费出国旅游等不正之风，不得以任何理由绕道旅行或擅自延长在外时间。

② 出国人员要精干，凡与出国任务无直接关系的人员，不得借故出国；凡专业人员可以完成的出国任务，应由专业人员去完成，领导干部不得进行与其职务不相称的出访。

③ 已离休、退休人员，如需派遣出国执行公务，可按公司有关规定办理。

④ 所有派遣出国人员必须按规定与派遣单位签订劳动(务)合同，凡是进入公司劳务“黑名单”的人员，一律不得办理出国手续。

⑤ 公司海外机构常驻人员因回国出差、休假或签证到期需重新办出国手续的，凭已审批过的出国请示直接申办签证或出境证明。

(2)出国人员审批条件。

① 政治条件。因公出国人员必须政治可靠，历史清楚，思想健康，作风正派，遵纪守法。

② 业务条件。出国人员必须具备与出国任务相适应的专业基础理论知识，有较丰富的实际工作经验，具有分析和解决问题的能力，现从事职业与出国任务应一致或相近。常驻国外的人员，一般应具有相应的外语水平。

(3)出回国。

① 出国是指项目部派驻国外，包括首次赴常驻国和非首次赴常驻国。

② 回国是特指海外机构员工因私回国、出国出差、回国出差以及同时因公私两种事由回国。

2. 各部门职责

(1)人力资源部。

① 负责项目部员工护照管理，监督出国期间项目部员工护照管理。

② 督促项目部出回国员工填写“海外机构员工出回国登记表”。

③ 负责履行项目部员工出回国审核、登记备案和指定管理期间的监管等工作。

(2)相关部门。

① 将项目部相关的需求人员名单报人力资源部并办理出国手续。

② 提供相关资料，经国际合作部审批同意后，再报公司外事办公室审批，办理出国手续。

③ 负责项目部员工出回国报批和在国内期间的监管等工作。

④ 向公司报送出回国请示，获公司批准后才可出回国。

⑤ 督促安排出回国员工到人力资源部填写“海外机构员工出回国登记表”。

⑥ 按出国请示中批准的时间出国，逾期三日以上出国的，所在机构应报送出国延期请示，并在请示正文中明确延期的原因和具体出国时间。

⑦ 项目部员工回国，应在抵达国内一个工作日内向公司人力资源部报到，填写“海外机构员工出回国登记表”。

⑧ 由于签证等原因仍需留在国内的，应由所在机构向公司报送回国变更请示，在请示正文中明确变更事项的原因和具体出国时间，获得公司批准后，应及时到公司人力资源部接受指定管理。

(3)国际合作部。

① 对人力资源部办理出回国手续请示进行审批。

② 对项目部出回国请示进行审批。

(4)外事办公室。

审核员工办理出国手续请示。负责项目部员工护照和签证办理、更换。

(5)公司。

审核员工办理出国手续请示。

(6)机关工作委员会。

负责对海外员工出回国违规情况进行检查、督促和提出处理建议等工作。

3.工作程序

(1)出国审批。

① 项目部根据工作需求提供出国任务批件需办理出国手续人员名单，报集团有限公司外事办公室审批。

② 出国手续获批后，项目部员工应将办理签证相关材料上交公司人力资源部，人力资源部办理签证、护照及相关手续。

③ 出国手续获批后，经批准后项目部再向公司报送出国请示。

④ 出国请示获批后，项目部员工出国前应到公司人力资源部填写出回国登记表。

⑤ 项目部员工应按出国请示中批准的时间出国。逾期三日以上出国的，所在机构应报送出国延期请示，并在请示正文中明确延期的原因和具体出国时间。

(2)回国审批。

① 项目部员工回国前，项目部应向国际合作部报送回国请示，获得国际合作部批准后方可回国。

② 项目部员工回国，应在抵达国内一个工作日内向公司人力资源部报到，填写“海外机构员工出回国登记表”，因私回国报到可以本人签到，或采用网络、短信留言等方式。如返程需要办理签证或更换护照，员工应在抵达国内三个工作日内将本人护照及办理签证所需材料送达公司人力资源部。

③ 项目部员工回国申请时间到后，由于签证等原因仍需留在国内的，应由项目部向公司报送回国变更请示，在请示正文中明确变更事项的原因和具体出国时间，获得公司批准后，应及时到公司人力资源部接受指定管理。

6.5.3 员工工作签证管理

1. 定义

工作签证在员工有出国任务、人员审查批准后方可办理，员工工作签证的管理工作是为了保证项目部员工顺利出国，规范项目部员工工作签证。

员工工作签证管理原则如下。

(1)人员申办签证(包括分包商及厂家人员)，须在有出国任务且人员审查批准后方可办理。

(2)因公出国人员应在出国前办妥前往国家的签证。不得在国外办理前往其他国家的签证。遇有特殊情况需在第三国办理前往其他国家的签证，须报公司及公司外事办公室同意。

(3)公司因公出国签证工作由外事办公室指派专人负责，任何单位和个人未经公司批准，不得自行与外国驻华使领馆直接联系办理因公签证事宜，更不允许通过外国人办理签证、到使馆查取签证。

(4)申办因公出国签证必须严格按有关规定办理，申请签证种类应与实际情况一致，出国时间、活动内容应与任务一致。

(5)申办签证一般需要提供有效期六个月以上的护照、邀请函、签证表格、派遣函、二寸白底免冠近照等以及使馆要求提供的其他相关材料。

(6)外国驻华使馆对我出国人员申办签证规定了最低办理签证时间期限，各单位在申办出国签证时必须留出足够的申办签证时间。

(7)对实行免签和落地签证的国家，由外事办公室根据经审批的出国任务开具“出境证明”，出国人员拿到出境证明后须仔细核对人员姓名、护照号码、出访国家等详细信息。

2. 各部门职责

(1)人力资源部。

① 收集项目部人员办理签证所需资料，提交公司外事办公室。

② 协助外事办公室办理签证。

③ 去外事办公室领取签证发放至项目部。

(2)项目部。

① 向公司申报人员出国请示。

② 提供办理签证所需资料至人力资源部。

③ 遇有特殊情况需在第三国办理前往其他国家的签证，须报公司及外事办公室同意。

(3)外事办公室。

指派专人负责办理、查取签证。

3.工作程序

(1)项目部向国际合作部申报人员出国请示,国际合作部审批通过后报公司审批。

(2)项目部提供办理签证所需资料至人力资源部。因公出国人员应在出国前办妥前往国家的签证。不得在国外办理前往其他国家的签证。遇有特殊情况需在第三国办理前往其他国家签证,须报公司及外事办公室同意。

(3)人力资源部收集办理签证所需资料提交至外事办公室,并将办理出国手续相关请示报外事办公室审核。

(4)外事办公室审核通过后,指派专人负责与外国驻华使领馆直接联系办理因公签证事宜,去外国驻华使馆查取签证。

(5)人力资源部去外事办公室领取签证发放至项目部。

6.5.4 员工保险管理

1.定义

员工保险管理为了保证国际工程项目部员工在国外工作期间中遭受意外伤害事故后能够获得及时的救治和经济上的保障,从而促进安全生产管理,维护社会稳定。

员工员工保险一般包括以下内容。

(1)五险一金。

五险一金指的是五种社会保险以及公积金,“五险”包括养老保险、医疗保险、失业保险、工伤保险和生育保险;“一金”指的是住房公积金。其中养老保险、医疗保险和失业保险这三种险是由企业和个人共同缴纳的保费;工伤保险和生育保险完全是由企业承担的,个人不需要缴纳。这里要注意的是“五险”是法定的,而“一金”不是法定的。

(2)雇主责任险。

雇主责任险是指被保险人所雇佣的员工在受雇过程中从事与保险单所载明的与被保险人业务有关的工作而遭受意外或患与业务有关的国家规定的职业性疾病,所致伤、残或死亡,被保险人根据《中华人民共和国劳动法》及劳动合同应承担的医药费用及经济赔偿责任,包括应支出的诉讼费用,由保险人在规定的赔偿限额内负责赔偿的一种保险。

(3)交通意外险。

交通意外险是以被保险人的身体为保险标的,以被保险人作为乘客在乘坐客运大众交通工具(主要包括火车、飞机、轮船、汽车、地铁等)期间因遭受意外伤害事故,导致身故、残疾、医疗费用支出等为给付保险金条件的保险。

2. 各部门职责

(1)人力资源部。

① 收集办理保险所需资料。

② 审核资料,确定缴纳基数。

③ 按时缴纳保险金。

④ 办理、发放医保卡。

⑤ 负责商业保险的参保方案制定、招标采购。

⑥ 负责将资料提交至社保机构、公司社保中心、保险公司办理参保、理赔或待遇申领手续。

⑦ 负责参保人员名单的动态更新。

⑧ 负责理赔相关资料的上报。

(2)项目部。

① 提供需办理保险的人员名单及相关资料提交项目部。

② 发生理赔时,将单据、明细提交人力资源部。

③ 协助配合人力资源部完成项目部员工的保险业务办理。

(3)保险机构(社保机构、公司社保中心、保险公司)。

① 审核参保人员资料。

② 审核理赔资料。

③ 负责保险理赔。

3. 工作程序

(1)法定保险(五险一金)工作程序如下。

① 项目部员工入职后填写保险信息登记表。

② 人力资源部收集办理保险所需资料后,每月定期指派专人将参保员工材料上交社保中心进行审核、盖章,审核通过后去社保机构直接参保,统一办理社保卡,发送至员工。

③ 人力资源部在社保系统中输入基数,缴存比例固定,确定每位员工的保险缴纳金额,每月按时向社保机构缴纳保险费用。

④ 员工在本地理赔时,直接使用社保卡就医即可,发生外地理赔需要手工报销的,项目部员工将单据、明细提交至人力资源部,由人力资源部将相关资料提交至社保机构录入系统,信息录入完成后将资料原件提交社保机构审核,审核通过后进行报销。

(2)补充工伤保险、补充医疗保险、企业年金工作程序如下。

① 项目部员工提交个人相关信息至人力资源部。

② 人力资源部审核资料,确定缴纳基数,提交资料至公司社保中心。

③ 每月按时向公司社保中心缴纳保险费用。

④ 员工发生理赔时，将单据、明细提交至人力资源部，由人力资源部将相关资料提交至社保中心审核，审核通过后进行报销理赔。

(3)商业保险工作程序如下。

商业保险包括雇主责任险和交通意外险，主要参保对象是海外工程项目人员。

① 项目部向人力资源部提交需办理商业保险的员工名单和信息资料。

② 人力资源部确定保险方案后进行集中招标采购，确定保险公司。

③ 人力资源部拟定保险名单，收集个人信息后提交保险公司，按时交纳保费。

④ 参保人员名单发生变化时，人力资源部及时将相关信息报保险公司。

⑤ 项目部员工发生理赔事件时，项目部员工将单据、明细提交至人力资源部，由人力资源部将相关资料提交保险公司，审核通过后进行理赔。

6.5.5 公司派驻人员管理

1. 定义

公司派驻人员的管理是为了规范公司派驻海外分支机构员工(以下简称“派驻员工”)的管理，进一步强化海外分支机构共建共管机制。

2. 各部门职责

(1)战略与投资部。

① 为派驻员工的归口管理部门。

② 负责组织审核派驻员工的派驻和调整事宜。

③ 会同公司人力资源部对派驻员工履行考核职责。

(2)人力资源部。

① 负责派驻员工的签证办理、定岗定级、薪酬考核、员工培训、指定管理等工作。

② 负责派驻员工市场开发业务的指导和培训等工作。

(3)项目管理部。

负责派驻员工电脑配置、OA 账号、企业邮箱建立和在建项目的监管指导等工作。

(4)国际合作部。

负责派驻员工的监管指导工作。

(5)办公室。

负责公司来函流转，派驻员工公文培训指导、工装配置和保密教育等工作。

(6)财务产权部。

负责派驻员工备用金借支、费用核销等财务管理方面的工作。

(7)机关工作委员会。

负责派驻员工违规违纪的监督检查和通报等工作。

3. 工作程序

(1)派驻人员的选取。

国际合作部选派综合业务能力强，具备外语沟通能力和团结协作精神，热衷于海外事业的年轻员工从事国际业务工作。

(2)派驻人员岗位的确定。

项目部派驻员工应向公司致函，明确派驻国别和拟从事的岗位工作等方案，并附上审核通过的派驻员工履历表。公司办公室收到来函后发起审批程序，由公司领导签转公司海外机构管理部办理。

(3)对派驻人员管理方案的审核。

战略与投资部会同公司人力资源部、责任市场部门和项目部对派驻员工方案提出审核意见，报国际合作部审批。

(4)公司确定派驻人员管理方案。

子公司应按照公司回函要求，安排派驻员工赴公司人力资源部和海外机构管理部报到，积极主动与海外分支机构联系，按照公司“海外机构员工出回国管理办法”相关规定办理出国手续，及时到岗履职。

6.5.6 项目部自聘员工管理

1. 定义

自聘员工的管理是为了规范公司及受公司委托管理的项目部自聘员工的管理，能够有效防范劳动用工风险。

(1)项目部聘用母国员工的原则。

① 急需且当地人力资源不满足需求的岗位。

② 满足生产经营需要，严格执行编制管理。

③ 与岗位要求相适应，规范管理与严格考核。

(2)外籍员工聘用与管理的原则。

① 人力资源配置国际化和属地化。

② 遵守所在国法律，尊重当地风俗文化和宗教信仰。

③ 规范管理与严格考核。

④ 满足生产经营需要。

⑤ 与岗位要求相适应。

2. 各部门职责

(1)人力资源部。

① 负责海外机构自聘员工的聘用审核、报批管理。

② 监督指导项目部做好员工的聘用、绩效考核、薪酬发放、社会保险缴纳等日常管理工作。

③ 建立海外机构自聘员工动态管理台账。

④ 研究外籍员工配置规则，建立健全外籍员工管理制度。

⑤ 监督落实外籍员工年度招聘计划。

⑥ 组织公司聘用外籍人员的筛选、面试、报批录用及日常管理。

⑦ 总结推广外籍员工聘用管理的经验。

(2)项目部。

① 结合所在国法律和本单位实际，制定自聘员工管理实施细则。

② 组织本单位自聘员工的遴选、面试、聘用报审工作。

③ 负责拟订适合本单位实际的员工聘用合同并报公司批准。

④ 负责项目部自聘员工的考核、考勤、薪酬发放、社会保险缴纳等日常管理工作，并建立相关管理台账。

⑤ 依法做好项目部自聘员工的解聘、续聘或聘用合同终止等工作，并及时报公司人力资源部备案。

⑥ 按公司要求定期报送自聘员工的聘用管理报表。

(3)战略与投资部。

负责从战略投资业务管理角度对项目部自聘员工的情况加强监督和指导，全方位防控用工风险。

(4)机关工作委员会。

负责从机关工作业务管理角度对项目部自聘员工的情况加强监督和指导，全方位防控用工风险。

3.工作程序

(1)编制人员配置方案报公司审批。

项目部按照项目部人员配置相关规定及时向公司申报项目部人员配置方案报人力资源部审核，国际合作部审批。

(2)组织人员招聘。

编制方案经公司审批通过后，项目部自行组织人员招聘，确定拟聘任员工。

(3)聘用审批。

项目部上报拟聘任员工请示，人力资源部审核，国际合作部审批，并下达批复，项目部申报时，请示正文须明确薪酬福利项目和标准、聘用期限、工作岗位，并同时提交相关材料。

(4)入职管理。

① 员工入职时，海外机构应严格审核其任职条件、各类证件及其他相关资料的真实性和有效性，并做好存档备案工作。

② 员工通过入职审核后为其办理入职登记手续，建立完整的员工个人信息库，并定期维护更新。

③ 安排员工体检、签署聘用合同、开展入职培训。

④ 在10个工作日内将所聘员工完整个人信息报公司人力资源部备案。

⑤ 项目部须在员工入职后30日内，将与其签订的聘用合同扫描电子文档报人力资源部备案。

(5)考核、考勤、薪酬管理。

项目部须做好自聘员工的考勤、考核、工资发放、社保税费缴纳等工作，做好原始支付凭证(资料)存档工作，并以电子文档形式报公司人力资源部备案。

(6)续聘手续。

项目部须在员工聘用期满前30日内对该员工进行聘期考核。考核不合格者终止聘用；考核合格且需续聘的，项目部应在员工聘用期满前规定的程序办理续聘审批手续，并同时提交续聘员工的聘期考核材料。

(7)离职管理。

① 项目部应建立规范的员工离职内部审批程序。

② 考核不合格或到期不再续聘的，项目部须及时办理解除(终止)劳动合同手续。

③ 员工在完成工作交接、财务清账及相关物品交接后方可办理离职手续。

④ 项目部应在自聘员工正式离职后10个工作日内，报公司人力资源部备案。

6.5.7 员工职业健康管理

1.定义

员工职业健康管理的根据是《中华人民共和国职业病防治法》《职业健康监护管理办法》，目的是保证员工的身心健康，不断提高工作效率，实现企业和谐、持续发展。

职业健康档案包括以下内容。

(1)劳动者职业史、既往病史和职业病危害接触史。

(2)健康检查结果及处理情况。

(3)职业病诊疗等员工健康资料。

2.各部门职责

(1)人力资源部。

① 制定和完善公司员工健康保健制度。

② 制定公司年度健康检查计划并监督或组织落实。

③ 组织实施公司总部直接聘用员工的健康检查，建立、维护员工健康档案。

(2)安全管理部。

负责指导、监督各项目部辨识确定职业病危害工种(岗位)。

(3)工会办公室。

负责对员工健康保健工作进展情况进行监督。

(4)项目部。

负责开展职业病危害因素检测，辨识确定职业病危害工种(岗位)并申报具体从事人员名单。

3. 工作程序

(1)确定职业危害工种(岗位)。

① 项目开展职业病危害因素检测，辨识确定职业病危害工种(岗位)。

② 安全管理部指导、监督各项目部辨识确定职业病危害工种(岗位)。

(2)制定健康管理制度。

① 人力资源部制定和完善公司员工健康保健制度。

② 人力资源部制定公司年度健康检查计划并监督。

(3)建立健康管理档案。

人力资源部建立、维护员工健康档案。

6.5.8 员工培训管理

1. 定义

员工培训管理的目的是规范公司项目部员工回国培训管理，保障培训效果。项目部员工回国培训分为以下四类：项目部负责人回国培训、项目管理及市场开发人员回国培训、项目部财务人员回国培训、项目部外籍管理员工回国培训。

一般会对以下几类人员进行专业培训。

(1)与公司总部签订劳动合同并派往国外工作的管理员工。

(2)子公司派驻项目部的中方管理人员。

(3)经公司批准公司项目部聘用的外籍管理员工。

2. 各部门职责

(1)人力资源部。

① 根据项目部需求制定员工回国培训计划报公司审批。

② 根据公司年度培训计划，结合项目部员工的培训需求，公司人力资源部制定具体培训方案报公司审批。

③ 按审批通过的培训方案开展培训及管理工作。

④ 对培训相关情况进行登记备案。

⑤ 组织学员培训考核。

⑥ 组织学员对讲师进行评价。

⑦ 整理培训资料档案。

(2)项目部。

① 开展培训需求调查工作,分析培训需求,将调查的结果分析、汇总,填写“培训需求表”及培训人员名单。

② 报送“海外员工回国参训计划表”,严格按照计划执行。

③ 特殊情况应按公司相关规定执行,报人力资源部备案。

(3)国际合作部。

审批培训计划和培训方案,下达批复。

3.工作程序

(1)培训需求调查。

在制定培训计划前,项目部应开展培训需求调查工作,分析培训需求,分析、汇总调查结果。

(2)制定培训计划。

公司人力资源部根据项目部需求制定员工回国培训计划报公司审批。

(3)编制培训方案。

根据公司年度培训计划,结合项目部员工的培训需求,公司人力资源部制定具体培训方案,包括培训时间、培训地点、课程安排、培训讲师、培训经费等报公司审批。

(4)参训计划报送。

公司项目部负责人结合人员实际工作和休假情况,合理安排人员回国参加培训。

(5)培训组织实施。

项目部员工回国培训由人力资源部按照公司审批通过的培训方案组织实施,进行相应管理。

7 项目的变更控制

7.1 概　　述

7.1.1 项目变更

当项目的某些基准发生改变，如原材料供应商改变、项目工期延长、设计要求提高、增加新的功能等，都将导致项目的质量、成本、进度等随之发生变化，为了保证项目目标的实现，维护项目业主和项目利益相关者的正当权益，项目实施者务必对项目实施期间产生的各种变更采取必要的应变措施。这种行为在项目管理中通常称为项目变更。

项目变化是指项目的实际情况与项目基准计划出现偏差的状况，项目发生变化并不意味着一定会发生变更。项目变更要采取必要的措施，而项目变化不一定会采取措施。

变更作为项目的一个特性，不变是相对的，变化是绝对的。虽然所有的变化不一定都会产生变更，但变更始终是不可避免的，因此变更管理不可避免。管理不是为了避免变更，而是确定以一种对项目影响最小的方式改变现状，让变更变得更加有序。

变更各不相同，但无论是怎样的变更，都会直接和间接影响项目的范围、进度、费用、质量、风险、人力资源，也就是直接或间接影响项目四重约束的绩效。因此不同的学者从不同的角度对项目的变更做出不同的分类。一般情况下，按照提出方的不同变更可以分成三种：① 由项目的业主提出的变更，往往是需求、外部环境变化而引起的；② 设计方提出的变更，由于设计过程中的“错、缺、漏”等引起的设计修改或改进；③ 执行方（包括供方）提出的变更。变更按照控制事项分为项目计划变更、项目范围变更、项目进度变更、项目成本变更、项目质量变更、项目资源变更、项目风险变更七种。按照变更的性质和费用影响分为三个重要性不同的层级，即重大变更、重要变更、一般变更。

造成项目变更的原因是多方面的，总体上可分为项目内部因素和项目外部因素两大类。

1. 项目内部因素

构成项目变更的内部因素主要有项目业主的原因、公司原因及项目的原因三个方面。

(1)从项目业主角度分析,项目业主利益诉求改变、业主目标变化、项目功能增加、预算变化等都可能导致项目变更的发生。

(2)从公司分析,公司发展战略、公司管理战略、公司文化、公司形象、公司规章制度、公司执行标准等发生变化也会导致项目变更的发生。

(3)从项目分析,图纸设计存在失误或疏忽、合同文件不完善、项目预算不精确等同样会导致项目变更的发生。

2.项目外部因素

导致项目变更发生的外部因素主要有政治环境、经济环境、法律环境、科技环境、社会环境及自然环境的变化。

(1)政治环境,如各种许可证的办理、公示、批准程序和速度,政府部门办事效率等直接影响项目计划完工的周期,有时一个文件办不下来会导致整个工期的延时,由此导致成本上升、业主利益受损等。

(2)经济环境,如经济形势动荡、经济形势改变、经济危机的出现等会直接影响项目实施过程中对资金的需求,资金链断裂势必导致工期延后、材料质量受损、项目质量受影响等。

(3)法律环境,如各种法律法规、规章制度的不断修改和完善同样会影响项目的实施,导致项目范围、项目成本、项目进度等发生变动。

(4)科技环境,科技的发展使得社会出现新材料、新技术、新工艺、新设备、新结构、新的管理手段等,它们对项目周期、项目成本会产生影响,例如采用新工艺、新技术、新的管理手段,就有可能缩短工期、降低项目成本、提高项目质量、提升管理效率等。

(5)项目所在地的社会环境、自然环境同样要考虑进去。项目所在地居民诉求、环境保护部门或环保爱好者对项目的要求,社会风俗习惯,社会动荡与否等因素也会影响到项目的实施,导致项目发生变动。

(6)自然界经常发生的地质灾害和气象灾害导致项目无法持续实施,不得不待工,造成工期延长、成本增加,这些是不可抗拒的因素造成的,作为项目管理者在项目实施过程中需要加以考虑。

项目变更通常发生在项目范围内,主要表现为项目利益主体变更、项目进度变化、项目周期提前或延后、项目质量出现波动,与之对应的是项目费用增加或减少、项目人力资源发生变动、项目沟通不畅、项目合同改变等方面,并将影响到其他方面。

项目的变化导致项目变更,项目变更会发生在项目生命周期的任何一个阶段。根据项目生命周期理论,一般情况下,项目变更出现得越早,对项目利益主体造成的损失就会越小;项目变更出现得越晚,变更的难度越大,由此造成的损失也可能越大。与其对应,项目变更要求对变更事项实施必要的控制,具体表现在对项目计划变更的控制、项目范围变更的控制、项目进度变更的控制、项目费用变更的控制、项目质量的控制以及项目变更风险的控制等。

项目管理者面对项目变更,关键要对项目变更提前做出正确的预判,在预判的基础上积极做好应对和控制措施，一旦变更发生，可以有效控制变更，将变更带来的损失降到最低限度。

7.1.2 项目变更控制

管理一般是指指挥和控制组织的协调的活动。那么项目变更管理就是指挥和控制在项目实施过程中由于各种原因造成的对项目部分或全部的功能、性能、架构、指标、方法、进度等变化的协调活动，也称项目变更控制管理。

项目变更控制管理需要建立一套正规的程序对项目的变更进行有效的控制，从而更好地实现项目的目标。当项目的某些基准发生变化时，项目的质量、成本和计划会随之变化，为了达到项目的目标，就必须对项目发生的各种变化采取必要的应变措施。变更控制的目的并不是控制变更的发生，而是对变更进行管理，确保变更有序进行。

1. 变更控制内容的分类

在项目变更控制管理中，根据控制覆盖范围可将变更控制分为项目整体变更控制、项目辅助变更控制。

项目整体变更控制是要协调整个项目全过程的变更。

项目辅助变更控制通常包括范围变更控制、进度变更控制、费用变更控制、质量变更控制、风险变更控制。

2. 变更控制的原则

为了对项目的变更进行有效的控制，成功完成项目的目标，项目变更应遵循以下原则。

(1)把项目变更融入项目计划中。

(2)选择影响最小的方案。

(3)所有的变更在准备变更申请和评估之前，必须与项目经理进行商讨。

(4)及时地发布项目的变更信息。

3. 变更控制的程序

当业主、设计方或承包商认为必须进行项目变更以弥补目标定义、设计、施工或环境的影响造成的缺陷与不足时，首先应进行变更申请。管理者在项目手册中应事先定义变更的性质、变更申请的格式，确定变更内容和范围，估计变更对进度、费用所产生的影响。对变更申请采用多种方法进行评审，对项目变更的原因进行说明，分析项目变更对项目绩效所造成的影响，对所选择的变更方案给予解释并明确产出相同的各替代方案的变化情况；对接受或否定变更要求做出判断。将变更申请提交承包项目的组织者，经其同意后，送业主审查和认可。项目组织者在收到业主的书面认可后，应尽快批准并发出变更通知。一旦确认变更后，立即针对此项变更进行相关施工文件的修改和变更，并通知有关各方执行变更后的计划、合同、施工图纸等，确保变更合理实施。同时对变更进行跟踪以确定变更有利于目标实现。变更控制管理流程图如图 7.1 所示。

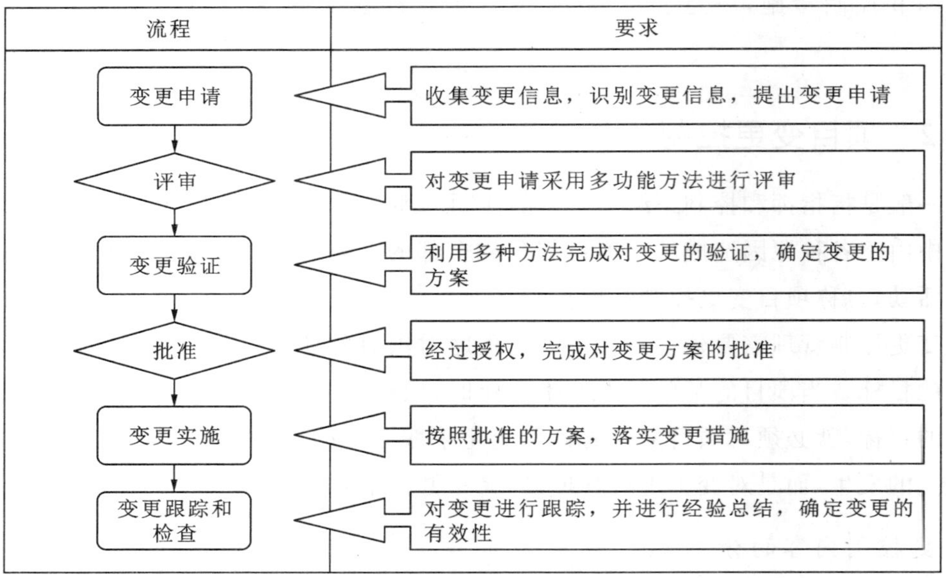

图 7.1 变更控制管理流程图

及时掌握投资动态信息，控制好项目变更事关项目投资大局，是关系到项目顺利建成的大事。而变更费用估算又是进行变更决策的依据。在项目实施过程中，投资动态影响到参与建设的各方：政府关心项目能否控制在概算投资以内，业主关注投资变化是否突破预算，而投资变化直接关系着承包人的利益。所以，做好投资变化估算，及时发送投资动态信息是项目建设中的一项重要工作，有着重要的意义。

7.2 项目整体变更控制

7.2.1 项目整体变更控制概念

项目整体变更控制是基于项目目标和项目计划，通过全面审查所有变更请求和综合评估其可能造成的影响，做出批准或拒绝变更请求的决定，并对变更结果进行沟通和管理的过程。该过程主要目的是从整体识别、管理、控制、记录项目中存在的所有变更，以减少风险、提高项目成功概率。该过程需要在整个项目期间开展，在项目管理中占有十分重要的地位，控制好该过程，项目才能有序进行，取得既定目标。作为已纳入美国项目管理协会制定的《项目管理知识体系指南》的标准项目控制方法和工具，项目整体变更控制在世界各国的政府项目和商业项目中得到了广泛应用，而且它在项目成本控制、进度控制以及整合管理等方面的有效性在不同规模和不同行业的项目中得到了反复印证和广泛认可。

7.2.2 项目整体变更控制遵循的原则

项目整体变更控制对于项目整体实施有着重要作用，必须遵循以下原则。

(1)保持原有的项目考评指标体系。

项目业绩的衡量体系应是一个标准化、行业化的体系，任何项目变更也不能对其进行修改。变更控制中要避免项目标准的不连续不统一，避免项目实施与建设没有一个科学的考评体系，造成项目成果评价与验收困难。

(2)项目计划的执行必须体现相应的项目结果。

项目变更的结果是项目结果的变化，这种变化必须反映到项目的整体计划上来，变更控制中要按照项目的结果更新项目计划，保持项目计划与结果的一致性。

(3)项目变更的整体性。

项目是一个系统，任何一个单项任务的变更都会影响到项目其他方面的目标实现。因此，在项目变更控制的同时，不能只着眼于变化的部分，还要从整体出发，协调好受到项目变更影响的其他部分，防止负面影响过大，以便顺利实现对项目变更的整体控制。

7.2.3 项目整体变更控制的依据

项目整体变更控制就是协调贯穿整个项目过程的变更，不是随便就可以决定的，除非特殊情况，只有书面提出以下依据才能考虑对项目进行变更。

1.项目计划

项目计划包括项目整体计划和项目单项计划。项目整体计划是项目变更整体控制的基准，而项目单项计划则对项目每个部分的控制提出了详细的要求。例如，项目计划书要对项目的单项任务进行描述，提出项目的最终结果和项目质量要求，进度计划书则会对项目的时间安排、各单项任务的时间期限做出详细的说明，预算计划书要对项目的成本计划做出交代。如果项目的实际进展情况与项目计划不一致，特别是偏差超过了允许的程度，就应当考虑是否需要修改项目计划书，提出变更申请。

2.项目实施情况报告

项目实施进度报告提供了项目的实际进展情况，是项目管理者进行项目变更的基本资料。项目进度报告是严格按照项目的实际施工情况做出的记录，它包括了项目工期进度情况、项目耗费情况报告和项目关键点实施情况等。它不仅说明了目前工程的进度，也为项目管理者提出了未来项目建设可能出现的问题。

3.变更申请

变更请求可以是口头或书面的、直接或间接的，可以是来自项目外部或内部的，也可以是法律要求的或由项目参与各方提出的。除紧急情况外，口头变更必须形成书面文件，它是一种项目变更审批表。在提出阶段，不仅要表述变更的原因，而且还要提出变更实施的方案或计划。紧急情况下，可以征得业主、设计、施工各方同意后先变更，事后补办审批手续，这往往是较小的施工变更。对于项目整体变更和较大的过程变更都必须按变更基本程序办理，即先申请经批准后才可有变更行动。

7.2.4 项目整体变更控制的活动

整体变更控制过程贯穿于项目的始终。由于项目很少会准确地按照项目管理计划进行，因而变更控制必不可少，项目管理计划、项目范围说明书，以及其他可交付成果必须通过不断地认真管理变更才能得以维持。否决或批准变更请求应保证将得到批准的变更反映到基准之中。整体变更控制过程包括下列变更管理活动，这些活动的详细程度由项目执行的完成情况决定。

(1)确定是否需要变更或者变更是否已经发生。

(2)对妨碍整体变更控制的因素施加影响，保证只实施经过批准的变更。

(3)审查和批准请求的变更。

(4)控制申请变更的流程，在发生变更时管理批准的变更。

(5)仅允许被批准的变更纳入项目产品或服务之中，维护基准的完整，并维护与项目产品或服务有关的配置与规划文件。

(6)审查与批准所有的纠正与预防措施建议。

(7)根据批准的变更控制与更新范围、成本、预算进度和质量要求，协调整个项目的变更。例如，提出的进度变更通常会影响到成本、风险、质量与人员配备。

(8)将请求的变更的全部影响记录在案。

(9)确认缺陷补救。

(10)根据质量报告并按照标准控制项目质量。

提出的变更可能要求修改或者编制新的成本估算，重新安排计划活动的顺序，确定新的进度日期，提出新的资源要求，以及重新分析风险应对办法。这些变更可能要求调整项目管理计划、项目范围说明书或其他项目可交付成果。

项目整体变更控制的主要内容与项目变更控制相比，项目整体变更控制更加强调项目作为一个整体的系统性特征，即任何单个变更都可能影响项目整体或其他方面目标的实现。因此，对于具有质量标准高、物项数量多、施工工序繁多、建造难度大、工期跨度长、造价投资高等特点的项目而言，项目整体变更控制的应用无疑对于项目安全、质量、进度、成本四大控制的实现有着重要意义。

7.2.5 项目整体变更控制框架

PMBOK 为了实现变更控制，采取了“输入-工具与技术-输出”结构的做法，这种方法把项目管理转化为清晰的、结构化的项目管理方法，以保证管理过程的可控性和可重复性。在考虑某个管理过程时，首先考虑这个过程应该输入哪些信息或文件，并运用相应的工具与技术进行管理和处理，从而输出相应的信息或文件。项目整体变更控制框架如图 7.2 所示。

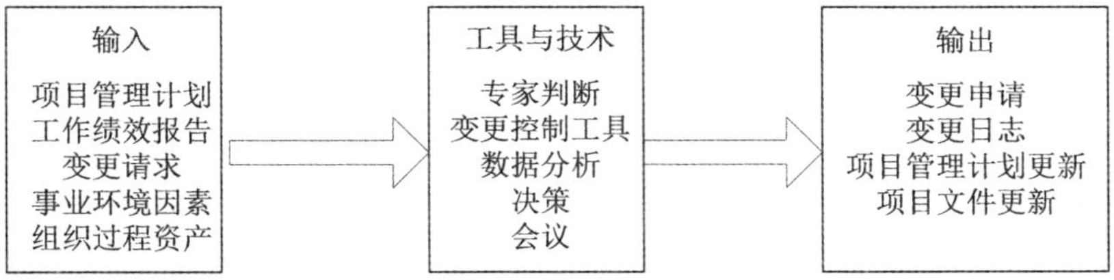

图 7.2　项目整体变更控制框架

1. 项目整体变更控制的输入

项目整体变更控制的输入包括项目管理计划、工作绩效报告、变更请求、事业环境因素、组织过程资产。

(1)项目管理计划。

项目管理计划是说明项目将如何执行、监督和控制的文件,在项目前期准备阶段,编制的项目管理计划主要包括以下内容及附件。

① 范围基准,是指合同中的范围说明、图纸、工程量清单。

② 进度基准,是指合同中规定的里程碑节点。

③ 成本基准,是指经上级部门(公司总部)批准的成本计划。

④ 分公司管理程序,是指范围管理、进度控制与管理、成本控制与管理、质量管理等程序。

(2)工作绩效报告。

工作绩效报告是为制定决策、提出问题、采取行动或引起关注而汇编的绩效信息(实物或电子文件)。工作绩效报告包括以下几个方面。

① 周报:每周报送监理,包含双周滚动计划、上周工作完成情况,旨在跟踪项目进展情况,制定、修订下周进度安排,提出需要协调解决的问题。

② 月报:每月报送监理,主要内容是在报告期间内承包商的 HSE(health,safety,environment,即健康、安全与环境)、质量、进度、工程支付、成本等方面的数据报告和信息分析,以及需协调解决的问题。

③ 月度经营分析报告:每月报送总部,主要对项目的经营状况、成本、资金情况进行分析,通过财务数据分析项目进展情况。

工作绩效报告能够提供当前项目状态与预期项目状态的比较。从进度控制、成本控制、质量控制和范围确认中得到分析结果,有助于制定变更决策和采取相应变更的行动,控制有关风险。

(3)变更申请。

变更申请通常包括纠正措施、预防措施、缺陷补救和设计变更。项目的变更申请主要有以下形式:DC——由设计咨询公司(监理)发布的设计变更;EQ——由承包商提出设计澄清,设计咨询公司(监理)回复;GRA——由承包商提交施工图或材料变更申请,设计咨询公司(监理)审批。变更请求可以有多种形式,包括口头或者书面、直接或者间接、外部或者内部、有法律强制性的或者有选择余地的请求。

(4)事业环境因素。

事业环境因素是指项目团队不能控制的，将对项目产生影响、限制或指令作用的各种条件。项目中对变更有影响的事业环境因素主要有五个方面。

① 组织结构和流程：项目的组织结构、报告流程等均按照公司总部的要求执行。

② 现有人力资源情况：通常项目既有土建施工又有机电安装，需要的专业技术人员较多，要通过商调公司总部工程师，获得必备的人力资源。

③ 处理变更的项目管理信息系统：包括办公所使用的邮件系统、网络云盘系统、OA 系统等。

④ 政治环境：考虑项目所在国政治因素影响，对项目提出的特殊要求。

⑤ 行业标准：项目根据业主的要求，使用相应标准。

(5)组织过程资产。

组织过程资产是执行组织所特有并使用的计划、流程、政策、程序和知识库，比如，特定的组织标准、各类文件模板、财务控制程序、问题与缺陷管理程序、历史信息与经验教训知识库、以往的项目档案等。

2.项目整体变更控制的工具与技术

项目整体变更控制的工具与技术包括专家判断、会议、变更控制工具。

(1)专家判断：专家判断可来自具有专业知识或受过专业培训的任何组织或个人，可从许多渠道获取。专家可以是项目的设计咨询公司(监理)，也可以是承包商或业主的专业工程师，还可以是设备生产商的专业人员。

(2)会议：通常是指变更控制会议，根据项目需要，可以由会议审查变更请求，并做出批准、否决或其他决定。会议是有效解决变更的重要工具之一。

(3)变更控制工具：为了便于变更管理，项目需制定规范的变更控制系统、流程，绩效测量工具及补充计划编制。

① 变更控制系统。

变更控制系统是正式汇集资料，创建文件程序，所创建的这个文件程序必须是经权威项目文件认可了发展阶段的文件。它包括书面工作、跟踪系统和必要的权威部门认可了的变化级别。

许多变更控制系统都包括一个变更控制委员会，负责批准或抵制变化要求。变更控制委员会的权力和责任应该得到仔细的界定，并且要取得主要参与者的同意。在一些大型复杂的项目中，可能会有很多变更控制委员会，他们有不同的职责。

变更控制系统也应该包括这样一些在没有预先审议情况下通过的处理改变的程序。例如，紧急情况的处理结果。典型的例子是，一个变更控制系统将允许对一些确定的变化类别实行“自动放行处理”许可。这些变化必须能被记录并让人们获得，以便在项目后期不要引发一些问题。

② 绩效测量。

绩效测量用于帮助评估所发生的偏差的程度,变更控制的一个重要部分就是确定引起偏差的原因,并且决定这种偏差是否需要采取纠正措施。

③ 补充计划编制。

很少有项目能够非常精确地完全按照计划进行,补充计划编制就是对工作分解结构的修改进行记录,或者对替代方法进行分析。

3.项目整体变更控制的输出

项目整体变更控制的输出,包括批准的变更申请、变更日志、项目管理计划更新、项目文件更新等。

(1)批准的变更申请:批准的变更申请应通过完善的变更控制程序实施。

(2)变更日志:全部的变更文件,无论批准与否,都要在变更日志中更新,并注明其执行状态。这种更新是项目文件更新的一部分。

(3)项目管理计划更新:变更的发生将会导致项目管理计划的更新,更新项目计划指对项目计划或者详细辅助资料的内容所做的任何修改。必要时必须将这些修改通知有关的利害关系者,包括但不限于项目基准、分公司程序(范围管理、进度控制与管理、成本控制与管理、质量管理等)更新。

(4)项目文件更新:作为实施整体变更控制过程的结果,可能需要更新的项目文件包括受制于项目正式变更控制过程的所有文件。如合同中规定的范围变更、施工进度计划调整、BOQ调整、质保计划(QA)更新、工作绩效报告更新等。

(5)共享经验教训。偏差产生的原因、已采取的纠正行动的理由以及所汲取的其他教训都应形成文件,记载在案,使其成为本项目和组织内实施其他项目的历史数据库的组成部分。此外,数据库也是知识管理的基础。

7.2.6 项目整体变更控制结果

项目整体变更控制结果是形成书面报告,变更内容主要包括以下几个方面。

(1)新的项目计划。

项目整体变更控制以后,就要在原有的项目计划上进行修改,对变更的地方以及变更所涉及的其他单项任务进行重新计划,制定符合项目现状的新的项目计划,它不会对项目计划整体结构进行太大的修改,只是对项目的单项计划以及支持性细节内容做出一定的调整和更新。

(2)项目变更的行动方案。

项目变更以后,就要对变更过程以及新的行动制定出行动方案。项目的行动方案主要是由项目变更控制委员会在项目原有计划的替代方案中选择出来的。

(3)变更总结。

项目变更总体控制的结果不仅是要为项目寻找一个新的替代方案,更主要的是要汲取项目变更的经验教训,找出变更的原因,避免在项目的建设过程中继续出现对项目不利的变更,在达成预定效益目标的前提下确保项目顺利完成。

7.3 项目范围变更控制

7.3.1 项目范围管理及范围管理过程

项目范围是指为了交付具有规定特征和功能的产品所必须要做的工作且只需要做的工作。在项目实施过程中，随着时间的推移，项目的范围往往会发生变化，这是因为人们要考虑原来没有考虑到的情况，或者人们一开始对于该项目的概念和功能是模糊的，而随着项目的逐渐进行，人们对于项目的认识越来越清晰；或者是在前期没有投入足够时间来确定将来需要解决的问题；或者原来所设计的技术经过实践的检验证明不适合该项目；等等。同时，企业的业务流程更新，竞争环境变化，业务更新，战略选择变更，企业合并重组，业务创新等，都有可能造成项目需求的变更，进而引起项目范围的变更。

然而，项目范围往往不是以大的幅度而是以小的幅度进行变化的，因而这种变化比较不易被人察觉；而当幅度变化到一定的程度的时候，这种变化便会影响项目的顺利实施，甚至会导致项目失败，即使在项目交付给客户使用进入运行维护阶段之后，如不能及时升级系统，就会造成客户满意度的下降，投诉率的增加，进而影响整个公司的声誉，使公司蒙受巨大的损失。

项目范围管理是指为了成功完成项目，对项目工作包括什么与不包括什么的定义与控制过程。这个过程用于确保项目团队和项目利益相关者对项目的可交付成果以及如何生产这些可交付成果所进行的工作有一个共同的理解，并保证项目包含了所有要做的工作而且只包含了这些工作(没有多余的工作)。项目范围管理主要就是保证项目利益相关者在项目要产生什么样的可交付成果方面达成共识，也要在如何生产这些可交付成果方面达成一定的共识。项目管理需要明确项目的边界，即明确什么工作是项目范围内的且对项目工作进行经常性监控，以防止项目范围的移位。传统的项目管理三重约束是时间、质量、成本。目前 PMI 推崇的广义的新三重约束是范围、时间、成本、质量、干系人需求及风险影响。新三重约束如图 7.3 所示。

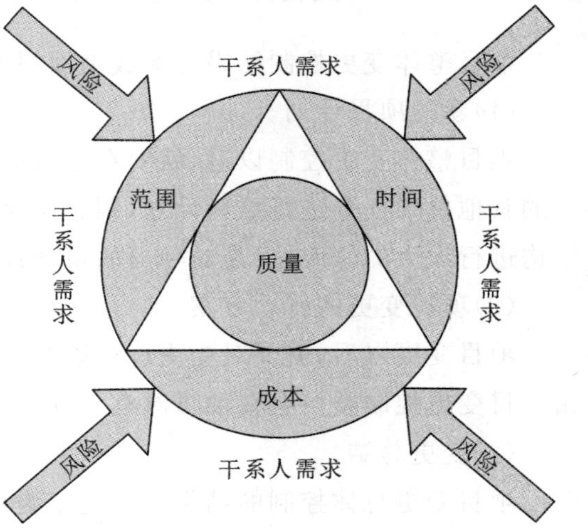

图 7.3 新三重约束

做好项目范围管理主要包含项目启动、范围计划、范围定义、范围核实及范围变更控制过程。主要过程如图 7.4 所示。

(1)项目启动。

项目启动是指组织正式开始一个项目或继续到项目的下一个阶段。启动过程的一个输出就是项目章程。项目章程是一个重要的文档，是

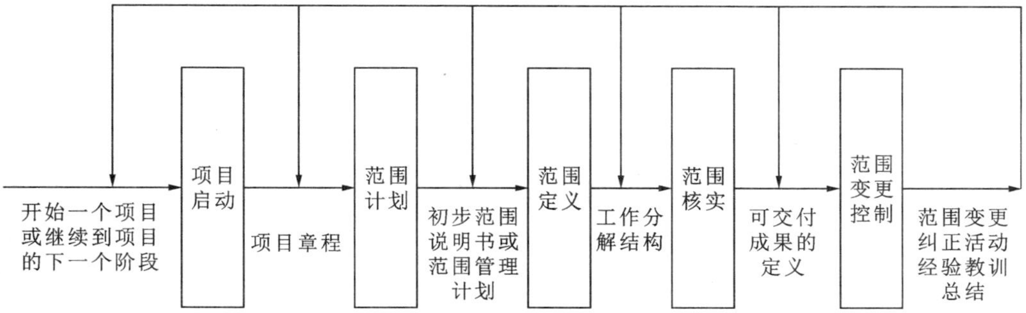

图 7.4　范围管理控制过程图

组织正式批准项目的文件。该文件授权项目经理在项目活动中动用组织的资源。在多阶段项目的以后各阶段,制定项目章程的作用是验证原来为项目制定与颁发章程所做的各种决定。这一过程在必要时还核准项目下一阶段并更新该章程。项目章程正式承认项目的存在并对项目提供一个概览。项目章程将粗略地规定项目的范围,这也是项目范围管理后续工作的重要依据。

(2)范围计划。

范围计划是指进一步形成各种文档,为将来项目决策提供基础,这些文档中包括用以衡量一个项目或项目阶段是否已经顺利完成的标准等。作为范围计划的输出,项目组要制定一个初步项目范围说明书和项目范围管理计划。项目范围说明书是在项目参与人之间确认或建立一个项目范围的共识,作为未来项目决策的文档基准。项目范围说明书确定了项目的范围,即需要完成的各种事项。制定初步项目范围说明书的对象和记载的事项是项目及其产品和服务的特征与边界,以及验收与范围控制的方法。项目范围说明书的内容包括:项目与产品的目标,产品或服务的要求与特性,产品验收标准,项目边界,项巨要求与要交付成果,项目制约因素,项目假设,项目初步组织、初步识别的风险,进度里程碑,初步工作分解结构,量级费用估算,项目配置管理要求、审批要求等。因项目的应用领域和复杂程度而异,项目范围说明书可能包括上面列出的某些或全部内容。范围管理计划是描述项目范围如何进行管理,项目范围怎样变化才能与项目要求相一致等问题,记载了如何确定、核实与控制项目范围,以及如何制定与定义工作分解结构。它包括对项目范围预期的稳定性而进行的评估。范围管理计划还应清楚描述怎样确定变化范围,变化应归为哪一类等问题。项目范围管理计划是项目管理团队确定、记载、核实、管理和控制项目范围的指南,主要内容包括:根据初步项目范围说明书编制详细项目范围说明书;制定工作分解结构,并确定如何维护与批准该工作任务分解结构;规定如何正式核实与验收项目已完成可交付成果;控制详细项目范围说明书变更请求处理方式。

(3)范围定义。

范围定义是指将项目主要的可交付成果细分成较小的、更易管理的单元,即将初步项目范围说明书进一步细化为详细项目范围说明书,作为将来项目决策的依据。这个过程中,项目组要建立一个工作分解结构。工作分解结构是面向交付件的项目要素组合,它们组成并定义总的工作范围。工作分解结构的建立对项目来说意义重大，它使得原来看起来非常笼统、非常模糊的项目目标一下子清晰起来，使得项目管理有依据，项目团队的工作目标清楚明了。因此，必须很好地控制范围的定义过程，应该强调，没有在工作分解结构中的工作是不应该做的。当然，在这个过程中，通过与客户不断确认项目范围定义，客户对项目的不断明确，项目范围还有可能发生变化，需要根据更新的项目范围说明书，更新项目范围管理计划。

(4)范围核实。

范围核实是指对项目范围的正式认定，项目主要利益相关方，如项目客户和项目发起人等要在这个过程中正式接受项目可交付成果的定义。这个过程是范围确定之后、执行实施之前各方相关人员的承诺过程，它确保了项目范围能得到很好的管理和控制。

(5)范围变更控制。

范围变更控制是指对有关项目范围的变更实施控制。范围变更控制关心的是对项目范围变更因素施加影响，并控制这些变更造成的后果。主要的过程输出是范围变更、纠正活动与经验教训总结。再好的计划也不可能做到一成不变，因此变更是不可避免的，关键问题是对变更进行有效的控制。控制好变更必须有一套规范的变更管理流程，在发生变更时遵循规范的变更流程来管理变更。通常对发生的变更，需要识别是否在既定的项目范围之内。项目所在的组织(企业)必须在其项目管理体系中制定一套严格、高效、实用的范围变更控制流程。在此过程中，如果批准的变更请求对项目范围有影响，则项目范围说明书在修改之后重新发出，以便反映该批准的变更，更新的项目范围说明书变成了将来变更的新项目范围基准；工作分解结构在修改之后重新发出，以便反映该批准的变更；项目范围控制的结果可能会提出变更请求，这些请求按照项目整体变更控制过程审查与处理；相应的部分文件与项目管理计划的费用基准和进度基准在修改之后重新发出，以便反映该批准的变更。

一个项目的范围计划即使制定得非常好，但是想在项目的执行过程中不出现任何改变几乎是不可能的。项目中不可避免地会发生范围的变更，不论是在项目的计划、执行或是项目的结束阶段，甚至是在项目交付客户进入运行维护阶段之后，都有可能发生项目范围的变更。项目的范围发生变更并不意味着项目出现了问题，有些项目范围变更是对项目的进一步完善，但问题的关键在于对项目范围变更进行有效的管理，才能使项目范围始终处在项目团队的控制之下。

7.3.2 项目范围变更控制的分类

一般来说，项目范围的变更可能会造成项目工期的延长或缩短，项目费用的增加或减少，项目质量的降低或提高。这种影响是项目管理人员最为关心的问题，也是最重要的问题。

由于项目范围的变更可能会导致对项目所需材料、设备或工具等生产要素的更新。项目范围的变更还会影响到项目的方方面面，比如最终的绩效测量标准、进度计划以及预算成本等。也就是说项目范围变更及其控制不是孤立的，范围变更会干扰工程项目按计划实施，对项目的投资、工期及质量具有危害性，而且变更引起的索赔和纠纷会成为项目控制中经常遇到的问题，所以项目管理领域越来越注重变更对项目的影响和控制方法的研究，克服变更引起的对项目目标的干扰，避免昂贵、费时的索赔和纠纷。

项目范围变更控制是指为使项目向着有利于项目目标实现的方向发展而变动和调整某些因素而引起项目范围发生变化的过程。项目范围变更及控制不是孤立的，它与项目的工期、费用和质量密切相关。因此在进行项目范围变更控制时，必须同时全面考虑到对其他因素或方面的控制，特别是对时间、费用和质量的控制。国外关于范围变更的研究已久，其最大特点就是运用大量的数理统计和概率分析等定量方法研究范围变更及其影响。国外工程管理研究者积极拓展研究的领域以及注重与设计、监理、承包商开展合作研究的做法值得我们参考、学习和借鉴。

1.按变更涉及的内容分类

按照项目变更中所包含的具体内容，将变更划分为如下五个类别。

(1)设计变更。

设计变更是指项目施工合同履约过程中，由项目不同参与方提出，最终由设计单位以设计变更或设计补充文件形式发出的范围变更指令。设计变更包含的内容十分广泛，是范围变更的主体内容。常见的设计变更包括：因设计方案的变更发出的设计变更通知书、因设计遗漏或设计深度不够而发出的设计补充通知书，以及应业主、承包商或监理方请求对设计所做的优化调整等。

(2)需求变更。

在项目之初，要定义产品需求规格说明书和各个功能模块的需求分析，项目计划确定时这些需求将成为基线。只要与基线不一致的需求，都属于需求变更。

(3)条件变更。

条件变更是指项目施工过程中，因业主未能按合同约定提供必需的施工条件以及因发生不可抗力导致工程无法按预定计划实施。如业主承诺交付的工作场所不能及时投入使用、设备未按时到达致使工程无法进行或中途停顿，业主提供的施工临时用电因电网紧张而断电导致施工生产无法正常进行，特大暴雨、暴雪致使需要的设备、人员不能及时到达现场从而使工作无法开展。

(4)计划变更。

计划变更是指施工过程中，业主因上级指令、技术因素或经营需要，调整原定施工进度计划，调整施工范围，改变施工顺序和时间安排等。

(5)新增工程。

新增工程是指项目实施过程中，业主扩大建设规模，增加原招标工程量清单之外的建设内容。

2.按变更的性质和费用分类

按照项目范围变更的性质和费用影响实施分类控制，以区分处理不同属性变更问题上的职责、权限及其工作流程。根据变更的规模和影响的大小，把范围变更分为三个重要性不同的层级。

(1)重大变更。

重大变更指一定限额以上的涉及设计方案、施工措施方案、技术标准、建设规模和建设标准等内容的变动。如重大设计方案的调整、硬件设备标准的变更、新的施工防护设施的变更等。

(2)重要变更。

重要变更是指一定限额区间内的不属于重大变更的较大变更，如工序作业方案的变动等。

(3)一般变更。

一般变更是指一定限额以下的需求变更、功能增加、界面修改、设计差错、设计遗漏、材料代换以及施工现场必须立即做出决定的局部修改等。

7.3.3 项目范围变化的影响因素

在进行项目范围变更控制之前，我们还必须清楚项目范围变化的影响因素，从而有效地进行项目范围变化的控制。项目范围变化的规律可能因项目而异，但通常情况下，项目范围变化一般受以下因素的影响。

(1)项目的生命周期。项目的生命周期越长，项目的范围就越容易发生变更。

(2)项目的组织。项目的组织越科学、越有力，则越能有效制约项目范围的变化。反之，缺乏强有力的组织保障的项目，其范围则较容易发生变化。

(3)项目经理的素质。高素质的项目经理善于在复杂多变的项目环境中应付自如，正确决策，从而使项目范围的变化不会造成对项目目标的影响。

当然，除了上述因素以外，还有其他若干因素影响项目范围：对项目的需求识别和表达不准确，计划出现错误；项目中原定的某项活动不能实现；项目的设计不合理；外部环境发生变化，新技术、手段或方案的出现；客户需求发生变化等。

7.3.4 项目范围变更控制实施的基础和前提

项目范围变更控制实施的基础和前提包括以下几方面。

(1)进行工作任务分解。建立工作任务分解结构是确定项目范围的基础和前提。

(2)提供项目实施进展报告。提供项目实施进展报告就是要提供与项目范围变化有关的信息，以便了解哪些工作已经完成，哪些工作尚未完成，哪些问题将会发生，这些将会如何影响项目的范围变化等。

(3)提出变更要求。变更要求一般以书面的形式提出，其方式可以是直接的，也可以是间接的。变更要求的提出可以来自项目内部，也可能来自项目外部；可以是自愿的，也可能是被迫的。

(4)项目管理计划。项目管理计划应对变更控制提出明确要求和有关规定,以使变更控制做到有章可循。

7.3.5 项目范围变更控制依据

通常情况下,项目合同文件、进度报告和变更令等,都可以作为范围变更控制的依据。

1.项目合同文件

在总承包工程或施工项目合同中,工作范围主要是技术说明书和设计文件。

技术规范规定履行合同义务时必须遵从项目所在国家、行业标准和企业规范、工作规范和其他技术要求。技术规范规定中的“工作范围”对合同中规定的需要完成的工作做出详细的文字描述。责任分配矩阵(responsibility assignment matrix, RAM)对项目相关人员进行初步分工,明确其角色与对应的责、权、利。这样的关系矩阵进一步明确了合同各方(项目干系人)需要完成工作的具体分工和责任边界。

设计文件用简洁明了的工程语言来描述项目所需要完成的工作。但当一个项目被分成多个项目(合同)或订单(purchase order,PO)时,合同的具体内容不能区别设计和合同的对应关系。向承包商发出的设计不一定是承包商必须完成的所有工作。

由于技术规范和设计涉及的工作范围,有可能产生模糊或矛盾,在这个时候的技术规范效力高于设计。也就是说,当两者之间矛盾时,以技术规范为准。

2.项目进度报告

项目进度报告中能够提取到项目执行中范围变化的情况。例如,项目的阶段性结果哪些已经完成,哪些尚未完成。项目进度报告还可以提醒项目组织未来可能产生的潜在的不利影响。项目进度报告汇总展示了项目范围的执行情况,反映了项目已经完成的工作和还未完成的工作,反映了目前项目范围偏差情况,体现了范围偏差对后续活动的影响,对是否采取项目范围变更控制具有指导意义。

3.变更令

生成正式变更令首先要提出变更请求,该变更请求可以通过口头或书面方式、直接或间接方式,并按业主的合法命令或独立决定进行。变更顺序可能需要扩大或缩小项目范围。变更令作为触发正式变更的依据及重要记录工具,对确认变更影响,主要是变更费用确认起到关键作用。

4.项目范围变更相关法律

项目范围变更在项目执行过程中经常发生,一般是以项目范围基准作为项目范围变更的基础,项目范围变更有可能会引起合同的变更,也有可能不会。合同变更的,有必要执行有关法律。合同变更的范围可以是合同的内容,但项目变更的范围应限于项目的外观、标准、功能和实施,以便项目能够顺利实施。

(1)国内《合同法》关于变更的理解和规定。

《合同法》的基本原则之一是自由原则。当事人不得违反法律、法规,不经协商,订立合同,不得损害社会公众和他人的利益。当事人享有订立合同的自由,也享有变更合同的自由。按照《合同法》第七十七条规定:当事人协商一致,可以变更合同。但是,法律、行政法规规定合同变更应当经批准和登记的,当事人应当按照有关规定办理批准登记手续。标准合同文本如《土木工程施工合同条件》、《建设工程施工合同(示范文本)》(GF—2011—0201)、《水利水电土建工程施工合同条件》(GF—2016—0208)、《标准施工招标文件》对项目变更的基本内涵是相似的:在承包商承包合同执行过程中,工程师或甲方可以对项目或任何一部分的形式、质量或数量作出任何变更。在标准合同中,用人单位应当委托工程师进行项目变更,但工程师无权变更合同。2017 版《标准施工招标文件》规定,监理人无权按照合同约定免除或者变更合同发包人和承包人的权利、义务和责任。发包人为了项目顺利完成,而改变外观、标准、工程的实施方法,如产生额外的工作,无须得到承包商同意,承包方可以要求变更合同条款的估值定价。在《建设工程施工合同(示范文本)》(GF—2017—0201)和《建设工程施工专业分包合同(示范文本)》(GF—2018—0213)中,都用单独的一章对项目变更双方一般权利和义务进行规定,而且都把项目变更划分为设计变更、进度计划变更、施工条件变更及发包人提出的“新增工程”等。

其中《建设工程施工合同(示范文本)》(GF—2017—0201)中对于变更的规定总结如下。

① 工程设计变更:施工期间,发包人应当提前十四个日历日以书面形式向承包人送达变更通知书。当变更超过原有设计标准或批准的建设规模时,发包人应报规划管理部门和其他相关部门重新审查批准,并要求原设计单位变更相应的设计和规划。

② 施工期间,承包人不得对原设计进行任何变更修改。如果更改,承包人需对对设计变动产生成本及对发包人造成的直接损失负责。

③ 承包人在施工中提出的优化建议或方案,涉及设计图纸或施工流程设计的变更,材料及设备的变更。未经同意擅自做出变更时,承包人应承担由此产生的费用,并赔偿发包人因此产生的经济损失,对于因变更导致的工期延误不予顺延。

(2)国际工程项目变更的合同及法律要求。

国际咨询工程师联合会编制了一系列工程合同,包括《土木工程施工合同条件》《土木工程施工分包合同条件》《永久设备和设计—建造合同条件》《设计—建造与交钥匙合同条件》《业主与咨询工程师合同协议书》等。这些合同由于具有权威性、通用性、公平性等特征,在国际范围内广泛得到接纳和使用,俨然成为国际工程中的范例。

其中 FIDIC 组织发布的《施工合同条件》(1999 年第 1 版)合同条件下的项目变更要求如下。

① 项目变更的范围。

在颁发工程接收证书前的任何时间,工程师可通过发布指示或要求承包商提交建议书的方式,提出变更。承包商应遵守并执行每项变更,除非承包商立即向工程师发出通知,说明(附详细根据)承包商难以取得变更所需的货物。工程师接到此类通知后,应取消、确认或改变原指示。每项变更可包括:合同中包括的任何工作内容的数量的改变(但此类改变不一定构成变更);任何工作内容的质量或其他特性的改变;任何部分工程的标高、位置和(或)尺寸的改变;任何工作的删减,但要交他人实施的工作除外;永久工程所需的任何附加工作、生产设备、材料或服务,包括任何有关的竣工试验、钻孔和其他试验和勘探工作;实施工程的顺序或时间安排的改变。除非并直到工程师指示或批准了变更,承包商不得对永久工程作任何改变和(或)修改。

② 项目变更程序。

如果工程师在发出变更指示前要求承包商提出一份建议书,承包商应尽快作出书面回应,或提出他不能照办的理由(如果情况如此),或提交:对建议要完成的工作的说明,以及实施的进度计划;根据进度计划和竣工时间的要求,承包商对进度计划作出必要修改的建议书;承包商对变更估价的建议书。工程师收到此类建议书后,应尽快给予批准、不批准、或提出意见的回复。在等待答复期间,承包商不应延误任何工作。应由工程师向承包商发出执行每项变更并附做好各项费用记录的任何要求的指示,承包商应确认收到该指示。

③ 项目变更的估价原则。

除非合同中另有规定,工程师应通过 FIDIC《施工合同条件》(1999 年第 1 版)第 12.1 款和第 12.2 款商定或确定的测量方法和适宜的费率和价格,对各项工作的内容进行估价,再按照 FIDIC 第 3.5 款,商定或确定合同价格。各项工作内容的适宜费率或价格,应为合同对此类工作内容规定的费率或价格,如合同中无某项内容,应取类似工作的费率或价格。但在以下情况下,宜对有关工作内容采用新的费率或价格。

a. 第一种情况:如果此项工作实际测量的工程量比工程量表或其他报表中规定的工程量的变动大于 10%;工程量的变化与该项工作规定的费率的乘积超过了中标的合同金额的 0.01%;由此工程量的变化直接造成该项工作单位成本的变动超过 1%;这项工作不是合同中规定的"固定费率项目"。

b. 第二种情况:此工作是根据变更与调整的指示进行的;合同没有规定此项工作的费率或价格;由于该项工作与合同中的任何工作没有类似的性质或不在类似的条件下进行,故没有一个规定的费率或价格适用。

每种新的费率或价格应考虑以上描述的有关事项对合同中相关费率或价格加以合理调整后得出。如果没有相关的费率或价格可供推算新的费率或价格,应根据实施该工作的合理成本和合理利润,并考虑其他相关事项后得出。

工程师应在商定或确定适宜费率或价格前,确定用于期中付款证书的临时费率或价格。

7.3.6　项目范围变更控制框架

项目范围变更管理应符合下列要求:项目范围变更要有严格的审批程序和手续;范围变更后应调整相关的计划;组织对重大的项目范围变更,应提出影响报告;在项目的结束阶段,应验证项目范围，检查项目范围规定的工作是否完成和交付成果是否具备；项目结束后，组织应对项目范围管理的经验教训进行总结。因此，《项目管理知识体系》定义的通常的范围项目变更控制框架如图 7.5 所示。

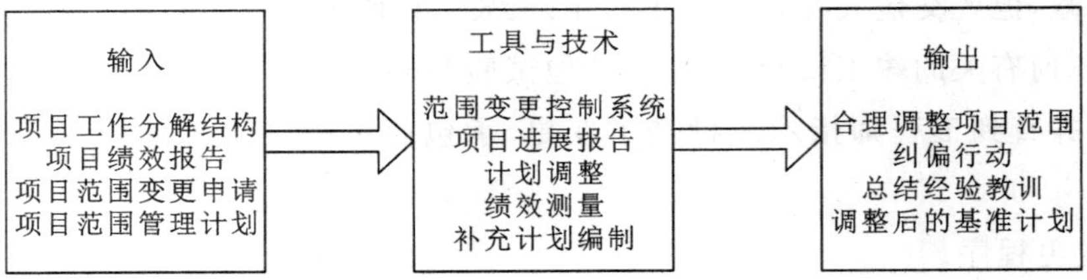

图 7.5　项目范围变更控制框架

1.项目范围变更控制的输入

(1)项目工作分解结构。项目工作分解结构是针对可交付成果对项目要素的分组，它归纳和定义了整个项目范围的基本内容和基准计划。当实际的项目实施工作超出或达不到项目工作分解结构的范围要求时，就已经表明发生了项目范围的变更，就必须要对项目工作分解结构重新进行调整和更新。

(2)项目绩效报告。项目绩效报告一般包括项目在实际进程中的进度费用等相关资料，同时包含有关项目范围、工期、费用的变更信息。项目实施情况的报告频率依据项目规模和复杂程度而定，可以是月、周、日。如果要对项目进行严密的范围变更控制，就应该建立正规的项目实施情况报告制度。

(3)项目范围变更申请。项目范围变更申请可以有多种形式，可以通过口头或书面方式、直接或间接方式，可以由内部引发，也可以是外部要求甚至是法律强制。项目范围变更申请可能需要扩大或缩小项目范围。

(4)项目范围管理计划。项目范围管理计划确定了项目范围及其变更的管理方法，包括对项目范围稳定性的预测和分析，以及范围变更的确定和分类方法等。

2.项目范围变更控制的工具与技术

(1)范围变更控制系统。该系统由来自多方的项目干系人组成，他们在变更过程中所承担的角色各有不同，是整个项目变更控制系统的组成部分。主要包括：控制程序、控制方法和控制责任体系，文档记录系统，变更跟踪监督系统，变更请求的审批授权系统。该系统用于明确项目范围变更处理程序，包括计划范围文件、跟踪系统和偏差控制与决策机制。范围变更控制系统应与全方位变化控制系统相集成，特别是与输出产品密切相关的系统的集成。这样才能使范围变更控制与其他目标或目标变更控制的行为相兼顾。当要求项目完全按合同要求运行时，项目范围变更控制系统还必须与所有相关的合同要求相一致。

(2)项目进展报告。项目进展报告应反映已经发生变化的项目范围，而且应说明导致项目范围变化的原因。

(3)计划调整。为有效进行项目范围的变更与控制,应不断进行项目工作任务的再分解,并以此为基础,建立多个可供选择及有效的计划更新方案。

(4)绩效测量。绩效测量用于帮助评估所发生的偏差的程度,变更控制的一个重要部分就是确定引起偏差的原因,并且决定是否对这种偏差采取纠正措施。

(5)补充计划编制。很少有项目能够非常精确地完全按照计划进行,补充计划编制就是对工作分解结构的修改进行记录,或者对替代方法进行分析。

3.项目范围变更控制的输出

(1)合理调整项目范围。范围变更是指对已经确定的、建立在已审批通过的工作分解结构基础上的项目范围所进行的调整与变更。项目范围变更常常伴随着对成本、进度、质量或项目其他目标的调整和变更。

(2)纠偏行动。由于项目的变化所引起的项目变更偏离了计划轨迹,从而产生了偏差。为保证项目目标的顺利实现,就必须进行纠正。所以,从这个意义上来说,项目变更实际上就是一种纠偏行动。

(3)总结经验教训。导致项目范围变更的原因、所采取的纠偏行动的依据及其他任何来自变更控制实践中的经验教训,都应该形成文字、数据和资料,以作为项目组织保存的历史资料。

(4)调整后的基准计划。根据变更的性质,相应的基准文档要进行修改,以反映已批准的变更并作为未来变更的新基准。

7.3.7 范围变更控制流程

1.一般控制流程

变更控制的目的不是控制变更的发生,而是对变更进行管理,确保变更有序进行。为执行变更控制,必须建立有效的范围变更流程,它对管好项目至关重要。变更控制流程如下。

(1)提交变更请求:项目的任何涉众均可提交变更请求。通过将变更请求状态设置为已提交,变更请求被记录到变更请求追踪系统中并放置到变更控制委员会(CCB)复审队列中。

(2)复审变更请求:此活动的作用是复审已提交的变更请求。在CCB复审会议中对变更请求的内容进行初始复审,以确定它是否为有效请求。如果是,则基于小组所确定的优先级、时间表、资源、努力程度、风险、严重性以及其他相关标准,判定该变更在当前发布版的范围之内还是范围之外。

(3)确认重复或拒绝:如果怀疑某个变更请求为重复的请求或已拒绝的无效请求,将指定一个CCB代表来确认重复或已拒绝的变更请求。如果需要的话,该代表还从提交者处收集更多信息。

(4)更新变更请求:如果评估变更请求时需要更多的信息,或者变更请求在流程中的某个时刻遭到拒绝,那么将通知提交者用新信息更新变更请求。然后将已更新的变更请求重新提交给CCB复审,以考虑新的数据。

(5)分配工作:一旦变更请求被置为已打开,项目经理将根据请求的类型把工作分配给合适的角色,并对项目时间表做必要的更新。

(6)进行变更:指定的角色在流程的有关部分中执行指定的活动集,以进行所请求的变更。这些活动将包括常规开发流程中所述的所有常规复审活动和单元测试活动,然后,变更请求将标记为已解决。

(7)核实测试工作版本中的变更:指定的角色解决变更后,变更将放置在要分配给测试员的测试队列中,并在产品工作版本中加以核实。

(8)核实发布工作版本中的变更:已确定的变更一旦在产品的测试工作版本中得到了核实,就将变更请求放置在发布队列中,以便在产品的发布工作版本予以核实、生成发布说明等,然后关闭该变更请求。

范围变更控制流程中的每个活动由指定的角色或组织来完成。

2.项目范围变更内部控制流程的构建

按照项目范围变更控制系统的总体构成及范围变更的重要性分类,范围变更控制职责及其工作流程应依据重大变更、重要变更及一般变更进行分层管理及控制,给予不同的职能部门及领导不同的权限,具体的控制流程及分解如下。

项目范围变更内部控制流程中,产品规划部负责受理范围变更申请,并对范围变更建议方案进行初审,包括确定范围变更的种类、判定是否为重要范围变更或重大范围变更。

(1)对于一般范围的变更,产品规划部既是范围变更审查的受理方,也是范围变更建议方案的审定方。一般范围变更的界定各公司依据自己公司情况并根据项目的规模和类型进行界定,目前建议一般变更产生的合同增减的费用不超过10万元。一般范围变更控制流程如图7.6所示。

当然,在一般范围变更中,有些是项目组内部原因引起的变更或者因为某种原因而不会再重新计算合同价款的,就不会进行变更价款结算步骤。若不会引起项目工期的变更,那么也不必经过调整工期阶段。

(2)对于重要范围的变更,产品规划部是范围变更审查的受理方,公司是范围变更建议方案的审定方。关于重要变更,各公司可依据自己公司情况并根据项目的规模和类型进行界定。目前建议一个(次)变更产生的合同增减的费用在10万~50万元之间或多个(次)类似变更累计产生的合同增减的费用在10万~100万元之间的为重要变更。

对于重要范围变更,则在初审合格的前提下进入不同部门进行评审。产品规划部主要侧重技术性评审环节,技术性评审侧重于范围变更方案的可行性和先进性以及对项目功能的影响评价;市场部主要侧重经济性评审环节,经济性评审包括范围变更方案实施成本测算或复核,范围变更方案实施前后投资额分析以及范围变更方案实施对工期的影响评价等;物资部负责资源可供性评审,资源可供性评审则侧重对范围变更建议方案涉及的材料、设备和施工机具等进行市场可供性调查和评价以及供货周期的调查等,以进一步衡量范围变更建议方案实施的可行性。上述方案变更经总工程师审查后交总经理,总经理是重要范围变更的最终审定人。重要范围变更控制流程如图7.7所示。

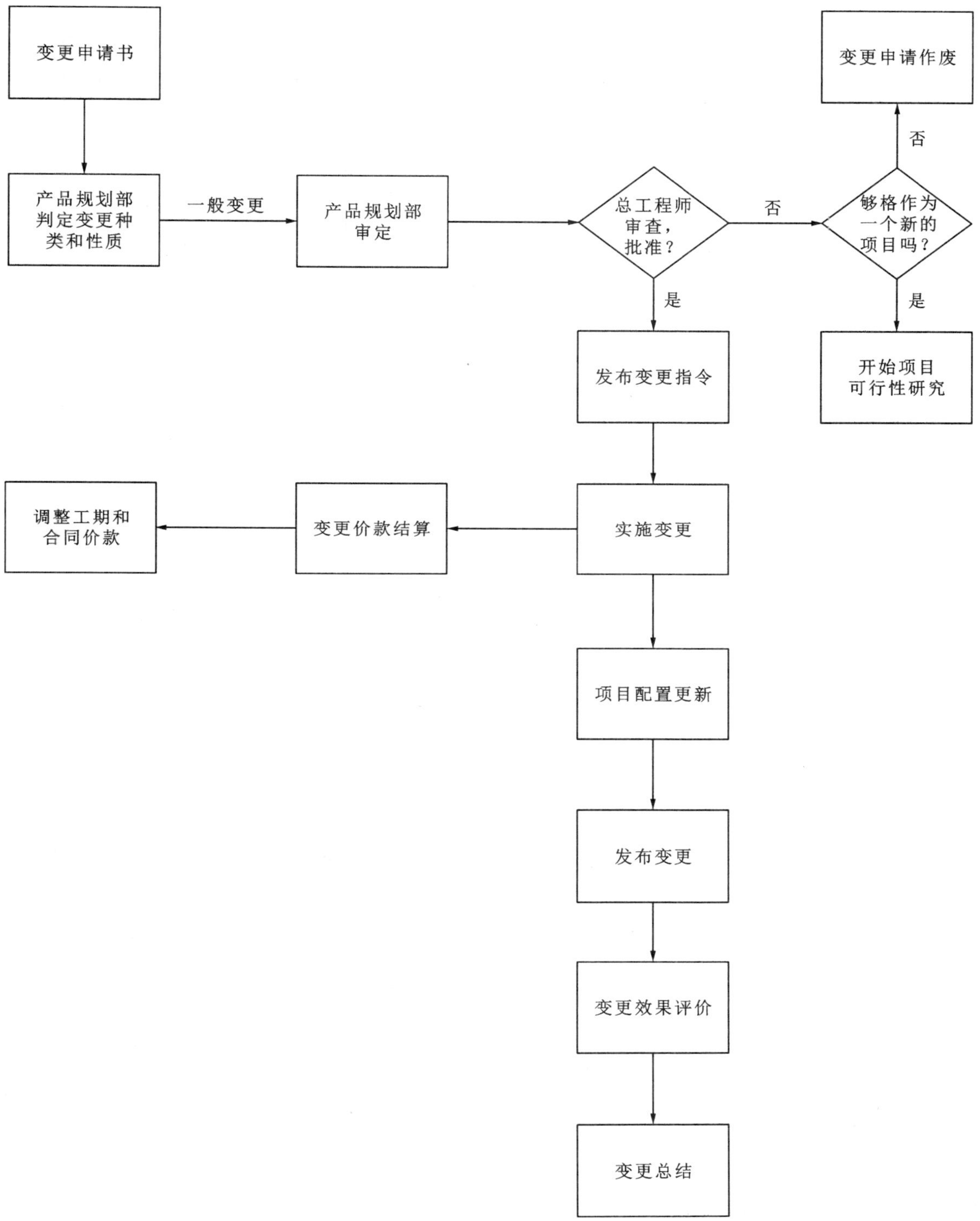

图 7.6 一般范围变更控制流程

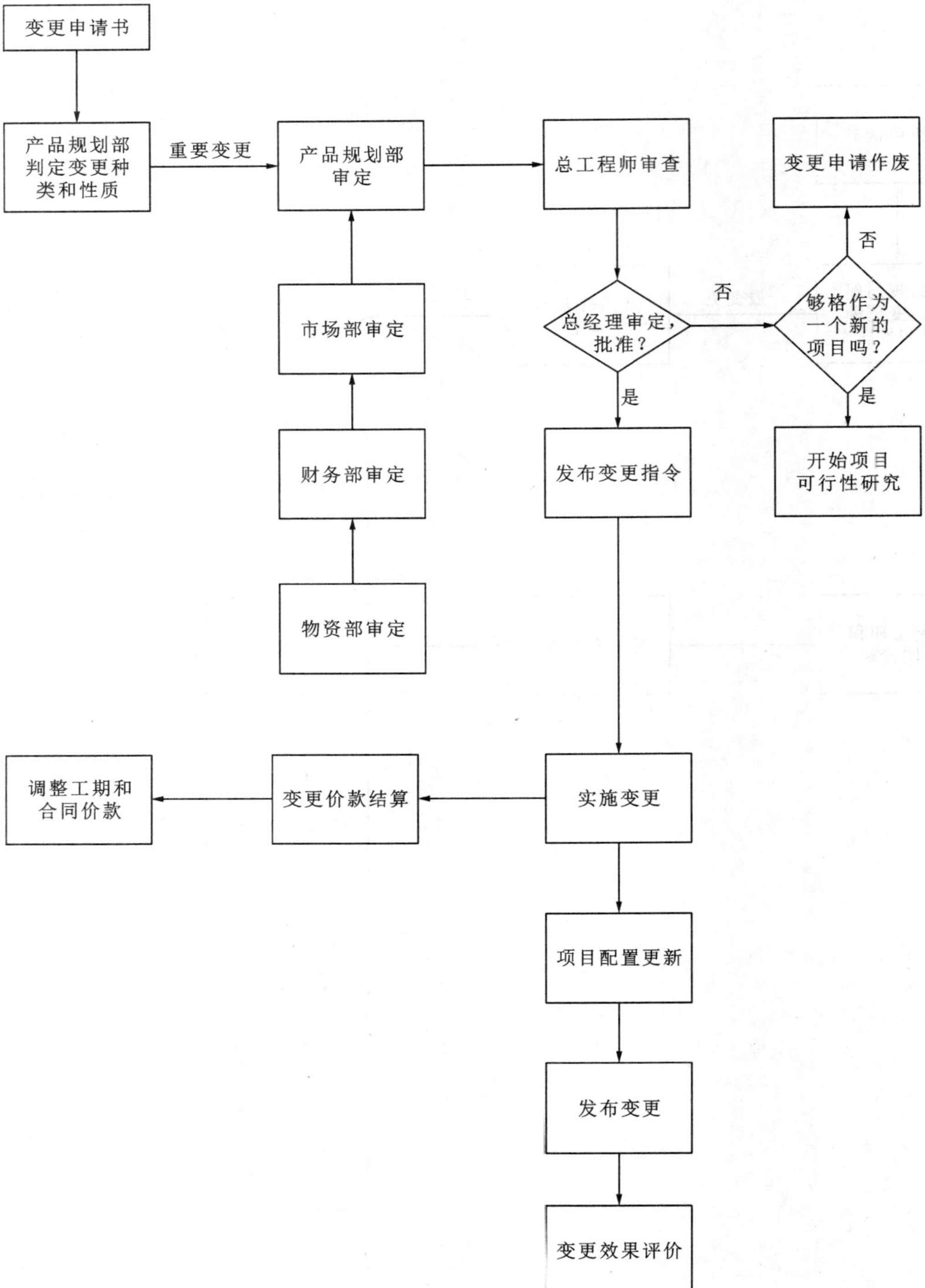

图 7.7　重要范围变更控制流程

(3)对于重大范围的变更，产品规划部是范围变更审查的受理方，公司董事会是范围变更建议方案的审定方。重大变更的界定各公司可依据自己公司情况并根据项目的规模和类型进行界定。目前建议一个(次)变更产生的合同增减的费用在50万元以上或多个(次)类似变更累计产生的合同增减的费用在100万元之上的为重大变更。

对于重大范围变更，前期的审查程序与重要变更的审查程序是一致的，但经总经理审定后，应进入董事会审查程序，董事会审定通过后则可以实施变更。重大范围变更控制流程如图7.8所示。

3.项目范围变更控制流程的关键点

仅有范围变更流程尚不足以真正控制变更，这是因为项目组的外部有许多压力，同时与缺乏行之有效的变更控制手段密切相关。目前，流行的变更管理思想认为在范围变更流程中有四个关键点必须严格控制：谁有权确认变更、什么样的变更需要执行、变更的影响多大、客户是否接受变更的代价。

(1)谁有权确认变更：事先明确客户方有权提出变更请求的人员和项目组有权受理变更的人员，并且变更请求必须有书面材料。用户需要向客户方项目负责人提出书面申请，由客户方项目负责人审批后移交实施方项目经理。这样，变更双方的所有项目负责人都能做到心里有数。而且用户在递交书面变更申请时比较慎重，一般都在自己公司内部经过讨论后进行，减少了因用户内部看法不同导致的反复变更。

(2)什么样的变更需要执行：不是所有的变更都需要修改，更不是所有的变更都需要立刻修改。客户提出的范围变更必须进行审核，决定哪些变更需要修改和何时修改。客户一般对信息系统集成项目不甚了解，他们认为很简单的事情可能解决起来会很复杂。因此项目经理和项目小组要冷静地分析：用户到底想要实现什么目的，抓住本质的需求。如果用户建议很难实现，可以和用户进行沟通，询问用户是否可以用其他方式来实现其目的。一般来说，用户的镀金需求可以延期解决甚至不考虑，用户的新增需求如果不会影响到核心业务的实现，也可以安排在现有功能的完善之后。

(3)变更的影响多大：项目组成员都要认识到变更是有代价的。必须评估变更的代价和对项目的影响，并且要让客户了解到变更可能会发生的问题，一起判断变更是否依然要进行。

(4)客户是否接受变更的代价：在与客户讨论过程中，需要和客户一起判断修改是没有问题的，但是客户能接受由此引起的进度延迟、费用增加、性能下降等后果。一般来说，如果客户认为该变更是必需的(变更非常有可能是其上级领导提出的)，就会接受这些后果，通过与客户的协商，项目组可能会得到回报，或者即使没有回报也不会招致公司和客户双方的埋怨。如果客户认为该变更虽然有必要但是可以暂缓，双方签署备忘录后留待以后解决。如果客户认为该变更可有可无，多数情况下会取消变更。这时，比较稳妥的做法是让客户对于明显的变更做出确认，一般是签字确认。这样既可防止频繁变更，也让客户认识到变更带来的工作量加大是项目延期的原因。

最后，变更进行时必须保证最终方案的唯一性和完整性。同时，要对所有变更进行跟踪和验证，确保变更按要求完成。

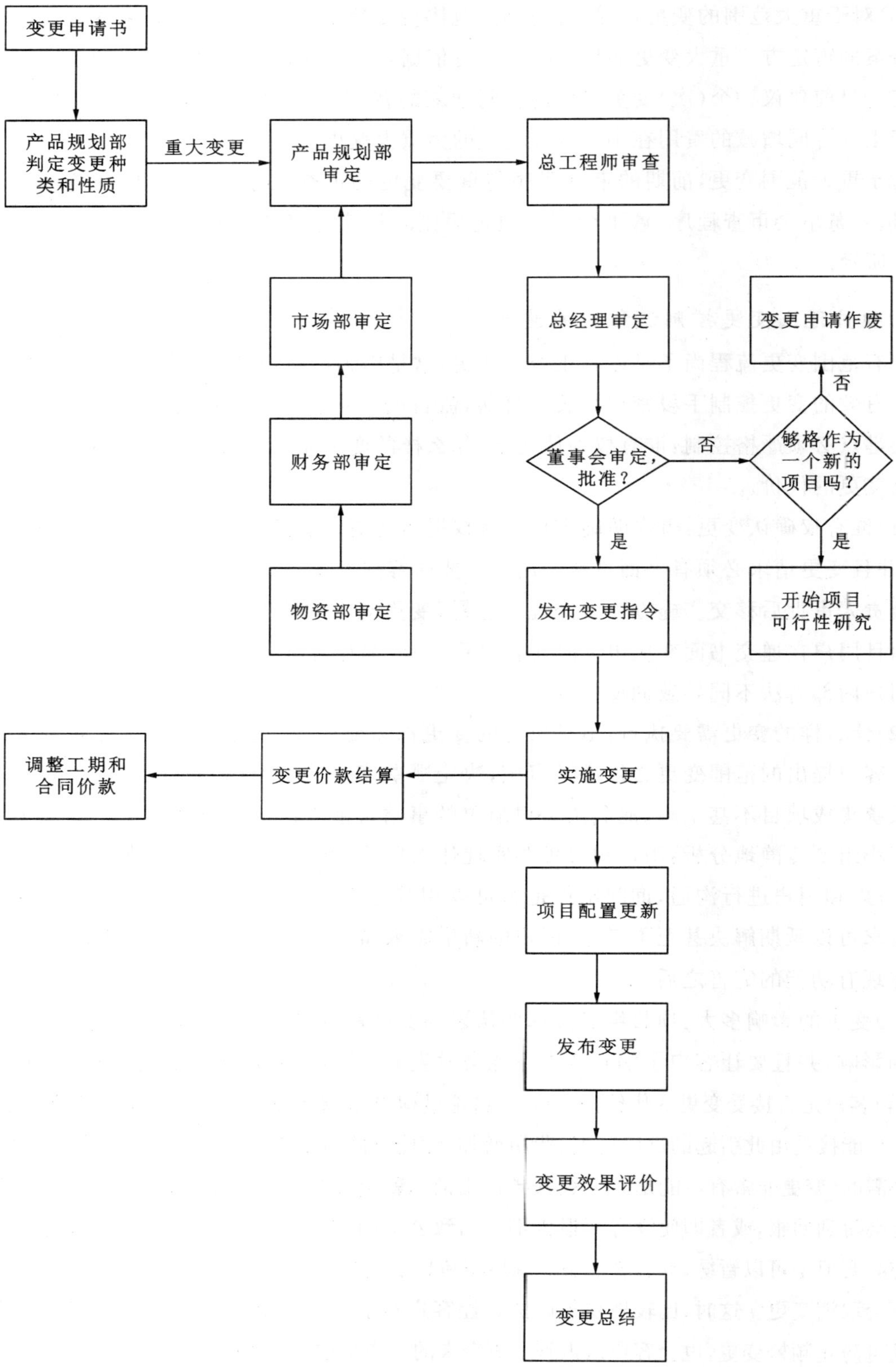

图 7.8　重大范围变更控制流程

8 国际工程项目资源计划与均衡

8.1 概　　述

资源作为工程项目实施的基本要素，通常包括以下内容：材料（含原材料、周转材料等），它们构成工程的实体；设备，指项目所需的生产设备、施工设备、安全设备和临时设备；劳动力，包括劳动力总量，各专业、各种级别的劳动力，以及不同层次和职能的管理人员；资金；能源；施工和生活必需的后勤供应；技术和信息。上述工程项目资源中最重要的是材料（以原材料为主）、资金和劳动力三类。

资源种类繁多，供应需求量大，但工程项目在生产过程和运输过程的不均匀性，使得资源的需求和供应往往不均衡，资源的品种和使用量在施工过程中会有较大起伏，使工程项目的资源管理难度加大。通常按照工程量和工期计划确定的仅是资源的使用计划，而资源的供应是一个非常复杂的过程。例如：要保证劳动力供应，则要安排劳动力的招雇、培训、调遣以及相应的现场住、行、食的设施，安排管理人员的组织结构及职能；要保证材料的使用，必须安排好材料的流通过程等。上述每个环节都通畅，才能确保工程顺利开展。

资源本身与计划息息相关。设计和进度计划必须考虑资源的条件、供应能力、品种、市场所能提供的设备和材料。而设计和进度计划的拟订也必须以资源计划作为参考。所以资源计划不能被动受制于设计和进度计划，而应积极地对它们进行制约，作为设计和进度计划的前提条件。

资源的供应受外界的影响比较大。通常外界的因素产生的变数往往不是项目本身所能解决的。例如：供应商不能及时交货；运输途中由于政治、自然、社会的原因造成的拖延；冬季、雨季和异常天气对供应造成影响；各种因素造成的停电、停水等。有时由于特殊的原因，通常被视为定值的已分配好的资源也会产生变化。例如农忙时期民工必须回乡务农。在工程施工中，工程更改也是经常发生的事情，工程更改势必引起资源配置方案的更改和重新衔接。还有就是企业往往是多项目同时进行，因此资源不是一个项目的问题，而必须在多个项目中协调平衡。有时由于资源的限定而使一些能够同时施工的项目必须错开实施，甚至不得不放弃能够获得的工程。所以必须对有限的资源寻找一个可行的同时又能产生最佳整体效益的解决方案。这样资源管理更趋复杂。

资源作为工程实施必不可少的前提条件，它们的费用占工程总费用的70%以上。所以节约资源是降低工程成本的主要途径。而如果资源不能保障，考虑得再周详的计划也不能实施。资源管理的任务就是为项目实施将需要的资源按正确的时间、正确的数量供应到正确的地点，并降低资源成本的消耗。在现代工程中由于资源计划或管理的失误，往往会给工程造成很大的损失。当前由于供应不及时造成工程活动不能正常进行而引起的整个工程停工或延工，已经成为工程索赔的主要原因。

8.2 资源计划

8.2.1 资源计划含义

计划之所以成为项目管理最重要的功能，是因为它指出了项目组织未来努力的方向和奋斗目标，是经过仔细分析后综合而来的对未来的构思，又是当前行动的准则。一个完善的计划可以使失败的概率降至最低，以最大限度地保证在期限内取得预期的效果。

所以在现代项目管理中，资源计划有如下限定。

(1)必须与工程进度计划相协调。

(2)必须与工程成本计划相协调，作为降低成本的措施。

(3)工程实施方案、实际的技术管理和质量控制中必须包括资源管理的内容。

项目资源计划，是指通过分析和识别项目的资源需求，确定项目需要投入的资源种类、项目资源投入的数量和项目资源投入的时间，从而制定项目资源供应计划的项目成本管理活动。项目资源包括项目实施中需要的人力、设备、材料、能源及各种设施等。项目资源计划涉及决定什么样的资源以及项目的每一项工作中将使用多少资源。因此它必然是与费用估计相对应起来的，是项目费用估计的基础。

项目资源计划是在工作分解结构上对项目、活动所涉及的资源做出的一系列时间计划。项目进度计划确定了工作预计在何时开始、何时结束，以及实际上是在何时开始和结束后，必须根据它制定合理的资源计划，以确保项目计划的顺利进行。

安排资源的日期和时间有下列五个目的：

(1)保证按时获利以补偿已经发生的费用支出；

(2)协调资源；

(3)使资源在需要时可以使用；

(4)预测在不同时间上所需的资金和资源级别，以便赋予项目以不同的优先权；

(5)满足严格的完工时间约束。

上述五个目的中，第一个是最为重要的，因为这是项目管理的目的。第二个是第二重要的，因为它使现有的项目可行。第三个和第四个目的是第一个目的的变种。第五个目的常常更为项目经理们所重视，他们设置一个严格的完工时间表，尽管有时没有必要，不过他们要用这个时间与项目的费用、质量进行折中权衡。

8.2.2 资源计划所依赖的数据

(1)工作分解结构。

利用工作分解结构系统进行项目资源计划时，工作划分得越细、越具体，则所需资源种类和数量就越容易估计。工作分解自上而下逐级展开，各类资源需要量可以自下而上逐级累加，这样就得到整个项目各类资源的需要。

(2)项目工作进度计划。

项目工作进度计划是项目计划中最主要的工作，是其他各项目计划(如质量计划、图样供应计划、资金使用计划、资源供应计划)的基础。项目进度计划如同一个用时间量度的界限，把所有项目需要使用的资源在不同的时间段上进行分配，以保证项目组能够适时、有效和有计划地安排合适的资源。资源计划必须服务于工作进度计划，什么时候需要何种资源是围绕工作进度计划的需要而确定的。

(3)历史资料。

历史资料记录了以往类似项目的资源需求和使用情况，对项目的完成具有一定的指导和借鉴作用。如果有可能，要尽可能多地了解类似项目的详细信息，掌握完备的信息可以完善项目资源计划的制定。

(4)项目范围陈述。

项目范围陈述包括项目目标和项目工作说明。项目范围陈述说明了项目要达到的最终结果，项目实施中的具体内容以及实施项目的原因等问题。

项目目标制定遵循 SMART 原则：S(specific)表示目标的明确性；M(measurable)表示目标的可衡量性；A(acceptable)表示目标的可接受性；R(realistic)表示目标的实际性；T(timed)表示目标的时限性。

(5)资源安排的描述。

资源库就是项目团队拥有的可供使用的信息资料的集合。资源库中的资源分为两类：硬件上包括项目中完成任务的人员、设备、物资；软件上包括项目所需的各种技术、信息。

(6)组织策略。

在资源计划的过程中还必须考虑人事组织、设备的租赁和购买策略。比如，工程项目中劳务人员是用外包工还是本企业职工，设备是租赁还是购买等，这些都对资源计划产生影响。

(7)资源文件。

资源文件是通过资源计划最终得到的输出文件，是对项目进行中资源获得、资源分配具有约束力的文件。资源文件应明确规定工作分解结构每个单元需要什么类型的资源和资源数量。

8.2.3 资源计划过程

资源计划应纳入项目的整体计划和组织系统中。资源计划包括如下过程。

(1)在工程技术设计和施工方案设计的基础上确定资源的种类、质量、用量。这可由工作分解结构各级工作包的工作量和单位工作量的资源消耗标准得到，然后逐级汇总得到整个项目各种资源的总用量表。

(2)确定各种资源的单价，从而确定各种资源的费用。它应纳入成本计划体系中。

(3)确定各种资源的使用限制，包括总量限制、单位时间用量限制、供应条件和过程的限制。在制定项目进度计划时就应考虑到可用资源的限制。

(4)在项目进度计划的基础上，确定资源计划，确定各资源的使用时间和地点。

(5)确定各种资源的供应方案、供应过程和相应的计划。如物料的采购、生产、运输、库存计划，人员的调遣、培训、招聘、解聘计划等。

(6)确定项目的后勤保障体系。

8.2.4 资源计划的方法

(1)专家判断法。

专家判断法是制定资源计划最常用的一种方法，这种方法通常是由项目费用管理专家根据以往类似项目的经验和对本项目的判断，经过周密思考，进行合理预测，制定资源计划的方法。这种方法通常有两种具体的形式：专家小组法和德尔菲法。

(2)资料统计法。

这种方法是指参考以往类似项目的历史统计数据资料，计算和确定项目资源需求计划。它要求所采用的历史资料不但同本项目有足够的可比性，还要求历史资料足够详细，有很强的可操作性。

(3)资源均衡法。

资源均衡法是平衡各种资源在项目各个时期的投入的一种方法。这种方法确定项目所需各种资源的具体投入时间，并尽可能均衡使用各种资源来满足项目要求的完工进度。也就是在项目实施各个阶段投入的资源应力求稳定，这样有利于提高项目资金的使用率，同时也便于对项目进行管理。

(4)工作分解结构图法。

这种方法也是编制资源计划最基本的一种方法。根据项目工作分解结构图列出全部工作任务一览表，确定每项任务所需的各种资源，再将其汇总，编制出项目资源计划表。

(5)数学模型。

为了使编制的资源计划具有科学性、可行性，在资源计划的编制过程中，往往借助于某些数学模型，如资源分配模型、资源均衡模型。

实际施工作业中常用统一定额法，即使用国家或民间统一的标准定额和工程量计算规则制定项目资源计划的方法。还常用信息化手段，利用项目管理软件来确定项目资源消耗并制定项目资源计划。

8.2.5 资源计划的工具

安排资源计划的目的是控制节约时间，而项目的主要特点之一即有严格的时间期限。项目资源计划的分类方法较多：按资源种类，可分为物料计划、劳动力计划和资金计划、设备计划等；按企业流程，可分为采购计划、生产计划、运输计划、安装计划等；按时间阶段，可分为总体资源计划、各阶段资源计划。

基本资源计划要说明哪些资源必须于何时生产和到场，筹集完成每一任务所需资源的时间。制定资源计划的方法有以下几种。

(1)资源计划矩阵

资源计划矩阵也称资源矩阵，它是项目工作分解结构的直接产品，即根据具体工作分解结构情况来对资源进行分析、汇总。资源计划矩阵能够清晰表示工作分解结构的结果，解决工作分解结构中无法解决的问题。

资源计划矩阵是由工作分解结构直接转化而来的矩阵表，也就是将工作分解结构中最基层的每一个活动都分别列出资源需求，并进行汇总。表 8.1 是项目资源计划矩阵的基本形式。

表 8.1 资源计划矩阵

工作分解结构	资源需求量				备注
	资源 1	资源 2	……	资源 n	
工作 1					
工作 2					
……					
工作 n					

(2)资源数据表。

资源数据表用以表述各种资源在项目周期内各时间段上数量的需求情况。这是最简单的一种资源计划表，它只列出一些关键活动进行的日期和相对应的关键资源到场计划，如表 8.2 所示。

表 8.2 资源数据表

进度资源	进度/周									
	1	2	3	4	5	6	7	8	……	n
资源 1										
资源 2										
……										
资源 n										

(3)人力资源负荷图(资源需求曲线)。

人力资源负荷图给出在项目周期内各阶段所需要的人力资源的数量。可以按照不同种类的人力资源绘出不同的人力资源负荷图，如图 8.1 所示。

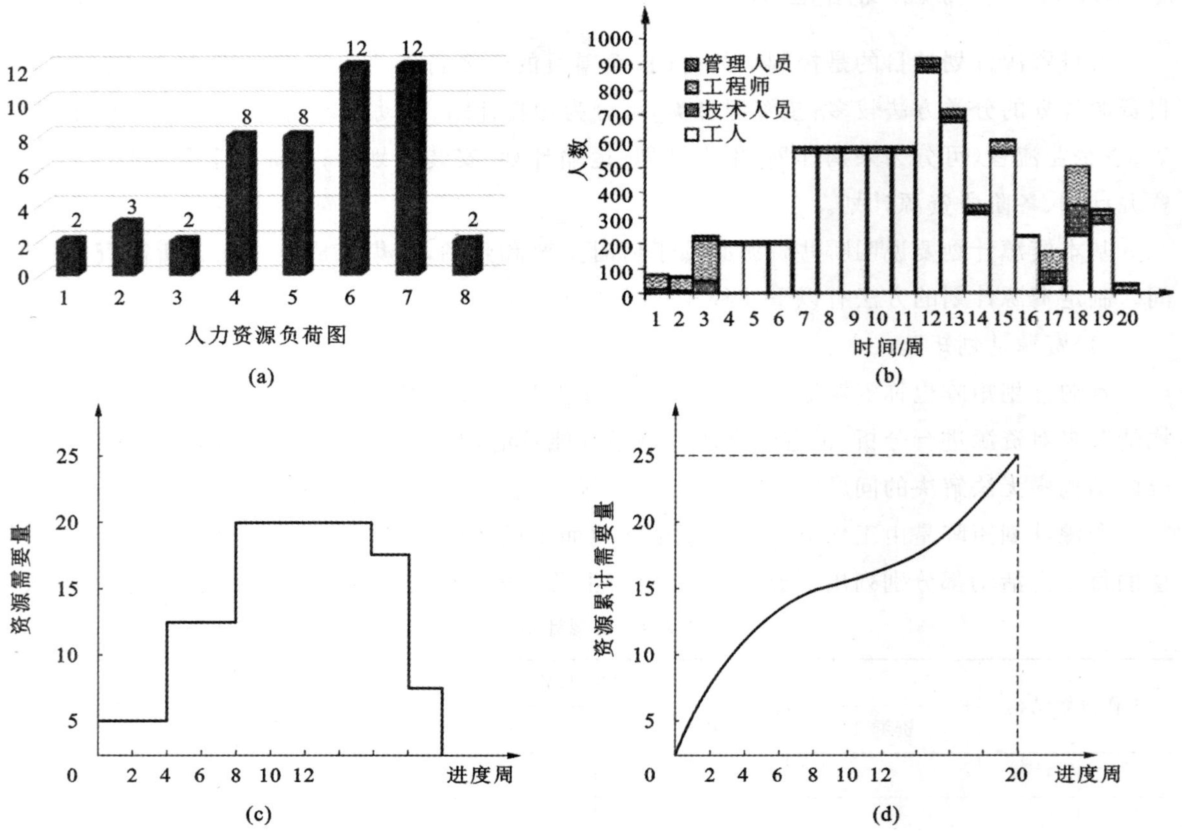

图 8.1　人力资源负荷图及资源累计需求曲线

(4)网络图。

常用关键路线法(critical path method,CPM)，参见进度计划编制相关内容。计划评审技术(program evaluation and review technique,PERT)，参见进度计划编制相关内容。将时间和网络图结合形成时标网络图，如图 8.2 所示。

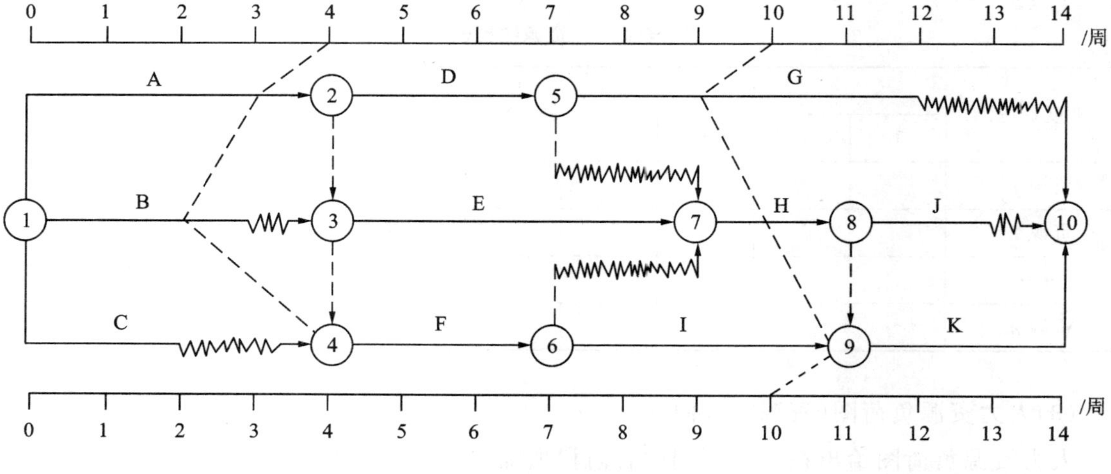

图 8.2　时标网络图

此外，后来还陆续提出了一些新的网络技术，如图示评审技术（graphical evaluation and review technique，GERT）、风险评审技术（venture evaluationand review technique，VERT）等。

很显然，采用以上几种不同的与进度计划配套的资源计划方法本身所需的时间和费用是不同的。资源数量表编制时间最短，费用最低。CPM 要把每个活动都加以分析，如活动数目较多，还需用计算机求出总工期和关键路线，因此花费的时间和费用将更多。PERT 可以说是制定项目进度计划方法中最复杂的一种，所以花费时间和费用也最多。

8.3 资源均衡与优化

8.3.1 资源分配

在项目进行资源分配时，一般是先假设没有资源使用方面的任何限制，并从一条简单的关键线路着手进行分析，然后检查分配结果是否可行。在资源分配过程中，经常会出现资源需求量超过可供利用的资源量的情况，这就需要设置优先原则。根据优先原则，将项目中具有最低优先权的工作向后延期，一直到有充足的可供使用的资源为止。这种逻辑关系常用来解决项目中存在的一些资源分配结果显示不可行问题。

根据资源分配的优先原则确定的常见的优先工作次序如下。

(1)具有最小时差的工作。

(2)最迟完成时间最早的工作。

(3)需要资源量最多或最少的工作。

(4)工期较短或工期较长的工作。

资源分配时假设如下。

(1)每项工作时间是固定的。

(2)每项工作所需资源是固定的。

(3)一旦开始对某项工作分配资源，将不间断地分配完成。

(4)资源没有空闲。

资源分配规则如下。

(1)合格工作的定义。当所有的紧前工作都被分配资源后，当前的这项工作就变为合格的工作。

(2)优先权的设置。一般关键工作优先；当有多个合格工作时，最迟开始时间最早的工作优先。

(3)比较选择。当有两个以上的工作具有相同优先权时，使用最小编号的规则。

资源分配程序如下。

(1)识别合格的工作，如果没有，跳至后面(5)。

(2)从当前的合格工作中确定优先工作。

(3)如果在整个工作持续时间内所有资源都可得到,则安排这项工作,否则尝试下一个工作。

(4)如果这项工作安排了资源,跳转前面(1)。

(5)将没有安排的工作移到下一个工作单位时间,更新它们的ES值。

(6)从下一个单位时间起重新开始,以此不断循环直至完成。

8.3.2 资源计划优化

1.资源有限网络计划

在一个工程项目中,由于企业资源有限,网络计划中工期和资源的限制是计划安排的主要矛盾,如何在规定工期和有限资源条件下合理安排进度计划,是工程项目管理和任何计划管理的基本目标,也是项目管理人员和计划工作者面临的最常见而又相当棘手的问题。

2.工期—资源优化的方法

工期—资源优化的方法分为工期固定、资源均衡和资源有限、工期最短两种优化。

(1)工期固定、资源均衡的优化。

在工程施工中,初始网络计划的资源需要量曲线往往波动很大,给物资供应部门带来了很多不便。在规定的工期内,使网络计划的资源曲线波动很小,每天的资源需求量较为均衡,这就是工期固定、资源均衡的资源优化所要解决的问题。

工期固定、资源均衡的优化方法是"削峰法",这种方法首先找出资源供应量的最大部分,利用非关键线路的时差,逐步从最高部分削低,使之趋向均衡。

在非关键线路上,这种优化方法还是比较容易实现的,由于前后有自由时间可以调整,而关键线路上的均衡是比较难实现的,只能改变工艺和实施方案,通过其他方式在工期不变的条件下,调整工程进度计划,使资源尽量均衡。

① 根据项目工作量计划各资源总需求量,根据总工期计算单位时间资源需求量;

② 每道工序按最早开始时间绘制网络图,计算单位时间资源数量;

③ 对非关键线路图上进行调整。资源需求量的平方和:E 值越大,需求波动越大,制定多方案选择的时候,要计划这个 E 值,在 E 值小的方案中选择,需求波动大小与资源提供的匹配,会直接影响进度或成本资源均衡。

(2)资源有限、工期最短的优化。

根据工期目标对工程项目进行任务分解,确定各工作之间的逻辑关系(由施工顺序和组织关系而定),编制施工进度计划(最好是网络计划)及相应的资源计划。当单位时间资源需用量超过某种资源限量时,保持事先确定的工作之间的逻辑关系不变,通过对工作时差的利用,改变某些工作的开始时间,对原进度计划进行调整,即在满足资源限制性条件下,从若干可行的调整方案中,寻求使工期增量最短的最佳方案(最满意方案)的过程。

资源约束下工期最短的资源分配方案主要考虑尽早完成项目,最短工期所需资源的提供是有约束时间和地点的,这就需要对相关资源在使用上调整进度计划。资源分配的方法如下。

① 资源替代。

在紧缺资源的控制使用时经常要用到这种做法，对于进口汽车、手机等产品的生产，为了降低成本，通常的做法就是提高国产化水平，国产化水平程度也代表着国内生产水平，当然替代品在某些关键参数上要达到相同的质量标准要求。

② 活动分解。

对活动进行进一步细化分解，有时在同一资源使用照顾多道工序上可以得到均衡，其他资源的使用得以平行开展。

③ 调整网络计划关系。

网络计划关系调整包括工序间的逻辑关系、在 FS/SS/FF/SF 选择紧前工序关系的调整，还包括打破紧前工序关系，与其他工序重建关系这样两种方式来尽量满足资源的约束条件的前提下缩短工期，同时要考虑关键资源或短缺资源应该在可用时间地点内尽量满负荷运行。

④ 平行法。

平行法的代价是要在同一个时间投入其他资源，这就需要考虑项目资源种类方面，多种资源总体上平衡，每种资源都需要尽量满负荷运作，充分发挥作用。有的资源可能会先进来一段时间，再退场，过段时间再进场，这很可能是公司出于对其他项目需求的考虑而定，这种情况就得先调整所有跟这种资源相关的工序，集中在一起排序进行，以尽量多地利于后续工序的平行开展。

⑤ 序列法。

同一项目资源的使用，可能会受到进退场时间的限制，这种情况下要针对关键资源调整工序，让关键资源集中完成尽量多的工序。实例如下：请一个专家来做技术指导，这专家只能来一次，那就要专家尽量帮我们解决问题，尽量将相关的工序都调集一起，让专家按顺序去开展工作。

8.3.3　资源调度

资源调度的关键技术如下。

1. 数据采集与分析技术

数据采集与分析技术是跨企业资源调度正常运行的重要基础。它包括工程项目资源网中各相关企业多层次、多方面数据的采集与分析，涵盖工程项目的合同、设计、制造采购、库存、运输、安装、质量和售后服务的全过程。数据的采集与分析可以对工程项目资源网进行实时动态管理和随机调度，同时也可供其他联盟企业和相关部门所用。数据采集与分析技术的重要研究内容是数据的实时/自动采集技术、数据的传输与共享以及面向工程的资源网信息的特征提取与信息合成技术等。

2. 综合计划调度模型的建立

综合计划调度模型的建立有严格时限要求，且涉及多学科、多层次的并行项目的计划调度优化模型是大物流工程项目类制造系统跨企业物流调度的核心。这需要在进行工作分解结构的基础上，综合应用系统工程、运筹学、系统预测技术、决策技术、计算机仿真技术、并行工程、人工智能等先进技术以及工程项目管理、供应链研究等多学科领域的研究成果来解决。

在大物流工程项目制造系统中，项目物流调度应该是在联盟企业之间进行的多层次、多目标、动态的管理过程，它优化各种资源配置与组合，有计划地组织、协调、控制各种资源，在动态中寻求平衡。动态管理模型能够本着节约的原则编制资源供应计划，并进行资源使用效果分析，配合进度计划改变资源投入。

项目综合计划调度模型应该既包括单项目的资源优化，又包含多项目的资源优化平衡。主要包括以下几种层次的计划调度模型。

(1)单项目物流(和其他资源)调度模型。

单项目物流(和其他资源)调度模型主要是以某一项目的系统优化为目标，分析采集执行层的信息，参照项目进度计划和相关范例，优化决策工程项目各时期原材料供应、异地制造加工和运输的网络系统。

(2)多项目物流(和其他资源)优化分配模型。

对于大物流工程项目类制造企业来说，往往多个工程项目同时进行。各项目在某段时期内对物料的需求既有各自的特殊要求，又有对某几种物料的共同需求。企业总部在采购时为节约开支，往往采用集中统筹采购的方式。但由于供应商本身或运输等因素，物料往往不能满足所有项目的要求。只有建立多项目物流(和其他资源)优化分配模型才能有效地解决此类问题，从而达到企业效益的最优。

(3)工程项目分散组织结构下的资源配置和决策模型。

由于工程项目的分散性，项目的分散组织结构中往往有不同层次的多个决策人(决策单元)。各决策人可能在地理上分布广，有各自的自治权，处在最上层的决策者不能获得决策所需要的所有信息。因此，这样的问题只能通过分解的方法使得每个决策者解决问题的一部分。分散组织结构下的资源配置和决策模型就是研究在这种组织结构下的资源配置模型和方法。目前主要有两种模型解决该问题：一类是价格驱动分解模型，一类是资源驱动分解模型。

3.采用 Internet/Intranet/Extranet 技术

Internet/Intranet 不仅可以使企业内部各部门信息交流畅通，信息处理快捷，还可将分散在各地的工地、供应商和联盟企业联系起来，使工程项目的异地制造、异地安装过程和复杂的物流系统得以更好地调度和管理。同时 Extranet 可以将某些国家和地区的相关物流网连起来，实现信息共享和业务合作。这些新技术的应用是该系统实现的基础，它同时可在更大范围内实现工程项目物流网的实时动态管理和调度。

8.3.4 资源配置

1.多项目资源配置

企业在进行多项目管理时，对于共性资源的使用难免会出现冲突的情况，多项目间资源冲突是多个项目运行时项目与项目之间、组织与组织之间出现的常见现象。资源冲突需要进行资源调整，但是由于各个资源对项目管理的影响程度不同，对资源的调度策略也会不相同。

根据项目的优先级可以对项目资源进行分类。

(1)核心资源冲突。该资源是企业中最紧缺、各项目都争相使用的资源，是否拥有该资源会直接影响项目在企业整个体系中的地位。对该资源的冲突协调关系到整个组织战略目标、项目组合目标是否会受影响。

(2)重要资源冲突。重要资源在企业中数量有限，如果项目执行过程中资源配备不及时，将会对项目进度、交付质量产生巨大影响。

(3)一般重要资源冲突。该类资源一般数量比较充足，在计划安排不合理、不科学的情况下可能会出现冲突，不会影响整体项目的关键路径，发生概率不高，所以进行弱化处理。

这 3 种类型的资源冲突在项目生产管理过程中会经常发生，及时发现资源冲突并进行资源优化调度对按进度、质量完成项目至关重要。

2.项目优先级确定

在项目执行过程中伴随着资源冲突，当发生资源冲突时，应及时进行资源调度，及时进行调整，调整的前提是首先要确定项目在组织中的重要程度。当项目出现冲突时，优先级高的项目优先获得资源。目前，优先级评定方法主要有专家评估法、层次分析法、模糊综合评价法。影响项目优先级排序的因素有很多，例如项目进度、资源、经费、风险等，应利用模糊数学理论建立项目优先级评定准则，从而确定执行的多个项目的优先关系。

3.资源配置详细内容

(1)对企业资源按照重要程度分类。按照资源重要程度对资源分类，包括极度关键资源、关键资源、重要资源、次级重要资源、普通资源，资源级别根据企业内资源库的实际情况进行动态更新。

(2)评定项目优先级，分析资源需求。按照前面所述评估项目优先级和资源使用需求，分析每个项目对各项资源的使用时间、使用量、使用目的、优先顺序等。

(3)计算项目关键路径。分析资源约束的情况，为每个项目计算关键路径，识别关键路径任务及非关键路径任务，关键路径资源不能短缺，其他资源可以暂时放缓。

(4)制定多项目资源计划。利用工作分解结构制定资源计划，编制进度计划过程伴随着资源分配，即形成项目资源计划，工作分解结构节点可以成为进度、资源、费用、成本等信息的标签，使不同层次信息可以在预先规定的线路中进行漫游，便于将项目各类信息在不同层次上进行分析、汇总，快速、准确地产生各类项目报告，有利于积累和分析历史数据，有利于开展项目进度、费用、成本、资源的管理工作。

(5)调整资源计划。资源计划要根据实际情况进行动态调整，原定的资源计划会因为上一项目占用超时或资源供给不足导致资源使用发生冲突，因此要保持项目执行过程中的资源平衡，就必须加强计划执行情况监督，实时发现资源冲突，第一时间进行资源冲突优化。

资源计划调整首先需要判断资源冲突类型是属于关键资源冲突还是普通资源冲突，结合发生资源冲突的项目优先级与关键路径判断，优先调整高优先级项目中关键路径上发生冲突的关键资源，保证高优先级项目关键路径任务如期进行，避免资源冲突给整个项目进度带来风险。因此，在调整资源计划时，需综合多个项目，尽可能将资源冲突对多项目进度、质量等的影响降到最低，实现既定目标。

多项目资源配置计划流程如图 8.3 所示。

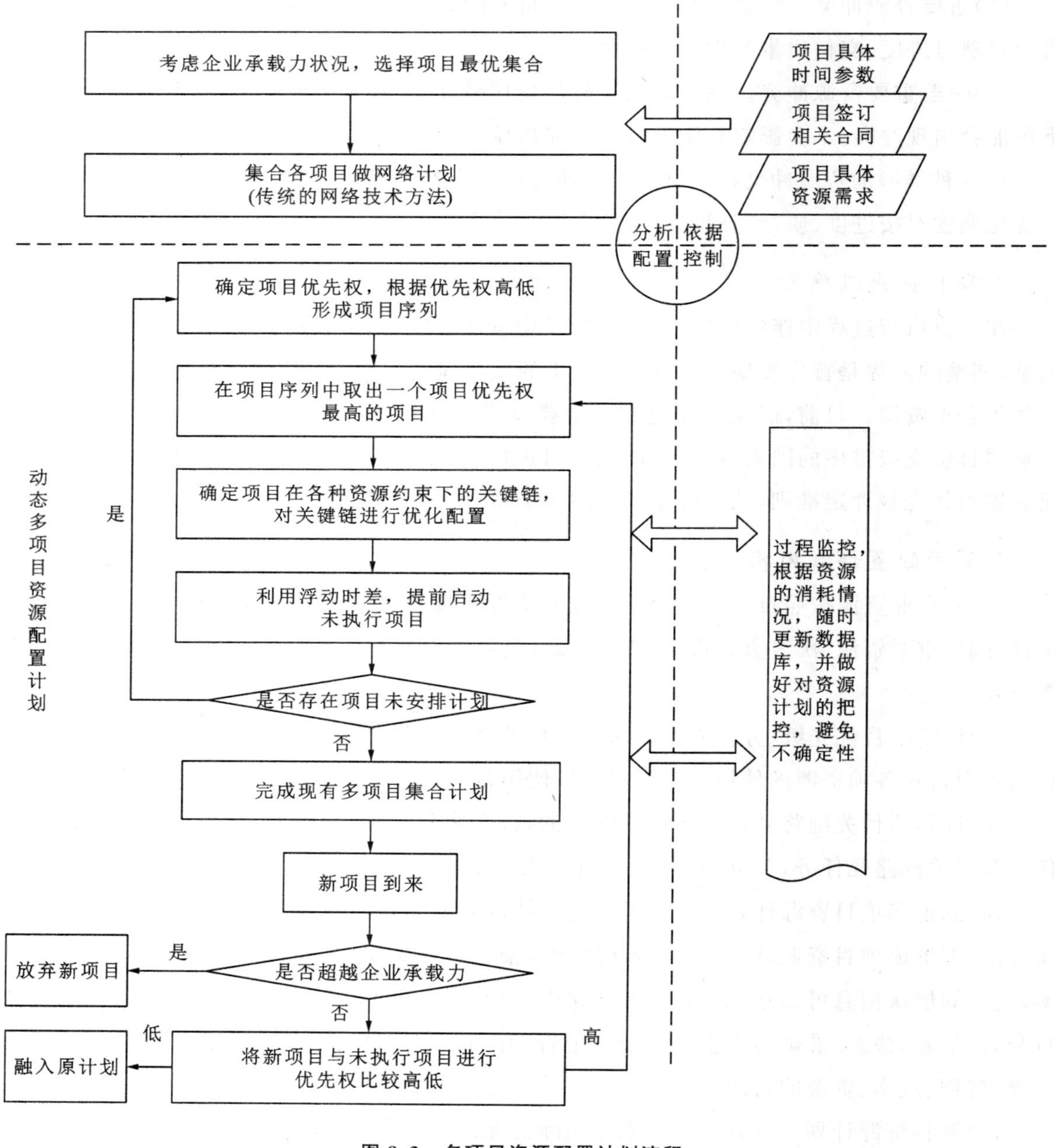

图 8.3　多项目资源配置计划流程

8.4 项目资源控制

列尔涅尔在《控制论基础》中对控制的定义：为了改善某个或某些对象的功能和发展，需要获得并使用信息，并以这种信息为基础，将一定的作用加于对象上。控制的定义强调了控制的目的性和信息性。

8.4.1 项目资源控制方法

根据项目控制的三部曲原理（寻找偏差，原因与趋势分析，采取纠偏措施）及项目管理对象过程和要求的不同，归纳出5种项目资源控制方法。

(1)自动控制。

自动控制的原理如图8.4所示，它是一个闭环反馈控制系统，实现自动控制的关键是如何有效地将控制对象的特征抽取出来，并用数学解析式对其进行有效描述。自动控制可以自动完成跟踪和控制活动。

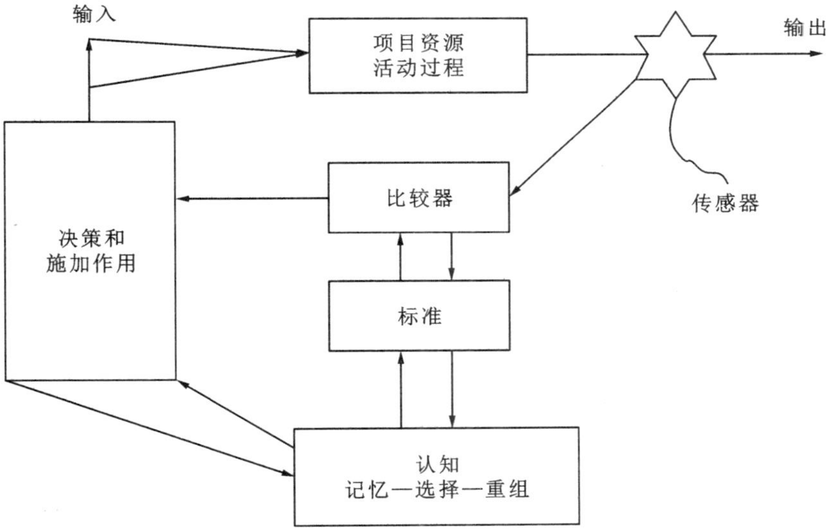

图8.4 自动控制原理图

(2)通过/不通过控制。

采用通过/不通过控制测试的方法看特定的先决条件是否被满足。这种控制在项目资源控制中用得最多。其方法是建立一个评估机构，制定被控对象输出特征值。对不同的指标，输出特征值与标准值之间的允许偏差不同，测量特征值的精度要求也不同。对于不能按时完成的工作组可设立惩罚条约。与自动控制不同，通过/不通过控制不能连续进行自动操作，其控制是分期限段的。

(3)前馈控制。

这种控制不是按照已经出现的结果进行评价和调整，而是考虑对将产生或可能产生的结果采取措施。它根据项目资源投入分析和预测，再将其结果与目标相比较，再控制资源投入和实施过程。常见的前馈控制有风险预警、环境和天气跟踪反馈、资格审查等。

(4)防护性控制。

在项目实施过程中采取防护性安全和纪律控制手段。例如规范组织责任体系、安全体系、定期的审计等。

(5)后控制。

后控制也称后项目控制，是在项目结束时对资源问题的分析和总结。为未来的项目资源计划和控制提供历史资料。

8.4.2 项目资源控制系统的设计和实施

1.项目资源控制系统的组成

项目资源控制的目的是保证项目实施按计划进行。因此控制关心的是当前现状，重点在查找和鉴定对资源计划的偏离，并采取措施确保资源计划的实现。

设计项目资源控制系统应该包括以下五个要素。

(1)建立系统(目标)标准。

(2)建立信息获取系统。

(3)确立偏差分析、评价系统。

(4)建立纠偏措施系统。

(5)建立信息交互和传达系统。

2.项目资源控制分析工具

项目资源控制分析工具主要有以下几种。

(1)偏差分析。

偏差是指实际资源各阶段生产和到场情况、资源成本、资源质量等指标对相应计划间的偏离。由于控制的反馈性，各级管理层都经常利用偏差来验证预算和进度系统。不同项目或同一项目的不同阶段或不同管理层，对偏差的控制程度不一样，制定的偏差允许值也不一样。具体采用什么样的偏差评价精度和要求，要随项目具体情况而定。

(2)趋势预测。

在项目资源控制中，不仅要对已有的资源生产和到场等因素进行分析，还要根据现有的情况对未来的情况进行预测，在此就要使用趋势预测工具。图 8.5 给出的是根据实施与计划的偏差进行的趋势预测。对项目中的某一特定的资源，*OPS* 曲线表示计划中的预算、所得值或进度，*OAS* 曲线表示实际的统计数据，*S* 为当前时刻。管理者根据实际的偏离情况并假设对已发生的偏差不采取纠正行动，预测未来的实施将按 *SF* 轨迹运行才能按预期实现项目的最终目标。对于新的计划轨迹，管理者应该考虑是否存在实现问题，应采用哪个替代方案，成本和资源需求如何，要完成哪些任务等。

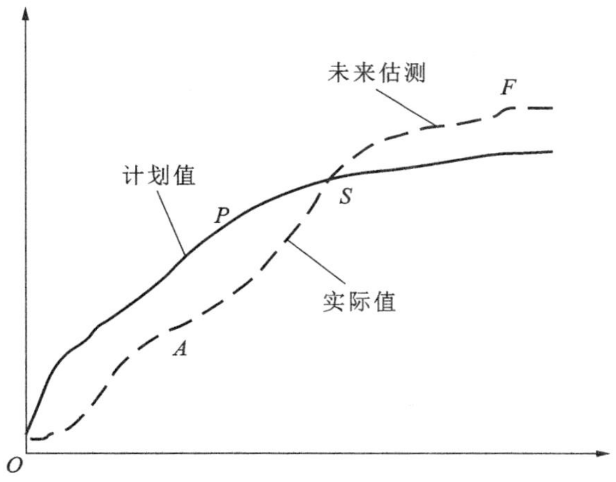

图 8.5 趋势分析图

(3)关键比值。

在总体进度控制上，为从整体上把握项目资源的情况，常常通过计算一组关键资源的关键比值来加强控制分析。

关键比值=(实际到位量/计划到位量)×(预算成本/实际成本)

在这里，将(实际到位量/计划到位量)称为到位比值，将(预算成本/实际成本)称为成本比值。到位比值和成本比值都大于1时，项目资源状态好，但一个大于1，一个小于1时，如何分析？

一般，关键比值的处理方式如表8.3所示。

表 8.3 关键比值的处理方式参考表

关键比值	处理方式
<0.6	通知公司管理人员
0.6～0.8	立即调查
0.8～0.9	仔细观察，项目工程师调查
0.9～1.2	忽略
1.2～1.3	有空闲调查时调查
>1.3	立即调查

3. 项目资源控制的实施

项目资源控制的实施流程如图8.6所示。

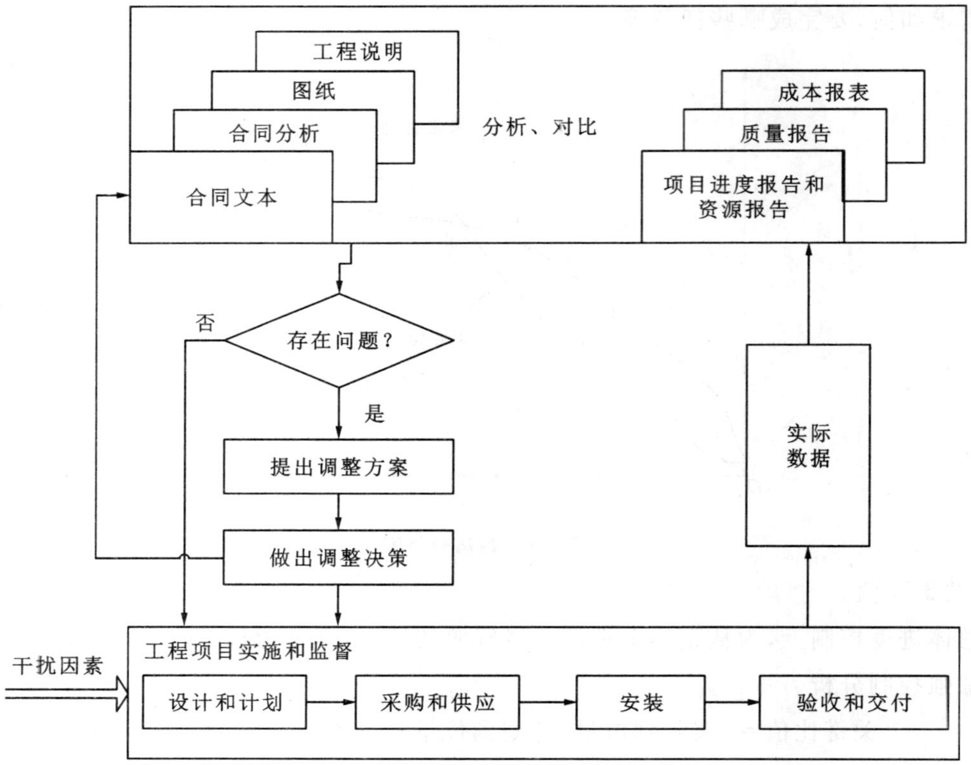

图 8.6　工程实施资源控制过程

8.4.3　项目变更资源控制

在工程项目制造系统中，项目变更是不可避免的。项目变更有大有小，小的变更只影响局部安装计划的变动，大的变更要重新调整从设计到安装的项目全过程。因此，建立项目变更资源控制系统是十分必要的。

建立用于协调和综合项目变更的资源控制程序如下。

(1)对提出的资源变更进行审查。

(2)明确所有任务之间的冲突。

(3)将这些冲突转换成与项目质量、成本和进度相应的资源计划和实施。

(4)评估各变更要求的资源得失。

(5)明确各资源替代方案的变化。

(6)接受或否定变更资源要求。

(7)与相关团体进行变更的交流。

(8)确保变更时资源的合理实施。

在建立正规的项目资源控制系统的过程中，我们要遵循以下一些基本的工作方针。

(1)项目合同必须包含对有关资源计划、预算和交付的变更要求的描述。

(2)提出资源变更必须递交项目变更申请。

(3)资源变更要经过有关部门或业主的批准签字。

(4)资源变更在申请和评估之间，要求项目经理必须参与。

参考文献

[1] 李春伟,陈伟乐.高速公路建设的全面精细化管理应用研究 以广东西部沿海高速公路珠海段和崖门大桥为例[M].北京:中国经济出版社,2009.

[2] 李志永,刘俊颖.国际工程项目管理实操[M].北京:中国城市出版社,2015.

[3] 刘茉,余报楚. 工程项目管理[M]. 北京:中国质检出版社,2014.

[4] 王道好. 国际工程管理[M]. 北京:中国建筑工业出版社,2017.

[5] 左斌. 国际工程承包项目管理手册[M]. 北京:中国建筑工业出版社,2015.

[6] 周建国. 工程项目管理基础[M]. 北京:人民交通出版社,2007.

[7] 方俊.建设项目工程变更控制研究[D].重庆:重庆大学,2005.

[8] 庞珩.恩泽医院建筑工程项目中的变更控制管理研究[D].上海:东华大学,2014.

[9] 许传鹏.国际通信工程项目范围变更控制的多案例研究[D].昆明:云南大学,2017.

[10] 项目管理协会.项目管理知识体系指南(PMBOK 指南)[M].5 版.北京:电子工业出版社,2013.

[11] 郭辉.铁路信息化项目范围变更流程与过程控制研究[D].北京:北京邮电大学,2009.

[12] 毛雯.核电项目整体变更控制的应用[J].中国电力企业管理,2017(1):54-55.

[13] 王虎.实施整体变更控制在 Gori 风电项目中的应用[J].安装,2018,310(6):25-28.